W0357989

LANZ BULLDOG

ERFOLGSGESCHICHTE EINES KLASSIKERS
VON 1921 BIS 1945

IMPRESSUM

Diese Ausgabe erscheint bei
Parragon Books Ltd
Queen Street House
4 Queen Street
Bath BA1 1HE, UK

Originalausgabe © Heel Verlag GmbH, Königswinter

HEEL Verlag GmbH
Gut Pottscheidt
53639 Königswinter
Telefon 0 22 23 / 92 30-0
Telefax 0 22 23 / 92 30 26
Mail: info@heel-verlag.de
Internet:www.heel-verlag.de

Verantwortlich für den Inhalt:
M. Häfner, Murrhardt-Kirchenkirnberg

Lektorat:
Jürgen Schlegelmilch

Satz und Gestaltung:
Stefan Witterhold

Lithographie:
Collibri Prepress GmbH, Königswinter

Alle Bilder: Lanz Archiv und M. Häfner

Alle Rechte, auch die des Nachdrucks, der Wiedergabe in jeder Form und der Übersetzung in andere Sprachen, behält sich der Herausgeber vor. Es ist ohne schriftliche Genehmigung des Verlages nicht erlaubt, das Buch und Teile daraus auf fotomechanischem Weg zu vervielfältigen oder unter Verwendung elektronischer bzw. mechanischer Systeme zu speichern, systematisch auszuwerten oder zu verbreiten.

Alle Angaben ohne Gewähr, Irrtümer vorbehalten

ISBN 978-1-4454-4121-4

Printed in China

LANZ BULLDOG

ERFOLGSGESCHICHTE EINES KLASSIKERS
VON 1921 BIS 1945

M. HÄFNER

Parragon

Bath • New York • Singapore • Hong Kong • Cologne • Delhi
Melbourne • Amsterdam • Johannesburg • Auckland • Shenzhen

Inhalt

Der Gründer und sein Lebenswerk

Heinrich Lanz

Pünktlich um 8 Uhr in der Frühe fuhr der Herr Geheimrat Heinrich Lanz in seiner zweispännigen Herrschaftskutsche in seine Fabrik ein, gesteuert und gelenkt vom Kutscher Lövenich, der auf dem Bock Platz genommen hatte und die Zügel fest in der Hand hielt.

Diese an allen Werktagen zu beobachtende morgendliche Fahrt fand so pünktlich statt, dass die umliegenden Anwohner ihre Uhren danach stellen konnten, und die Mütter richteten schnell ihre Kinder für die Schule fertig, wenn das gleichmäßige „Trapp-Trapp" der Lanzschen Pferde durch die gepflasterten Straßen hallte. Eine genaue Zeitansage aus dem Radio kannte man damals, vor der Jahrhundertwende, noch nicht, höchstens das Schlagen einer nahen Kirchturmuhr.

Heinrich Lanz
* 9. März 1838
† 1. Februar 1905

Ja, Pünktlichkeit war für ihn, den König von Mannheim, wie er von den Bürgern Mannheims ehrfurchtsvoll genannt wurde, oberstes Gebot. Und das forderte er auch von seinen Arbeitern und natürlich von seinen Angestellten, den Beamten, wie man die Angestellten damals noch nannte. Pünktlichkeit und Gehorsam als Grundlage für das Zusammenarbeiten so vieler Menschen auf oft engstem Raum, wo alles Hand in Hand gehen musste. Kam da mal einer zu spät, so soll es des Öfteren vorgekommen sein, dass ihm Heinrich Lanz höchstpersönlich seine goldene Taschenuhr unter die Nase hielt mit der Bemerkung: „Wer bei mir arbeitet, fängt pünktlich an." Einmal soll er sogar am Schreibpult eines Beamten gesessen und dessen Arbeiten weitergeführt haben, als dieser wenige Minuten nach 8 Uhr noch nicht erschienen war!

Dasselbe galt natürlich auch für den Feierabend. Konnte er bei seinen abendlichen Rundgängen durch die Fabrik den einen oder anderen noch beim Arbeiten finden, vielleicht weil tagsüber etwas schiefgegangen war oder einfach nicht wie erwartet geklappt hatte, so konnte frühmorgens der Vorgesetzte antreten: „Entweder der Mann ist hier fehl am Platz oder Sie organisieren ihre Arbeiten schlecht."

Mit der Ordnung hielt er es genauso. Fand er etwa bei seinen täglichen Rundgängen durch die Werkstätten Schrauben, Muttern oder Nieten auf dem Boden liegen, so hob er sie schweigend auf und brachte sie dem zuständigen Meister. Ein Blick in das Lanzsche Gesicht, und jeder hatte verstanden, sofort und ohne Worte! In dieser Werkstatt lagen in den nächsten Wochen keine Teile mehr auf dem Boden, die nicht dort hingehörten. Hier sollte fairerweise aber bedacht werden, dass Kleinteile wie Schrauben, Scheiben und Muttern noch nicht mit heutigen Fertigungsmethoden herzustellen waren und einen dementsprechend wesentlich höheren Sachwert darstellten. Ganz zu schweigen von Normteilen, die im Lokomobilbau Verwendung fanden und vielfach bei Größen von einem Zoll begannen. Hier war es an der Tagesordnung, dass die Arbeiter für das Aufschrauben einer Mutter oftmals beide Hände gebrauchten.

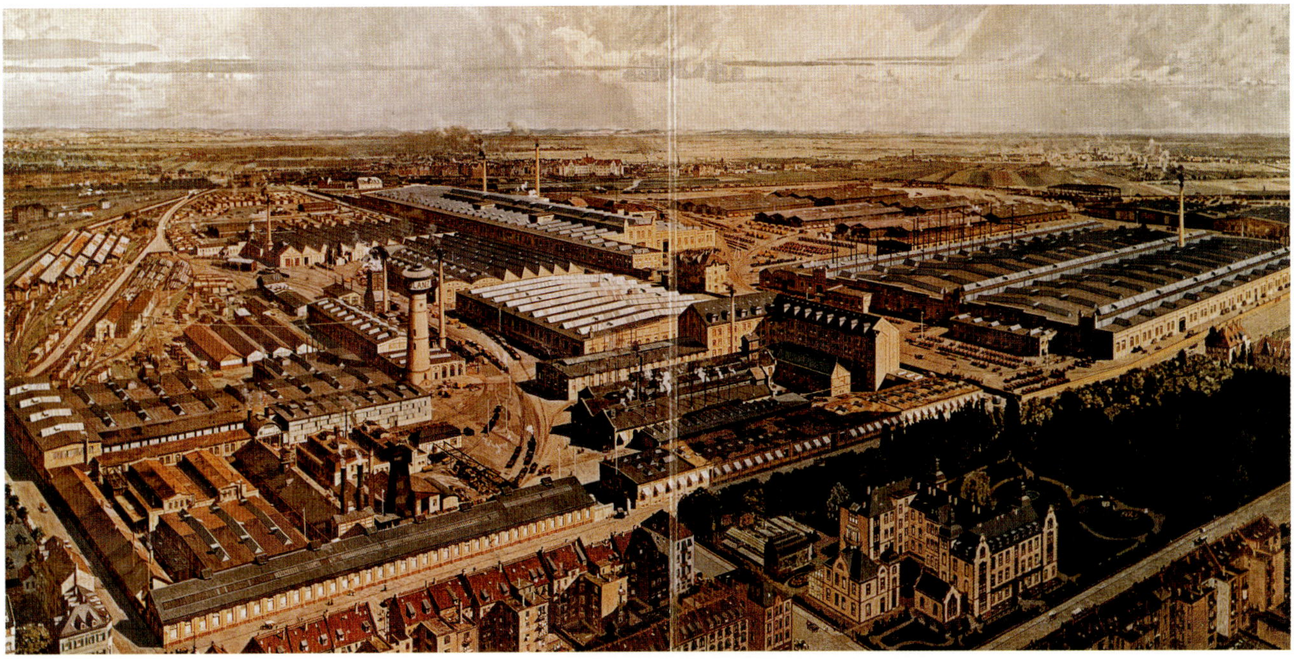

Dieses stolze Werk konnte Heinrich Lanz 1905 seinen Nachkommen hinterlassen.

DIE ANFÄNGE

Bis es allerdings so weit war, dass Heinrich Lanz diese Fabrik aufgebaut hatte und er voller Stolz auf sein Werk blicken konnte, waren um die 40 Jahre vergangen. Begonnen hatte alles bereits 1859. Damals trat Heinrich Lanz als frisch gebackener Kaufmann einundzwanzigjährig in das väterliche Geschäft – die Speditionsfirma J. P. Lanz & Co. in Friedrichshafen und Mannheim – ein. Recht erfolgreich hatte er in den Jahren zuvor eine Kaufmannslehre und die einjährige Handelsschule absolviert.

Heinrich Lanz entstammte einer alteingesessenen Händler- und Schultheißendynastie. Der Vater Johann Peter unterhielt unter anderem einen regelmäßigen Warenverkehr per Schiff über den Bodensee. Als 1834 mit dem Ausbau des Mannheimer Hafens begonnen wurde, erkannte er die große Chance durch den Zusammenfluss von Rhein und Neckar und errichtete hier 1842 die Mannheimer Filiale, die zunächst als Außenstelle geführt wurde.

In diese Filiale trat nun Sohn Heinrich ein. Im Vordergrund stand sein bereits von Jugend auf ausgeprägtes Interesse für die Bauern und ihrer schweren, mitunter recht zeitaufwändigen Arbeit. Einer schweißtreibenden Arbeit, bei der sich über Generationen fast nichts verändert hatte. Systematisch begann er damit, ausgesuchte amerikanische, hauptsächlich aber englische Maschinen zu importieren und zu verkaufen, um den Bauern diese harten Arbeiten zu erleichtern und rationeller zu gestalten. Daneben waren Kleingeräte wie Gabeln, Rechen oder Schaufeln, Maschinenöle, Steinkohle und Sämereien im Angebot. Viel Interesse galt dem Verkauf von Guano zum Düngen der Felder, der bei richtiger Anwendung den Bauern die Möglichkeit zum Loskommen von der damals üblichen Dreifelderwirtschaft gab.

Die Dreifelderwirtschaft bedeutete das Ruhen lassen jedes dritten der zur Verfügung stehenden Felder, damit sich der Boden erholen konnte. Das bedeutete aber auch, dass immer nur Zweidrittel der Felder bewirtschaftet und abgeerntet werden konnte. Heinrich Lanz erkannte hier die große Chance, den Bauern bei richtiger Bewirtschaftung und richtiger Düngung zu einem weit größeren Erfolg zu verhelfen. Dieser Erfolg lag bei einer Ertragssteigerung um ein Drittel bzw. bei 33 %, allein deshalb, da nun jährlich alle Felder bewirtschaftet und geerntet werden konnten.

Der Handel florierte recht gut, die in unserem Land als neuzeitlich geltenden Maschinen wurden recht gerne angenommen. Nur gab es hin und wieder Probleme bei anfallenden Reparaturen mit den importierten Maschinen. Mussten zunächst Monteure aus dem entfernten England angefordert werden, verbunden mit wochenlangen Ausfällen der Maschinen, so war schnell klar, dass dies nur eine kurzfristige Lösung sein konnte. In weiser Voraussicht stellte Heinrich Lanz bereits ein Jahr nach Geschäftseröffnung zwei Monteure ein und gründete damit eine Reparaturwerkstätte mit dem Ziel, künftig diese Reparaturen in der eigenen Werkstatt ausführen zu können.

Im fünften Jahr seiner von großem Erfolg gekrönten Tätigkeit eröffnete er eine erste Zweigstelle in Regensburg. Eine moderne Reparaturwerkstätte und ein großzügig an-

Lanz erfüllte eine Vorbildfunktion in der Unfallverhütung: Hier eine Dampf-Dreschmaschine mit Verkleidungen über den rotierenden Bauteilen.

gelegter Ausstellungsraum waren es, die gerade im niederbayrischen Raum Kundennähe versprachen. Waren die Transportmöglichkeiten der damaligen Zeit neben einem noch dünnen Eisenbahnnetz und einer wenig verbreiteten Binnenschifffahrt hauptsächlich auf das Gespann und geschotterte Straßen beschränkt.

BEGINN DER EIGENEN FABRIKATION

Die Nachfrage nach landwirtschaftlichen Maschinen war stetig steigend. Heinrich Lanz begann deshalb 1867 – im achten Jahr nach der Gründung – mit der Herstellung zunächst kleiner landwirtschaftlicher Maschinen wie Dresch- und Futterschneidmaschinen, und er fertigte Ersatzteile für die aus England importierten Maschinen. Recht erfolgreich waren beispielsweise seine Futterschneidmaschinen. Hier erhielt er – es war 1868 – ein patentähnliches Zertifikat auf eine derartige, neu entwickelte Maschine, die unter dem Namen Mannheimer Maschinen zweitausend Mal in nur zwei Jahren verkauft werden konnte.

Mit Beginn des Jahres 1870 löste er sein Unternehmen aus dem des Vaters heraus und firmierte fortan unter H. Lanz & Co. Nach nur drei Jahren Eigenproduktion hatte es Lanz fertiggebracht, die zweitgrößte Landmaschinenfabrik Mannheims aufzubauen. Er beschäftigte mittlerweile 58 Mitarbeiter. Als Antriebsquelle in der Fabrik standen zwei Dampfmaschinen mit vier Dampfkesseln und 80 PS Leistung zur Verfügung. Zu seinen Liefergebieten zählten neben dem gesamten deutschen Raum auch Österreich-Ungarn, die Donau-Fürstentümer und Russland, Italien, Frankreich, Holland, Belgien und die Schweiz.

Mit der Verteilung seines mittlerweile 100sten Kataloges im Jahr 1875 nach nunmehr 15 Jahren nannte er eine Gesamtzahl bisher verkaufter Maschinen von nicht weniger als 43.314 Stück mit einem Warenwert

Die Lanz-Werke beanspruchten dank voller Auftragsbücher immer mehr Platz: So sahen die Produktionsanlagen in der Schwetzinger Straße um das Jahr 1880 aus.

Besonders beliebt in Industrie, Handwerk und der Landwirtschaft waren Lokomobile und Dampfmaschinen aus dem Hause Heinrich Lanz.

von nahezu 11 Millionen Mark. Hiervon fielen alleine auf das Vorjahr über 10.000 Maschinen mit einem Gesamtwert von nahezu drei Millionen Mark.

Ein großes Wagnis, aber auch ein großer Schritt in die Zukunft war der 1879 vollzogene Einstieg in die Dampfmaschinenfertigung, doch sollte damit die Loslösung aus der englischen Abhängigkeit beginnen. Auch wenn Heinrich Lanz nur gelernter Kaufmann war, so zeigte sich doch sein großartiges technisches Können, sein praktisches Verständnis und das richtige Fingerspitzengefühl, denn die von ihm gebauten Maschinen waren bald den englischen überlegen und wurden von der Kundschaft bevorzugt gekauft.

Bei einem Druck von 4 atü (bar) leistete die erste Lokomobile noch ganze 2,5 PS, doch Heinrich Lanz hatte damit erstmals eine eigene Energiequelle – auch für den Antrieb seiner Dreschmaschinen – im Programm, deren wirtschaftliche Verbesserung und Leistungssteigerung nur eine Frage der Zeit war. Die zunächst selbst gebauten Dampfmaschinen wurden den englischen Vorbildern detailgetreu nachgebaut, damit die Ersatzteilversorgung an den importierten wie auch an den selbstgebauten Maschinen ohne Schwierigkeiten übernommen werden konnte. Daneben begannen seine Konstrukteure, eigene Dampfmaschinen zu entwickeln, die anfänglich parallel mit den englischen Maschinen gebaut wurden, doch schnell erkannte die Kundschaft die Überlegenheit gegenüber den Importmaschinen und machte dieselbigen bald gänzlich überflüssig.

Von seinen Dampf-Dreschgarnituren – hiervon sprach man, wenn eine Dreschmaschine zusammen mit einer Dampfmaschine geliefert wurde – fanden in nur sechs Jahren 1000 Stück einen Käufer.

Bereits zu diesem Zeitpunkt erfuhr Lanz großen Respekt und Anerkennung in der Fachwelt, seinen Produkten wurden höchste Auszeichnungen zuteil, nicht nur im Deutschen Reich, sondern auch im internationalen Maßstab.

Dann wagte er den ganz großen Schritt – man schrieb das Jahr 1888 – indem er ein ausgedehntes Industriegelände auf dem Lindenhof, direkt neben dem Bahnhof aufkaufte, um hier eine komplette neue Fabrik mit Gleisanschluss zu errichten. Eine Ausdehnung in der Schwetzinger Vorstadt – dem bisherigen Wirkungsbereich – war nicht mehr möglich. In der neuen Fabrik baute Heinrich Lanz auch eine moderne Gießerei, ebenfalls mit eigenem Gleisanschluss, denn der jährliche Roheisenbedarf hatte mittlerweile einem Umfang von 5000 Tonnen erreicht.

Besonders hervorzuheben sind die Auszeichnungen, die er für seine Produkte erhielt. Beispielsweise auf dem Gebiet der Unfallverhütung, als er 1889 als einziger Landmaschinen-Hersteller die Königlich-preußische Staatsme-

Die Konjunktur der vergangenen Jahre bescherte der Fabrik ein ungeheures Wachstum, sodass bereits um 1898 diese zweite Fabrik auf dem Lindenhof entstanden war.

daille für gewerbliche Leistungen auf dem Gebiet der Unfallverhütung entgegennehmen durfte.

NOCH VOR DEM JAHR 1900: MANNHEIMS GRÖSSTE MASCHINENFABRIK

Noch vor der Jahrhundertwende konnte Heinrich Lanz die größte Mannheimer Maschinenfabrik sein Eigen nennen. Die Fertigung war auf drei gut fundamentierten Säulen aufgebaut. Sie umfasste einmal den Dreschmaschinenbau, den Lokomobilbau und die Herstellung kleiner landwirtschaftlicher Maschinen. Hier fertigte die Firma unter anderem auch Göpel, von denen in den vergangenen Jahren viele Tausende verkauft werden konnten. Göpel waren alte Drehvorrichtungen und dienten zum Antrieb von Arbeitsmaschinen durch im Kreis herumgehende Menschen oder Tiere.

Insgesamt waren es drei sehr rentable Bereiche mit besten Absatzzahlen. Ab dem Jahr 1900 kam noch die Fertigung von Milch-Zentrifugen hinzu, wiederum ein Bereich, wo noch viele Tausend Geräte verkauft werden sollten. Im gleichen Jahr wurde der Lanz-Turm, ein 43 Meter hoher und 200 m³ fassender Wasserturm für die werkseigene Wasserversorgung, gebaut, der über Jahrzehnte zum Wahrzeichen der Fabrik geworden war und unter dessen Namen selbst die werkseigene Zeitung zum Begriff wurde.

Auf der Pariser Weltausstellung präsentierte die Firma Lanz die damals weltgrößte Lokomobile mit einer Dauerleistung von 260 PS bei 10 bar Kesseldruck. Es war die mittlerweile 10.000ste Lokomobile bzw. Dampfmaschine, die im Mannheimer Werk fertiggestellt werden konnte.

Bei den Dreschmaschinen führte der Mannheimer Unternehmer den Strohbindeapparat „System Howard“ als Vorläufer der später folgenden Strohpressen ein, der in unterschiedlichen Größen geliefert wurde und bis zu 1100 Mark kostete.

Doch gab es nicht nur Erfolge zu verbuchen. Gerade im Jahr vor der Jahrhundertwende lagen schwere Schatten über dem Werk. 1899 beantragte Heinrich Lanz die Genehmigung für den Bau einer neuen Kesselschmiede, was der Stadtrat jedoch ablehnend behandelte.

Mit Unverständnis reagierend, wandte sich Lanz daraufhin nach Berlin und war sehr schnell dabei, ein Grundstück für eine neue Fabrik zu erwerben. Noch vor Abschluss des Grundstückkaufes aber hatte der Mannheimer Oberbürgermeister Wind von dem Vorhaben bekommen. In einer Sondersitzung bewegte er den Stadtrat zum Einlenken, konnte man doch die mit Abstand größte Landmaschinenfabrik und den zugleich größten Arbeitgeber der Stadt nicht einfach abwandern lassen. Heinrich Lanz konnte damals mit viel Geschick überredet werden, seine Geschäfte in Mannheim zu belassen.

Neue Wege wiederum in der Technik des Dreschens beschritt man mit dem Bau einer neu entwickelten Dampfdreschmaschine, deren Nachbau durch mehrere Patente geschützt war. Diese Maschine war mit einem Strohnachschüttler ausgerüstet, hatte drei Windreinigungen, verstellbare Sortierzylinder, einen fünfteiligen Strohschüttler, einen Getreidereinigungsapparat, eine Doppeleinlege- und Trommelschutzverdeckung, einen Dreschkorb und eine Haltevorrichtung für die Kornsäcke.

Der technische Fortschritt war nicht mehr aufzuhalten,

er wurde mittlerweile sogar in dieser Fabrik vorgegeben. Viele mittellose Erfinder waren froh, ihre Patente und Erfindungen bei Lanz unterbringen zu können – hier wiederum erlaubten es die finanziellen Mittel, gute Ideen aufzukaufen und wirtschaftlich zu nutzen. So war es beispielsweise möglich, im Jahre 1902 eine wesentliche Verbesserung in der Dampfmaschinentechnik mit der Einführung des Heißdampf-Systems zu vollziehen. Ein großer technischer Schritt, bedeutete er doch eine erhebliche Leistungssteigerung bei gleicher Energiezuführung, der bisher an fehlenden Schmierstoffen und temperaturbeständigen Stopfbuchsen scheiterte.

DIE REISE NACH AMERIKA

1902 tritt der inzwischen 64-jährige Heinrich Lanz eine Reise nach Amerika an. Er wollte die dortigen Fertigungsmethoden studieren und kennen lernen, um seinen eigenen Betrieb rationeller gestalten zu können. Hatte er bisher seine Fabrik Stück für Stück aufgebaut und vergrößert, so war er nun an einen Punkt gelangt, wo es notwendig wurde, sinnvoll gegliederte Betriebsabläufe einzuführen. Amerikanische Ingenieure sollten ihm helfen, seine Fabrik zu rationalisieren. In Amerika war man aufgrund eines wesentlich größeren Bedarfs an Maschinen und den damit zwangsweise anhängenden höheren Stückzahlen weit wirtschaftlicher und rationeller eingerichtet. Die amerikanischen Fabrikanten konnten sich gerade der hohen Stückzahlen wegen schon damals modernster Fertigungsmethoden bedienen, die man in Deutschland nur vom Hörensagen kannte.

Bei dieser Reise machte Heinrich Lanz auch einen Besuch bei der Firma John Deere und lernte dabei Charles Deere, den Sohn des 1886 verstorbenen Firmengründers kennen. Bald nach der Rückkehr aus Amerika trafen die ersten Maschinen ein. Ganze Fertigungszweige wurden verändert, umgebaut und rationalisiert, und manch einer der Arbeiter verlor dabei seinen gewohnten, oft über Jahre vertrauten Arbeitsplatz. Natürlich verlor niemand seine Arbeit wirklich, aber es gab Mitarbeiter, die eine Umschulung in Kauf nehmen mussten, insgesamt wurde schneller und rationeller gearbeitet. Als dann aber noch Stechuhren eingeführt werden sollten – die ersten waren bereits in der Gießerei installiert – machte sich eine starke Unruhe unter den weit über 2000 Arbeitern und Beamten breit. Es folgten Streiks, Aussperrungen, Entlassungen, finanzielle Engpässe unter den Arbeitern und Lieferunfähigkeiten bei der Firma. Schließlich war die Situation so verfahren, dass seine Majestät, der Großherzog von Baden, höchstpersönlich als Schlichter fungieren musste. Bald darauf ging der betriebliche Alltag wieder weiter, doch ein allzu großer Riss im Vertrauen zwischen Heinrich Lanz und seiner Belegschaft war entstanden. Heinrich Lanz konnte seine in Amerika gewonnenen Erfahrungen und Anregungen nicht mehr voll einführen und umsetzen, und viele der Arbeitnehmer hatten ihre Arbeitsstelle bei Lanz nun endgültig verloren.

Am 1. Februar 1905, kurz vor seinem 67. Geburtstag, verstarb Heinrich Lanz. Er hinterließ eine Firma, die in 45 Jahren nahezu 3000 Arbeiter und Beamte beschäftigte. Der Jahresabsatz der Dampf-Dreschmaschinen lag bei 900 Stück, bei den Lokomobilen waren es über 1400 Stück. Mit seinem Tode verlor nicht nur die Stadt Mannheim eine ihrer größten Persönlichkeiten, sondern die deutsche Landmaschinen-Industrie einen ihrer größten Pioniere. Aus dem einstigen Importeur war ein Exporteur geworden, der mit dem guten Ruf und der Qualität seiner Erzeugnisse nicht nur die europäischen Märkte erobert hatte, sondern inzwischen auch nach Amerika, Afrika und Russland lieferte. Seine persönlichen Freunde aber, und die, die ihn wirklich kannten, wussten nur zu gut, dass der allzu frühe Tod eine Folge der harten Auseinandersetzungen war, die er nie verwunden hatte!

Milchzentrifugen als zusätzliches Standbein wurden ab dem Jahr 1900 gefertigt. Lanz bot eine breite Programmpalette mit Stundenleistungen von 35 bis 600 Liter.

In zweiter Hand

Karl Lanz rückt nach

Ist der Tod auch noch so hart, der Verlust eines Menschen auch noch so groß, das Leben muss weitergehen!

Heinrich Lanz hinterließ neben seiner Frau Julia einen Sohn und drei Töchter, die mittlerweile längst ihre eigenen Familien hatten, und nun ungeteilt das Erbe antraten. Der Sohn, Dr. Karl Lanz, seit acht Jahren an der Seite des Vaters tätig, übernahm die Leitung der Firma. Den Direktorposten besetzte – wie schon in den Jahren zuvor – Paul Zabel, einer der Schwiegersöhne von Heinrich Lanz.

Karl Lanz war 1873 in Mannheim geboren, besuchte das humanistische Gymnasium und diente bei den Dragonern. Anschließend studierte er an der Technischen Hochschule in Scharlottenburg das Ingenieurwesen für Maschinenbau. In die väterliche Fabrik kam er 1897 als 24-Jähriger, doch war die Zusammenarbeit mit dem Vater nicht immer einfach. Hatten die beiden mit dem Generationenproblem zu kämpfen, oder war es vielleicht der etwas zu lockere Lebensstil des Sohnes, der nicht so recht in das Weltbild des Vaters passen wollte? Vielleicht waren es aber auch die sehr hochgesteckten Erwartungen, die er nicht so erfüllte, wie der Vater es sich wünschte. Wir werden es wohl nicht mehr erfahren.

Dr. Karl Lanz
*** 1873**
† 1921

Wie es sich aber noch zeigen sollte, hatte auch Dr. Karl Lanz durchaus hervorragende Führungsfähigkeiten und das nötige Fingerspitzengefühl, um die Geschicke der Firma zu lenken. Er hatte die ungleich schwierigere Aufgabe, eine von Unruhen, Streiks und Aussperrungen geschüttelte Firma zu übernehmen, die zwar äußerlich wieder etwas zur Ruhe gekommen, innerlich aber noch sehr aufgewühlt und von Misstrauen geprägt war.

Im Gegensatz zu seinem Vater vergrößerte Karl Lanz das Werk nicht mehr. Sein Augenmerk galt der innerbetrieblichen Modernisierung, der Rationalisierung und der Zweckmäßigkeit. Hatte Heinrich Lanz beim Aufbau seiner Fabrik Halle um Halle und Abteilung um Abteilung aufgebaut und vergrößert, so waren die einzelnen Produktionsbereiche zunächst ohne jegliches System entstanden und oftmals durch lange Transportstrecken und Fertigungswege unterbrochen. Karl Lanz war es, der nun hier ansetzte, um diese Verhältnisse einmal richtig und systematisch zu ordnen.

Nach monatelangen Bemühungen war es dann gelungen, alle Fertigungsbereiche nacheinander umzustellen und einzelne aufeinander folgende Arbeitsgänge neu zu gliedern und zu gruppieren, sodass die Produktion schließlich Hand in Hand ablaufen konnte.

Ein weiterer Schwerpunkt von Karl Lanz war es, Wettbewerber zu übernehmen, also bestehende Werke zusammen mit ausgereiften Produkten, einer erfahrenen Belegschaft samt den Vertriebswegen aufzukaufen und den Kundenstamm mit zu übernehmen. Hier lag der Vorteil klar auf der Hand: Einerseits konnte sich die Firma auf gutgehende Produkte spezialisieren, und andererseits konnten neue, begehrte Produktzweige erschlossen und hinzugewonnen werden. Und ganz nebenbei hatte die Firma mit jeder Übernahme einen Mitbewerber weniger.

Das Lanz-Werk um 1910. Im Vordergrund das neu errichtete Denkmal zu Ehren des Gründers Heinrich Lanz.

50 JAHRE LANZ IN MANNHEIM

Große Feierlichkeiten richtete Karl Lanz im Jahre 1909 aus, als das 50-jährige Bestehen der Firma zu feiern war. Es waren große, zum Teil prunkvolle Feierlichkeiten, die bei weitem den üblichen Rahmen solcher Feste sprengten. Sowohl der Erfolg der Firma – deren Belegschaft unter seiner Leitung mittlerweile auf 4000 Mitarbeiter angestiegen war – als auch die zahlreichen Spenden und die Stiftungen, teilweise noch von Heinrich Lanz ins Leben gerufen, die Stiftungen von seiner Mutter Julia und sein eigenes Engagement waren Grund dafür, Teile der Bevölkerung weit über Mannheims Grenzen hinaus teilnehmen zu lassen. Städte wie Mannheim und Friedrichshafen nahmen diese Feierlichkeiten wiederum zum Anlass, die Witwe Julia samt Sohn Karl zu Ehrenbürgern zu ernennen.

Im Rahmen dieser Feierlichkeiten zum Firmenjubiläum ehrte Dr. Karl Lanz die Verdienste seines Vaters auf eine besondere Weise. Er ließ auf dem Werksgelände ein über-

Neben den stationären Dampfmaschinen baute Lanz auch Straßenwalzen und Straßenlokomotiven.

Es war das Verdienst des Dr. Karl Lanz, dass bereits 1911 mit dem Bau so genannter Benzinzugmaschinen begonnen wurde.

dimensionales Denkmal des Firmengründers errichten; ein Denkmal, das mittlerweile zwei Weltkriege unbeschadet überdauert hat und das der Besucher noch heute (ehrfurchtsvoll) bewundern kann.

In dieser Zeit – es waren die Jahre vor dem Ersten Weltkrieg – sahen führende Vertreter der Industrie bis hoch zu Persönlichkeiten mit Rang und Namen aus nächster Umgebung Kaiser Wilhelms des II. im Luftschiffbau eine zukunftsweisende Entwicklung. Hierzu zählte sich auch Karl Lanz. Deshalb war es auch nicht verwunderlich, dass er sich mit Johann Schütte, seines Zeichens Professor an der Technischen Hochschule in Danzig und neben Graf Zeppelin der wohl bekannteste Luftschiffexperte der damaligen Zeit, zusammenschloss.

Karl Lanz ließ eine völlig neue Werft in Mannheim-Rheinau bauen, investierte mehrere Millionen Mark zur Erforschung und Herstellung von Luftschiffen und ließ sogar kleinere, einmotorige Flugzeuge bauen. Er schuf damit ein eigenständiges Unternehmen, das bis zu den Jahren des Ersten Weltkriegs mit über 1700 Beschäftigten einen enormen Aufschwung erlebte.

Der Schwerpunkt der Lanzschen Fabrik samt der Denkweise ihres obersten Chefs war aber nach wie vor der Landwirtschaft zugewandt. So war es Karl Lanz gelungen, im Jahre 1911 das Patent einer in Ungarn entwickelten Bodenbearbeitungsmaschine – einer von einem Benzinmotor angetriebenen Ackerfräse – zu erwerben.

Es war die Zeit, als der Verbrennungsmotor viel von sich reden machte. Vor allem im Zugmaschinenbau räumte man ihm große Chancen ein, hatten doch die mit dem Verbrennungsmotor angetriebenen Maschinen eine geringere Baugröße und weit weniger Gewicht bei meist gleicher Leistung als die bis dahin bekannten riesigen Dampfungetüme. Der größte Vorteil aber war zweifellos in der sofortigen Betriebsbereitschaft zu sehen, während bei einer Dampflokomobile eine Vorbereitungszeit von einer halben bis zu einer ganzen Stunde notwendig war, bevor überhaupt mit der Arbeit begonnen werden konnte.

FÜR EINE MODERNE BODENBEARBEITUNG: EINE VÖLLIG NEUE MASCHINE

Natürlich ging es Karl Lanz nicht nur um den modernen Benzinmotor, genauso wichtig war für ihn die Bodenbearbeitung mit Hilfe der Bodenfräse. Immerhin war mit dieser Fräse eine Bearbeitung des Ackers zu feinster Gartenerde in nur einem Arbeitsgang möglich. Verglichen mit dem Pflügen, bei dem der Boden danach noch mehrmals bearbeitet werden musste, um dieselbe Qualität zu erreichen, war dieses Arbeitsgerät ein wahrer Fortschritt.

Hier zeigte Karl Lanz ein sehr deutliches Gespür für die

Zukunft, als er auf diese neue, noch unbekannte Technologie setzte, weg von der auf ihrem technischen Höhepunkt angekommenen Dampfenergie, obwohl gerade die Dampfmaschinen es waren, die in den letzten Jahren der Firma den Wohlstand brachten. Immerhin konnte bereits drei Jahre zuvor die 20.000ste Lokomobile fertiggestellt werden. Das herausragendste Ereignis in Sachen Dampf aber leistete die Firma 1910, als sie wiederum der Welt größte Lokomobile auf der Brüsseler Weltausstellung präsentierte. Diesmal war es die stolze Leistung von 1000 PS *Normaler Dauerleistung.*

Doch mit der neuen Technologie – den Vergasermotoren als Antriebsart – setzte Lanz auf die Zukunft und legte damit den Grundstein für die Traktorenfertigung in seiner Fabrik – nicht ahnend, welcher Erfolg sich daraus noch entwickeln sollte.

Zunächst jedoch ging es ihm darum, eine modernere und billigere Alternative zu den Dampftraktoren zu schaffen und weiterzuentwickeln.

Bereits ein Jahr später – inzwischen schrieb man das Jahr 1912 – konnten die ersten Benzintraktoren mit angebauter Ackerfräse unter dem Namen Landbaumotor, System Köszegi verkauft werden. Sie waren mit einem modernen 70 PS starken Vergasermotor ausgerüstet.

Nach wie vor jedoch war der Lokomobilbau der wichtigste Fertigungszweig der Firma. Hier aber war es längst nicht mehr nur die Landwirtschaft, die nach diesen Maschinen verlangte. Ganze Industriezweige hatten die

Bereits 1905 erwarb Lanz die Patente der „Lenzschen Ventilsteuerung" zusammen mit dem Beharrungs-Flachregler. Dies bedeutete eine höhere Effektivität bei einfacherer Bauweise. Noch im selben Jahr erfolgte die Umstellung auf die Technik bei allen Zuglokomobilen und Dampfmaschinen.

Dampfmaschine bzw. die Lokomobile als wirtschaftliche Antriebsquelle für sich entdeckt und waren zu dankbaren Kunden geworden.

Deshalb hatte man auch in Mannheim nicht aufgehört, die Produktionsstätten weiter auszubauen und zu rationalisieren. Nach der Landmaschinenfertigung war es vor allem die Lokomobilfabrik, die noch in den letzten Jahren vor dem Ersten Weltkrieg zum großen Teil mit neuen Fertigungsanlagen modernisiert wurde. Ein Großteil dieser Fertigungsmaschinen musste wiederum aus Amerika bezogen werden, da sie nirgends sonst auf dem Weltmarkt verfügbar waren. Es wird sogar berichtet, dass einige dieser Werkzeugmaschinen in der eigenen Fabrik angefertigt werden mussten, da Maschinen in der benötigten Größe weltweit überhaupt nicht angeboten wurden.

Die Nachfrage nach diesen Maschinen wurde immer größer, die belieferten Länder immer zahlreicher. So kann gesagt werden, dass die Lokomobile von Lanz fast in die ganze Welt geliefert wurden. Seit etwa 1907 kamen sogar Straßenlokomotiven aus dem Werk, die stärksten mit einer Dauerleistung von 65 PS. Die größte heute noch bekannte Dampfmaschine, die je in Mannheim gebaut wurde, war eine Schiffsmaschine mit einer Leistung von unvorstellbaren 6500 PS.

Mit unternehmerischem Geschick hatte es Karl Lanz verstanden, neue und erfolgsversprechende Technologien einzuführen und zu fördern, ohne dabei die umsatzträchtigen Produkte zu vernachlässigen. Sein Vater Heinrich – zu diesem Zeitpunkt vor noch nicht mal 10 Jahren verstorben – wäre sicher sehr stolz auf ihn gewesen, hätte er seine Fabrik 1914, im Jahr des Ersten Weltkriegs, sehen können.

DER ERSTE WELTKRIEG

1914: Der Erste Weltkrieg war ausgebrochen! Noch im Spätsommer zog Karl Lanz als Rittmeister der Reserve in den Krieg. Nicht nur die Belegschaft, auch viele Bewohner Mannheims, vor allem die des Lindenhofs brachten ihrem Chef und Gönner Mannheims großen Beifall entgegen, als er in seiner mit Blumen geschmückten Kutsche durch das Betriebsgelände und danach noch durch die Straßen des Lindenhofs fuhr, um Abschied zu nehmen. Damals waren alle noch überzeugt von einem raschen Sieg und glaubten an eine schnelle Rückkehr, entsprechend freudig, ja festlich war die Stimmung. Doch schon wenige Monate nach dem Abschied zog der harte Kriegsalltag in die Fabrik ein. Hunderte von Arbeitern und Beamte mussten ihrem Chef in den Krieg folgen; die Not, die dieser Krieg verbreitete, griff unweigerlich um sich und erfasste immer mehr Bevölkerungsschichten.

Der Erste Weltkrieg verlangte neben den Luftschiffen auch Flugzeuge. Rund 500 Stück wurden im Zweigwerk Mannheim-Rheinau gebaut.

Nach dem Ausbruch des Ersten Weltkriegs musste die Firma diese für die Landwirtschaft bestimmten Landbaumotoren ohne die angebaute Fräße und den motorischen Antrieb, dafür aber in unterschiedlichen Größen mit bis zu 120 PS weiterbauen und für den Kriegsdienst liefern. Damals konnten mehrere Hundert dieser Maschinen gebaut werden.

Im Jahre 1916 – mitten im Krieg – war es dem Gießereidirektor zusammen mit einem Chemiker gelungen, einen hochwertigen Grauguss – den Lanz-Perlitguss – zu entwickeln. Er verfügte über stahlähnliche Eigenschaften – er hatte eine wesentlich höhere Festigkeit und war weniger brüchig – und damit dem herkömmlichen Grauguss weit überlegen.

Ebenfalls 1916 erwarb die Firma Lanz die Aktienmehrheit der Zweibrückener Landmaschinenfabrik Wery AG, damals einer der führenden Hersteller von Erntemaschinen, die vor allem im Süden unseres Landes gerne gekauft wurden; und für Lanz ein geachteter und ernst genommener Mitbewerber. Aus dieser Fertigung kamen aber auch Göpel, Jauchepumpen, Düngerstreuer, Stroh- und Quetschmühlen, Schleifsteine, Ackerwalzen, Kartoffelroder, Hand- und Göpeldreschmaschinen und Häckselschneidmaschinen, also Produkte, die teilweise auch bei Lanz gefertigt wurden. Beispielsweise sehr beliebt und im süddeutschen Raum viel verbreitet waren die Gras- und Getreidemäher, die zum Teil durch das Deutsche Reichspatent (D.R.P.) geschützt waren.

Dieser Kauf wurde als wahrer Glücksgriff gesehen, konnten nun mehrere Fertigungszweige aus Mannheim ausgelagert und mit Produkten aus Zweibrücken zusammengelegt, und der höheren Stückzahlen wegen nun weit wirtschaftlicher gefertigt werden. Andererseits ließen sich unwirtschaftliche Produkte aussortieren. Der größte Erfolg aber war darin zu sehen, dass die Firma Wery als Konkurrent ausgeschaltet war, die Vertriebswege jedoch der weiteren Nutzung uneingeschränkt zur Verfügung standen.

DIE WERY AG – EIN GLÜCKSGRIFF

Die Firma Wery AG konnte auf dasselbe Alter zurückblicken wie die Firma Lanz, nur war sie mit ihren etwa 150

Der Erwerb der Firma Wery war für Lanz ein Glücksgriff, steckte hier doch ein hohes Potenzial an Know-how. Für die nächsten zehn Jahre firmierte man unter dem Namen Lanz-Wery.

Beschäftigten sehr viel kleiner als der Mannheimer Mitbewerber. Dennoch war sie die größte landwirtschaftliche Fabrik der bayerischen Pfalz. Eine Fabrik, in der ein hohes Potenzial an Know-how steckte mit einem gut eingeführten, erfahrenen Mitarbeiterstamm, der noch weit mehr genutzt werden konnte.

Sofort nach der Übernahme ging man daran, auch hier zu renovieren, zu rationalisieren und zu modernisieren. Im Rahmen dieser Umstrukturierung scheute man sich auch nicht, große Summen dafür zu investieren und auch die Belegschaft zu verdreifachen. So fanden nur ein Jahr später annähernd 500 Beschäftigte ihren Arbeitsplatz bei Wery in Zweibrücken, die nach Kräften bemüht waren, die ausgefallene Produktion des Mannheimer Werks etwas auszugleichen. Firmiert wurde nun allerdings unter Lanz-Wery – bis 1925, dann nämlich ließ man den Namen Wery gänzlich aus der Firmierung wegfallen.

In der Mannheimer Fabrik kursierten unterdessen große, schwarz umrandete Blätter, auf denen die Namen der gefallenen Kollegen und Mitarbeiter zu finden waren, wodurch das Kriegsgeschehen allgegenwärtig war. Besonders schlimm traf es die Export-Abteilung. Alle aus dieser Abteilung eingezogenen Mitarbeiter mussten ihr Leben lassen. Ganze Büros waren wie leergefegt. Aber auch auf andere Weise zeigte sich die Grausamkeit des Krieges. Das Konstruktionsbüro musste ausgeräumt werden, um ein Lazarett für die vielen Verwundeten einzurichten. Ähnliches auch in der Lokomobilfabrik, sie musste ebenfalls zum größten Teil geräumt werden – beschlagnahmt von der Heeresverwaltung zur Aufzucht von Rindern und Schweinen für die Verpflegung der Truppe.

Die Fertigung der firmeneigenen Produkte ging hier nur noch in einem sehr begrenzten Umfang weiter. Dafür waren Rüstungsgüter anzufertigen, reines Kriegsmaterial: Minenwerfer für die Schützengräben, Minen, Torpedoteile, Torpedomotoren und Maschinengewehre. Alle verfügbaren Arbeitskräfte, Mädchen und Frauen, aber auch mancher nicht mehr für den Kriegsdienst zu gebrauchende Mann musste in der Fabrik arbeiten, vielfach im Zweischichtbetrieb. Die Belegschaft war so auf runde 10.000 Mitarbeiter angestiegen. Das Sagen hatte das Militär.

Auf dem Gelände der Luftschiffwerft in Rheinau waren seit 1915 ebenfalls mehrere hundert Frauen und Mädchen für die Produktion von Kriegsprodukten herangezogen. An langen Tischen sitzend mussten sie unter Beachtung größter Vorsicht die im Hauptwerk hergestellten Minen und Granaten mit Pulver füllen – in der Fabrik waren zeitweise bis zu 80.000 Tonnen Sprengstoff gelagert –, reichten sie dann von Hand zu Hand für den nächsten Arbeitsgang weiter und hatten dabei noch Glück mit dieser sitzenden, vergleichsweise leichten Arbeit. Sehr viel härter traf es all jene Frauen, die für die schwere Maschinenarbeit an den Drehbänken, den Bohrmaschinen, den Fräsmaschinen und den sonstigen Werkzeugmaschinen eingeteilt waren, zehn Stunden an jedem Tag, von Montag bis Samstag, nur der Sonntag blieb für die Erholung frei – bis zum Waffenstillstand 1918.

DIE NACHKRIEGSZEIT: NOCH HÄRTER ALS DER KRIEG SELBST

Karl Lanz war wieder unversehrt aus dem Krieg heimgekehrt, und das war zunächst das Wichtigste. Die ersten Nachkriegsmonate trafen die Mannheimer Bürger und die komplette Mannheimer Industrie teilweise noch härter als der Krieg selbst. Die vielen Rohstoffe und Vorräte, über die Deutschland noch vor dem Krieg verfügte, waren aufgebraucht, stattdessen hatte der Krieg eine enorme Verschuldung gegenüber dem Ausland erbracht. Durch den Verlust des Elsass war das Hauptwerk gezwungen, ohne das Zweibrückener Zweigwerk, und damit ohne die wichtigste Fertigungsstätte landwirtschaftlicher Maschinen, auszukommen. Der Mannheimer Hafen war durch französische Truppen besetzt, Transporte auf den Wasserstraßen Rhein und Neckar kaum mehr möglich und die Bahn durch überteuerte Kurzstreckentarife viel zu teuer. Dazu noch das ertragsunabhängige Steuersystem des Badener Landes, das die Wirtschaft zusätzlich mit enorm hohen Forderungen belastete.

Die Firma Lanz als größter Arbeitgeber der Stadt stand natürlich an vorderster Stelle und war von dieser Entwicklung besonders betroffen. Der plötzliche Abbruch der Kriegsproduktion hatte enorme finanzielle Verluste zur Folge. Das Militär samt den Hunderten von Frauen und Mädchen waren aus der Fabrik abgezogen, dafür kamen die vielen Mitarbeiter wieder zurück, die überlebt hatten und wieder arbeiten konnten. Not und Hunger trieben sie in Scharen in die Fabrik, bis wieder eine Belegschaft um die 3000 Mitarbeiter verfügbar war. Doch sie alle wollten beschäftigt werden, sie brauchten Arbeit; Arbeit, die es in diesen Monaten nicht gab. Seit Wochen schon führte die Geschäftsleitung beispielsweise Verhandlungen mit der Reichsbahndirektion, die letztlich aber doch noch von Erfolg gekrönt waren: Dampflokomotiven konnten im Werk überholt und auf den neuesten technischen Stand gebracht werden – teilweise wurden sie mit dem firmeneigenen Ventilsteuersystem ausgerüstet – sodass die Mitarbeiter des Lokomobilbaus wenigstens für die nächsten Monate wieder beschäftigt werden konnten.

Der Lokomobilbau – noch vor dem Krieg aus allen Nähten platzend – hatte kaum mehr Aufträge zu verzeichnen, da die Elektrifizierung in den Kriegsjahren starken Auftrieb erhalten hatte. Dann war die Entwicklung des Verbrennungsmotors erheblich vorangeschritten. Am schmerzlichsten aber war der Verlust von Russland als Kunden zu verkraften, dem Land, das für das enorme Wachstum der letzten Vorkriegsjahre in dem Geschäftsbereich Lokomobilfabrik gesorgt hatte. Zu Beginn des Jahres 1919 war es allerdings zusätzlich gelungen, einen Auftrag über die Produktion von 60.000 Landmaschinen zu erhalten, womit eine weitere Beschäftigung für die nächsten 18 Monate gesichert war.

Der Luftschiffbau Schütte-Lanz konnte in den Kriegsjahren 22 Luftschiffe und ca. 500 Flugzeuge ausliefern. Die Heeresverwaltung hatte Hallen beschlagnahmt, um die

Nach dem Krieg wurden die Werke Mannheim und Rheinau getrennt. Daraus gingen dann die Luward-Leim GmbH und die Schütte-Lanz-Holzwerk AG hervor.

Fertigung auf Standorte in weiteren Städten auszudehnen, sodass insgesamt um die 3200 Mitarbeiter in diesem Fertigungszweig beschäftigt werden konnten. Mit Kriegsende war die Nachfrage nach diesen Produkten auf null gesunken, im Bau befindliche Maschinen wurden zerstört und fertiggestelltes Fluggerät beschlagnahmte die Armee. Die Außenstellen wurden – soweit sie den Krieg überdauert hatten – aufgegeben, man sammelte sich wieder in Mannheim-Rheinau und versuchte, sich mit den unterschiedlichsten Produkten über Wasser zu halten. Aus den restlich verbliebenen Aluminiumbeständen fertigte man Kochtöpfe, verschiedenes Kochgeschirr und Bügeleisen, das Wendegetriebe der Luftschiffe wurde für Lastkraftwagen umfunktioniert und weiterproduziert. Aus den Holzbeständen wurden Boote, Handwagen und teilweise sogar Möbel gefertigt. Es gab noch eine Holzleimproduktion – zum Verkleben der Holzgerippe im Luftschiffbau –, die ungedrosselt weiterlief, denn auch die neuen Holzprodukte mussten verleimt werden. Schließlich wurden die Werke Mannheim und Rheinau voneinander getrennt, so entstanden die Luward-Leim GmbH und die Schütte-Lanz-Holzwerke AG.

AN ERSTER STELLE: DIE VOLLBESCHÄFTIGUNG DES MANNHEIMER WERKES

Recht glücklich verlief die Entwicklung unterdessen in Zweibrücken, denn der Friedensvertrag sprach das Saarland endgültig der Pfalz zu, sodass das Lanz-Wery-Werk wieder in den Besitz von Lanz überging. Nun war natürlich die Geschäftsleitung und allen voran Karl Lanz bemüht, die dortige Produktion nach Mannheim zu holen, um wieder eine Vollbeschäftigung der Belegschaft zu sichern. Die dortigen Politiker jedoch setzten sich – nachdem ihnen diese Planungen zu Ohren gekommen waren – energisch für den Verbleib ihrer Fabrik ein, war sie inzwischen doch zur zweitgrößten Fabrik der Pfalz angewachsen, und sie bildete die Existenzgrundlage hunderter Familien der Region. So folgten auch hier lange, über Wochen andauernde Verhandlungen, die schließlich den Verbleib der Firma in Zweibrücken sicherten.

Im Mannheimer Werk unterdessen war wieder etwas Ruhe eingekehrt, die Arbeiten unter den geänderten Umständen waren angelaufen, die Umstrukturierungen, die der Krieg mit sich gebracht hatte, waren weitgehend beseitigt. Um die deutlich zurückgegangene Nachfrage der Lokomobilfertigung abzufangen, setzte Karl Lanz den Schwerpunkt mehr auf die Weiterentwicklung der Vergaser-Zugmaschinen und er gab Fritz Huber grünes Licht für die Weiterführung der Arbeiten an seinem Glühkopfmotor, einer bereits 1916 begonnen neuen Entwicklung, die dann aber durch das Kriegsgeschehen wieder eingestellt werden musste.

Dann kam das für die Firma ereignisreiche und schicksalhafte Jahr 1921: Der von Fritz Huber fertiggestellte Glühkopfmotor konnte auf der DLG-Ausstellung in Leipzig der Öffentlichkeit präsentiert werden – er machte von Beginn an viel von sich reden, und er sollte in den nächsten Jahrzehnten das komplette Betriebsgeschehen in Mannheim beherrschen.

Am 18. August 1921 starb Dr. Karl Lanz im Alter von nur 48 Jahren nach einer schweren Krankheit. Bei einer Südamerikareise hatte er sich mit einer ansteckenden Krankheit infiziert, die ihm in den letzten Monaten seines Lebens großes Leid und schier unerträgliche Schmerzen bereitete.

In all den Jahren seines Wirkens hatte er es verstanden, das Lebenswerk seines Vaters trotz des Krieges und der entbehrungsreichen Nachkriegszeit weiter auszubauen und zu festigen. Sein Verdienst war es, dass die Schlepperfertigung nach Mannheim kam, er legte den Grundstein für den so erfolgreichen Bulldog-Bau, der den gesamten europäischen Schlepperbau über Jahrzehnte hinweg beeinflusste und mit wichtigen Impulsen versorgte. Ihm ist es zu verdanken, dass Deutschlands größte Traktorenschmiede heute nicht irgendwo zu finden ist, sondern in Mannheim steht, und er war der Mann, der die Weichen zum Kauf für das heutige Zweibrückener Erntemaschinen-Werk als Zweigwerk des erfolgreichen Mannheimer Traktorenwerks stellte.

Erfinder und Erbauer des Bulldog

Dr. Fritz Huber, ein unvergessener Pionier

„Der Bulldog ist ein Produkt aus der Anfangszeit des Zwanzigsten Jahrhunderts, als noch so gut wie kein technisches Verständnis unter der bäuerlichen Bevölkerung herrschte, geprägt durch die entbehrungsreichen Kriegsjahre des Ersten Weltkriegs, und erschaffen nach dem Leitsatz des Fritz Huber: Der Motor für die Landwirtschaft kann nicht einzylindrig genug sein."

Ein Satz, leicht und schnell dahergesagt – doch welcher geniale Erfindergeist, welche Weisheit und welches Verständnis sich für die damaligen landwirtschaftlichen Nöte dahinter verbargen, das lässt sich sehr schnell daran erkennen, dass sich das Produkt Bulldog ganze drei Jahrzehnte dominant am Markt behauptete und erst zum Ende des vierten Jahrzehnts aufgrund stark veränderter Voraussetzungen und einer neu geschaffenen Infrastruktur nicht mehr gefragt war.

Glühkopfmotoren gab es schon eine geraume Zeit auf dem Markt. Er wurde von N. A. Stuart entwickelt und bereits 1891 patentrechtlich geschützt. Allerdings lag ihr großer Nachteil beim Betrieb im Teillastbereich. Das heißt, dass der Glühkopf bzw. die Glühnase, der Zündsack oder der Zündteller recht schnell erkaltete, wenn der Motor nicht ständig im oberen Leistungsbereich betrieben wurde. Der eingespritzte Kraftstoff wurde nicht mehr genügend erwärmt bzw. verdampft, um die Verbrennung einzuleiten, also blieb der Motor stark rauchend stehen.

Dr. Fritz Huber
* 1881
† 1942

Somit war der Glühkopfmotor der damaligen Zeit ein Motor, der für die ständig wechselnde Belastung eines Fahrzeugs völlig unbrauchbar war. Dazu das bereits erwähnte fehlende technische Verständnis der damaligen Bevölkerung, besonders der bäuerlichen Bevölkerung, die ja damals mit keinerlei Technik in Berührung kam, und eine nicht vorhandene Infrastruktur zur Betreuung technischer Geräte. Deshalb waren keinerlei komplizierte Konstruktionen möglich, denn wer sollte schließlich die Wartung des Motors übernehmen?

Genau hier setzte das große Verdienst des Dr. Fritz Huber ein, denn mit einer aus heutiger Sicht recht einfach anmutenden Konstruktion konnte der Huber-Motor – so wurde er anfänglich genannt – in jedem Belastungsbereich über längere Zeit betrieben werden, ja selbst ohne Belastung im Leerlauf. Das Ganze als Maschine verpackt, die an Einfachheit, vor allem aber an Zuverlässigkeit nicht mehr zu überbieten war, stellte genau das richtige Konzept dar, um jedem Landwirt in der damaligen Zeit diesen Motor anvertrauen zu können.

LEBENSLAUF EINES GENIES

Fritz Huber wurde in Wasserburg am Inn (Oberbayern) als Sohn einer seit 1758 dort ansässigen Leineweberfamilie in geboren. Das geschah am 8. März 1881. Hier besuchte er auch die Realschule, danach die Industrieschule und die Technische Hochschule, beide in München. 1903 verließ er München als junger Diplom-Ingenieur. Nun stand ihm die Welt offen! Eine Welt mit den noch neuen Erfindungen der Verbrennungsmotoren – des Diesel- und des Ottomotors, des Zweitakt- und des Viertaktmotors –, die noch ungeahnte Möglichkeiten eröffnen sollten.

Familienleben: Dr. Fritz Huber zusammen mit seinem Neffen Hans-Ludwig. Auch der Neffe verbrachte sein ganzes Arbeitsleben in der Mannheimer Fabrik und widmete sich den Bulldogs und den ersten John Deere Traktoren.

Sein Weg führte ihn zunächst in die Schweiz zu Martini u. Co, dann nach Frankreich, wo er ab 1906 bei Buchot in Paris arbeitete. 1907 war er bei Garde in Magdeburg und 1908 bei Breuer u. Co. in Höchst am Main; 1910 ging er nach Wien zu Bachrich u. Co. Als Konstrukteur beschäftigte er sich hauptsächlich mit der Entwicklung von Zweitakt- und Viertaktmotoren für Leicht- und Schweröle. Dabei beeindruckte ihn besonders der Glühkopfmotor – der mit seinen nahezu 20 Jahren der älteste der Verbrennungsmotoren war. Er kam damals hauptsächlich in der Schifffahrt zum Einsatz. Diese Motorengattung konnte mit den verschiedensten und sogar den billigsten, im eigenen Land hergestellten Kraftstoffen betrieben werden – beispielsweise dem bei der Fischerei als Abfallprodukt gewonnenen Fischtran. Damit war man unabhängig von der ausländischen Preisdiktatur.

Fritz Huber war von dem technisch vergleichsweise einfachen und doch eleganten Arbeitsprinzip so fasziniert, dass er sich fortan diesem Motor mit besonderem Interesse widmen wollte.

Mit dem Ausbruch des Krieges 1914 meldete er sich freiwillig zum Militär und wurde als Leiter einer Sanitätseinheit eingesetzt, wo er zweimal ausgezeichnet wurde.

Als Fritz Huber nach einer Verletzung im Krieg 1916 den Felddienst quittieren musste, trat er nach der Genesung bei Lanz ein. Es war der 20. September 1916. Damals hatte er drei für ihn in Frage kommende Angebote. Die Entscheidung für Lanz wurde ihm dadurch erleichtert, dass er von seinem Heimatort Wasserburg aus nach Mannheim die beste Zugverbindung hatte. Und die Pforte der Lanz-Werke lag genau gegenüber dem Hauptbahnhof. Schon bei der Einstellung gab er zu verstehen, dass er sich in seiner weiteren beruflichen Laufbahn vor allem dem Glühkopfmotor zuwenden wolle, und hier speziell für Einsätze in der Landwirtschaft. Dieser Wunsch konnte ihm allerdings nur wenige Monate gewährt werden, denn das 1871 gegründete Deutsche Kaiserreich befand sich mitten in einem verlustreichen Krieg. Hier hatten die der Firma auferlegten Zwänge grundsätzlich Vorrang. So musste er seine Arbeiten bezüglich der Motorenentwicklung bald wieder ruhen lassen. Stattdessen wurde er zum Bau der Benzinzugmaschinen für Kriegseinsätze herangezogen. Einer Arbeit, die sich noch bis Kriegsende hinziehen sollten. In dieser Zeit konnte er aber trotzdem seinen ersten Glühkopfmotor bauen. Dieser Motor zeichnete sich – neben all den Vorteilen der Glühkopfmotoren – durch einen besonders ruhigen Lauf bei einem hohen Drehmoment aus, konnte technisch jedoch nur mit großem Aufwand hergestellt werden. Deshalb wurde sein Vorschlag, die benzingetriebenen Artillerieschlepper mit diesem weit sparsameren und zuverlässigeren Motor auszurüsten, abgelehnt.

In dieser Zeit schrieb er zusätzlich noch seine Doktorarbeit, und nur so konnte es geschehen, dass sein eigentliches Ziel – der einfache, für die Landwirtschaft gedachte Glühkopfmotor – in Vergessenheit geriet. Als er jedoch nach Kriegsende eines Tages über den Fabrikhof ging und inmitten eines Haufens von Kriegsschrott auch Teile seines Motors aus früheren Arbeiten entdeckte, wurde es höchste Zeit für ein sehr ernstes Gespräch mit Dr. Karl Lanz. Alsbald bekam er von seinem Chef grünes Licht zur Ausführung seines Vorhabens. Aus der Motorenabteilung – es war die Abteilung, aus der die Benzinzugmaschinen kamen – wurden ihm mehrere Konstrukteure zugeteilt, und er bekam ein eigenes Büro samt einer Werkstätte und den Mechanikern, um so seine Vorstellungen und Ideen zu verwirklichen.

DER WEG ZUM ERFOLG

Es waren die Erfahrungen mit seinem Glühkopf-Gegenkolbenmotor, die ihn erkennen ließen, dass ein Motor für die Landwirtschaft in Aufbau und Bedienung nicht einfach genug sein konnte. Er prägte den Satz: „Der Motor für die Landwirtschaft kann nicht einzylindrig genug sein, und er muss notfalls mit der Mistgabel zu reparieren

Bereits bei Bachrich in Wien entwickelte Huber ein Glühkopfmotoren-Programm mit Leistungen von 5 bis 100 PS.

sein!" Ein Seitenhieb an die damals vorherrschenden, komplizierten Vergasermotoren in den Zugmaschinen und den Motorpflügen, die mit ihren offenen Zündanlagen so ihre Startschwierigkeiten hatten und auch nicht immer zuverlässig liefen. Er dagegen hatte konkrete Vorstellungen von einem einfachen, einzylindrigen Glühkopfmotor, der – gemessen an den vorherrschenden Motoren – ein günstigeres Verhältnis von Leistung und Gewicht hatte, sparsam im Verbrauch war und dazu mit demselben ruhigen Lauf glänzen konnte wie sein Gegenkolbenmotor. Außerdem sollte er längere Zeit ohne Belastung betrieben werden können. Ein Motor also, der in der Lage war, mit wechselnden Belastungen in allen Leistungsbereichen fertig zu werden. Dieser Motor sollte auf einem fahrbaren Gestell montiert sein, das mit Zugtieren, am besten mit Pferden, an jeden Ort transportiert werden konnte, wo maschinelle Antriebskraft von Nöten war.

Nach harter Arbeit und vielen Versuchen später hatte er schließlich sein Ziel erreicht, die ersten drei Prototypen waren Anfang 1921 auf dem Fabrikhof in einem angenehm leisen, gleichmäßigen „plupp-plupp-plupp" zu hören. Die ersten drei Glühkopfmotoren überhaupt, die über längere Zeit im Leerlauf plupperten, ohne dass der Zündteller erkaltete und sie stehen blieben.

Und genau hier lagen die großen Vorteile der Konstruktion des Dr. Huber. Er hatte eine verstellbare Einspritzdüse entwickelt, die mit wenigen Umdrehungen der jeweiligen Belastung angepasst und entsprechend eingestellt werden konnte. Zum Start sollte die Düsennadel drei Umdrehungen nach oben gedreht werden, um den Kraftstoffstrahl zentriert nach unten in die Glühnase zu richten. Je größer die Belastung wurde, umso weiter war dann die Düsennadel nach unten zu drehen. Damit wurde ein breiter, den oberen Rand der Glühnase berührender Sprühkegel erzeugt, der dieselbe mit wesentlich höherer Energie am Glühen hielt und gleichzeitig das Klopfen der gefürchteten Frühzündung vermied.

Diese ersten, auf mit Drehschemellenkung und Deichsel versehenen Fahrgestellen montierten Motoren, waren lediglich bewegliche Stationärmotoren. Die so genannten Ergomobile konnten im Falle eines Ortswechsels mittels des Fahrgestells recht einfach transportiert werden. Hier allerdings erkannte Dr. Huber recht schnell, dass ein Eigenantrieb fehlte. Dann nämlich waren die Zugtiere gänzlich überflüssig, der Motor konnte direkt nach dem Starten aus eigener Motorkraft bewegt werden. Mehr noch, mit dem Motor konnte die anzutreibende Maschine, beispielsweise eine Dreschmaschine, gleich mitgeführt werden.

BULLDOG: DER NEUE BEGRIFF FÜR KRAFT, ZUVERLÄSSIGKEIT UND MODERNE

Recht schnell war der Selbstfahrer entwickelt, der neben einem einfachen, blechernen Sitz für den Fahrer noch ein Lenkrad und profilierte Hinterräder erhalten hatte. Die Lenkung in ihrer Bauweise als Drehschemellenkung blieb davon unberührt. Auch die Bremse, die lediglich die Funktion einer Feststellbremse erfüllte und auf die Lauffläche der etwas größeren Hinterräder wirkte, war unverändert geblieben. Und dann gab es noch den Antrieb. Er erfolgte mittels einer Kette, die nach der Riemenscheiben-Kupplung abgenommen wurde, auf die Achse wirkte und dann über einen Zahnradtrieb auf die Räder geleitet wurde. Damit sparte man eine zusätzliche Kupplung, musste aber bei einem stationären Einsatz erst die Kette abmontieren. Auch gab es kein schaltbares Getriebe, die Fahrgeschwindigkeit konnte über die Motordrehzahl geregelt werden. Auf diese Art ließen sich die Mehrkosten gegenüber der gezogenen Bauart recht niedrig halten. Es setzte aber auch voraus, dass die angehängten Maschinen oder Wagen mit einer eigenen Bremse ausgerüstet waren.

Schaute man sich diese neue Maschine, dieses einmalige und vielleicht etwas eigenartige Gebilde von vorne an, den hervortretenden Zylinderkopf mit der nach unten gerichteten Öffnung, dann rechts und links je eines der großen Schwungräder, und nimmt man dann noch etwas Phantasie dazu, so kann man sich sicherlich an eine Bulldogge erinnert fühlen. Jedenfalls soll es so einigen Mitarbeitern von Dr. Huber ergangen sein. Waren es anfänglich sicherlich nur scherzhafte Bemerkungen, so führte diese Redensart schnell zur täglichen Umgangssprache und wurde bald zu einem festen Begriff, der sich auf das betriebliche Umfeld auszubreiten begann. Als dann noch die ersten Prospekte auf der Messe verteilt wurden, die deutlich, sozusagen schwarz auf weiß, diesen Selbstfahrer als *Lanz Bulldog* betitelten, da wurde Bulldog schnell zum festen Begriff. Ein Begriff, der für Kraft, für Zuverlässigkeit, für einen einfachen und dennoch modernen Selbstfahrer-Motor stand – eben den Lanz Bulldog.

Die erste große Vorstellung in der Öffentlichkeit erfolgte noch im selben Jahr auf der DLG-Ausstellung in Leipzig, und er fand von allen Seiten große Beachtung.

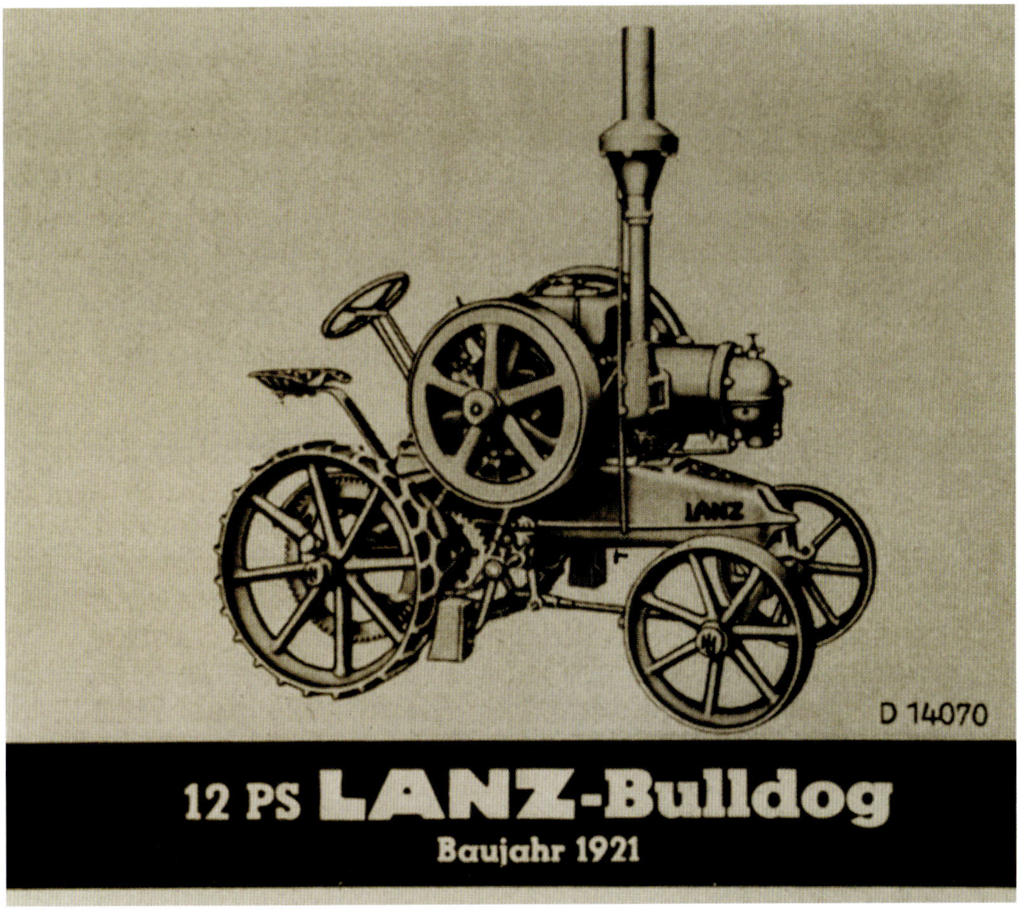

Mit dem Bulldog konnte Huber einen Erfolg verbuchen, wie er nur den wenigsten Menschen vorbehalten bleibt.

Der Bulldog als Karikatur: Zu diesem Thema gab es eine komplette Postkartenserie.

Doch erst nach der Messe begannen die wirklichen Arbeiten, denn mit den ersten Bestellungen auf dem Papier war nun eine rasche Fertigung kontinuierlicher Stückzahlen gefordert.

TROTZ SCHWIERIGER ZEITEN: EINE RASCHE VERBREITUNG

Je mehr diese Bulldog-Maschinen verkauft wurden, desto mehr Bestellungen erreichten das Werk. Es war die unkomplizierte Bedienung der Maschine, der sparsame und gleichsam zuverlässige Betrieb, die für den guten Ruf sorgten, der dem Bulldog voraus eilte und eine besondere Neugierde erweckte, und das nicht nur unter jenen Bürgern, die bald selbst Kunde und Besitzer eines solchen Wunderwerks der Technik waren. Dr. Huber hingegen sah sich mit der Aufgabe konfrontiert, diesen genialen Motor auf der Straße und in der Landwirtschaft für den täglichen Einsatz auf den Feldern und hier besonders auf dem Acker einsatzfähig zu machen. So wurden zunächst die unterschiedlichsten Antriebsräder entwickelt, um den Ansprüchen gerecht zu werden. Hubers Hauptaufgabe jedoch bestand in der Entwicklung einer ackertauglichen Maschine. Da das Konzept des Motors stand, konnte er sich vermehrt auf das Fahrgestell konzentrieren, und so war nur ein Jahr später ein spezieller Ackerbulldog entstanden. Große Probleme gab es von der wirtschaftlichen Seite, denn die Nachwirkungen des Kriegs waren noch immer nicht verkraftet und das Land steckte mitten in einer Inflation. Und dies wiederum wirkte sich auf das Kaufverhalten der Kunden aus. Hinzu kamen noch innerbetriebliche Probleme, die als Folge der Wirtschaftskrise eine enorme Verschuldung nach sich zogen und selbst Dr. Huber in seinen Entwicklungsarbeiten einschränkten. Mehrere Entwicklun-

Dr. Fritz Huber im Jahr 1940.

gen mit unterschiedlichen Einsatzmöglichkeiten konnten deshalb nicht zur Serienreife gelangen und verschwanden wieder in den Schubladen. Besonders getroffen aber hat den leidenschaftlichen Ingenieur der Neid seines Erfolgs, begleitet von missgünstigem Hass, den er fast täglich zu spüren bekam. Ein Verhalten, dem man in heutiger Zeit mit dem Wort Mobbing Ausdruck verleihen würde.

Erzählungen seines Neffen Hansludwig Huber brachten zutage, dass der 1911 gegründeten und mittlerweile alt eingesessenen Motorenabteilung nach dem Krieg kein großer Erfolg mehr beschieden war. Auch hier entstanden nämlich die unterschiedlichsten Zugmaschinen, teilweise ebenfalls nur als Prototypen oder allenfalls in geringen Stückzahlen gebaut, da sie einfach zu teuer waren. Hinzu kam aber auch, dass diese mit Vergasermotoren ausgerüsteten Maschinen mit denselben Schwierigkeiten zu kämpfen hatten, wie ihre Mitbewerber am Markt. Und dann kam dieser vergleichsweise junge Konstrukteur namens Huber in die Firma, bekam eine eigene, immer größer werdende Abteilung samt Mitarbeitern, die ja der Benzinzugmaschinenabteilung abgezogen wurden, und hatte zudem auch noch Erfolg. So entstand im Unternehmen ein großer Konkurrenzkampf zwischen den Abteilungen, der dann eben in dieser unschönen Form ausgetragen wurde. So war natürlich die Freude besonders groß, als auch die Stückzahlen aus Hubers Abteilung mit den Folgemodellen ins Wanken gerieten. Der 12er-Bulldog allerdings verkaufte sich überdurchschnittlich gut und bestätigte das Konzept des Glühkopfmotors.

EINE NEUE ZUSAMMENARBEIT ENTSTEHT

In dieser Zeit – es war so Anfang 1923 – war man schließlich überein gekommen, zunächst einen stehenden Zweizylinder-Glühkopfmotor mit 38 PS zu bauen, der dann die gleichstarke Benzinzugmaschine Feldmotor aus der Verlustzone fahren sollte. Und das Konzept schien aufzugehen. Nur Monate später hatten sich die Verkaufszahlen der als Felddank verkauften Maschine nahezu verdoppelt, nachdem ein zuverlässiger Glühkopfmotor für den Antrieb sorgte. Die Gesamtumstände der Inflation verhin-

Etwas ganz Besonderes war der Felddank von Lanz. Eine Zugmaschine aus dem Vergasertraktorenprogramm, jedoch von F. Huber mit einem stehenden Zweizylinder-Glühkopfmotor ausgerüstet. Dieser seltene Traktor ist Eigentum des Traktor-Museum Vogel.

derten allerdings einen noch besseren Verkauf. Dennoch führte dieser Erfolg innerbetrieblich soweit, dass der aufgestaute Neid aus den Vergaserschlepper-Abteilungen langsam abgebaut werden konnte. Mehr noch, die Zusammenarbeit sollte noch weiter intensiviert werden mit dem Bau eines stehenden Vierzylinder-Glühkopfmotors mit runden 80 PS, der dann als Antrieb für die großen Vergasermaschinen derselben Leistungsklasse genutzt werden sollte. Man koppelte zwei Zweizylindermotoren auf nur einem Sockel und rüstete sie mit einer durchgehenden Kurbelwelle aus. Dieses Projekt wurde um 1924 begonnen und brachte bis 1925 zwei gut funktionierende Motoren hervor.

Mittlerweile jedoch war die Verschuldung des Werks auf eine enorme Höhe angestiegen, sodass die Deutsche Bank Eigentümer der Firma wurde und sie die Familie zur Gründung einer Aktiengesellschaft drängte.

Die Familienmitglieder wurden ausgeschlossen, alle Produkte einer strengen Typen-Bereinigung unterzogen, der Dampfmaschinenbau musste komplett an Wolf in Magdeburg abgegeben werden, der Vergaser-Zugmaschinenbau wurde gänzlich eingestellt, ebenso der Bau aller Bulldog-Typen – ausgenommen der erfolgreiche 12er HL-Bulldog. Gleichzeitig konzentrierte sich Dr. Huber auf den Bau eines neuen, leistungsstarken Bulldog mit 22 PS, um die großen landwirtschaftlichen Betriebe zu bedienen, die bis dahin im Bulldog-Bau außer Acht gelassen wurden.

Es war der Verdampfer-Großbulldog, der der Firma wieder einen Erfolg einfahren sollte, so wie man es aus den besten Zeiten gewohnt war. Der Bulldog hatte sich einen Namen geschaffen und zwar nicht nur in Deutschland, sondern mittlerweile in ganz Europa. Er war zu einem festen Begriff geworden und hatte eine ganze Branche zum Umdenken gezwungen. Dazu war in der in Dresden erschienenen *Deutsche Motoren-Zeitschrift* im Jahr 1925 folgender Artikel zu lesen:

„*Wohl der verbreitetste Typ des Traktors ist der Bulldog der Firma Heinrich Lanz, Mannheim, in seiner neuesten rassigsten Ausführung. Das ist eine solch robuste Maschine, wie sie unsere Landwirtschaft und industrielle Kleinbetriebe brauchen. Die Leistung eines einzigen Bulldog mit seinen 12 PS entspricht etwa der von drei Pferden. Dabei hat er den Pferden voraus, dass er länger als acht Stunden arbeiten kann und nichts frisst, wenn er nichts arbeitet. Seine Betriebskosten betragen samt Verzinsung, Abschreibung und Reparatur ein Drittel von denen des Pferdebetriebs. Infolge seiner unübertrefflichen Einfachheit kann er von jedem Laien bedient werden. Seine Überlegenheit dem Benzolmotor gegenüber liegt auf der Hand; der Rohölbetrieb kostet den vierten Teil vom Benzolbetrieb, da Rohöl ein billiges Inlandsprodukt ist. Der Rohölmotor-Bulldog besitzt keine komplizierten Organe wie Magnet, Ventile, Vergaser, die leicht zu Störungen Anlass geben und allersorgfältigste Wartung verlangen. Dem Elektromotor gegenüber werden beim Lanz Bulldog durch den um zirka 50 Prozent billigeren Rohölbetrieb Ersparnisse erzielt, welche die Anschaffungskosten des Bulldogs bereits in einem Jahre decken. Man wird in den meisten Fällen lieber zum selbstfahrenden Bulldog greifen, da er eine völlig selbständige Betriebskraft darstellt und nicht bloß stationär Verwendung finden kann, sondern eben auch für alle Arbeiten, bei denen Pferde gebraucht werden. Auch dem Dieselmotor gegenüber hat der Bulldog manches voraus, vor allem, dass sein Preis bedeutend niedriger ist, denn der Dieselmotor – auch der kompressorlose – ist in seiner Ausführung komplizierter. Infolge seiner gewaltigen Explosionsdrücke und dadurch größeren Beanspruchung seiner Bauteile macht er bei robuster Behandlung Schwierigkeiten. Der Glühkopf-Rohölmotor-Bulldog dagegen stellt bei gleicher Wirtschaftlichkeit die einfachste und bestgeeignetste Lösung des Problems der Rohölverwertung für die Landwirtschaft und Industrie dar.*

Die Firma Lanz hat bereits heute in Deutschland über 5000 Bulldog-Maschinen laufen. Dass ihre weitere Verbreitung eine große Bedeutung für unsere Volkswirtschaft, vor allem für unsere Ernährung hat, ja geradezu ein dringendes Bedürfnis darstellt, mag eine Untersuchung des Herrn Geheimrat Fischer vom Maschinentechnischen Institut der Landwirtschaftlichen Hochschule in Berlin illustrieren. Herr Geheimrat Fischer kommt zu dem Resultat, dass dieser Bulldog im Minimum drei Pferde ersetzt, für deren Ernährung jährlich eine Ackerfläche von 2,5 ha benötigt wird. Man kann also annehmen, dass die im Betrieb befindlichen 5000 Bulldog-Motoren 15.000 Pferde ersetzten, oder mit anderen Worten: Es werden dadurch 5000 mal 2,5 ha = 12.500 ha Ackerfläche zum Anbau von Brotgetreide frei. Unter Zugrundelegung eines Durchschnittsertrages von 2,5 Tonnen Weizen oder Roggen pro Hektar können zirka 31.250 Tonnen Brotgetreide gleich einem Verbrauchswert von 6.125.000 Mark der menschlichen Ernährung zugeführt werden. Diese Feststellung gewinnt noch mehr an Bedeutung durch die statistisch festgelegte Tatsache, dass zur Ernährung unseres gesamten Pferdebestandes eine Fläche von der Größe des früheren Königreichs Bayern nötig ist.

Natürlich kommen diese Ziffern auch der deutschen Handelsbilanz zugute, dadurch, dass diese Mengen Brotgetreide nicht vom Auslande eingeführt zu werden brauchen. Deutschland ist durch den verlorenen Krieg am Ende seiner Kraft und soll nach dem Dawes-Gutachten jetzt jährlich 2,5 Milliarden Goldmark zahlen. Das ist ungefähr das gleiche Kapital, das wir zur Einführung von Ernährungs- und Fut-

termitteln benötigen, die wir hier heute noch nicht im eigenen Lande erzeugen können.

Daher muss die Forderung des Tages heißen: Ersatz der tierischen Gespannkraft durch die motorische. Und dabei werden uns Benzolschlepper nicht den erhofften Erfolg bringen, denn das Ansteigen der Benzolpreise beweist, dass dieser Brennstoff nicht in dem Umfange im Lande vorhanden ist, als wie er gebraucht wird. Außerdem haben wir beträchtliche Mengen an den Feindbund abzuliefern. In wissenschaftlichen Kreisen ist sogar schon die Befürchtung ausgesprochen worden, dass in dem Benzolmangel die Bestrebungen zur vermehrten Anwendung von Kleinschleppern scheitern können.

Da aber das Rohöl als inländisches Erzeugnis uns zu 1/3 des Benzol-Preises und in beliebigen Mengen zur Verfügung steht, führt die Entwicklung ganz von selbst zum Rohöl-Kleinschlepper".

ERFOLG OHNE ENDE

Bis in die beginnenden 1930er-Jahre hielt der Erfolg der Bulldogs an, dann war es die Weltwirtschaftskrise, begleitet von einer enorm hohen Arbeitslosigkeit, die das Ende der Weimarer Republik einleitete und die politischen Weichen neu stellte. Doch Dr. Fritz Huber blieb seinem Konzept treu, und der Erfolg gab ihm recht, war doch der Lanz Bulldog mittlerweile der meistverkaufte Schlepper in Europa.

Im Jahr 1935 ernannte ihn die Geschäftsleitung der Lanz AG zum Konstruktionsleiter des gesamten Bulldog-Baus als Anerkennung seiner bisherigen Erfolge, konnte er doch mit seinen Bulldog-Konstruktionen alle Einbußen der mittlerweile fehlenden Dampfmaschinen- und Benzinzugmaschinen abfangen.

Hatten sich die Produkte mittlerweile auch grundlegend verändert, der Erfolg, er war ihm geblieben!

In der zweiten Hälfte der dreißiger Jahre war in Deutschland eine neu geschaffene Infrastruktur entstanden, die die Voraussetzungen für den Glühkopfmotor gründlich ändern sollten. Zudem war der Dieselmotor soweit entwickelt, dass er als zuverlässiger Fahrzeugmotor die niedrigen Betriebskosten des Glühkopfmotors nahezu erreicht hatte. Auch die höheren Verbrennungsdrücke waren mittlerweile beherrschbar geworden, ebenso stand der Kraftstoff Diesel immer mehr zur Verfügung, sodass beim Glühkopfmotor nur noch die geringeren Herstellkosten – bedingt durch die konstruktiven Vorteile des Zweitaktverfahrens – als positiv in die Waagschale zu werfen waren. Dr. Fritz Huber erkannte die Zeichen der Zeit und begann eine Zukunftsentwicklung mit stehenden, mehrzylindrigen und im Viertakt-Verfahren arbeitenden Glühkopfmotoren einzuleiten. Er begann zusätzlich mit der Entwicklung billiger Bulldogs in der unteren Leistungsklasse, die – in Großserie hergestellt – einerseits die Motorisierung nach dem Willen der Reichsregierung vorantrieb, und dadurch andererseits die Firma mit zu den bedeutendsten Schlepperproduzenten der Welt emporgehoben hätte. Doch wieder war es ein Krieg – ein schrecklicher Weltkrieg – der die Arbeit des Dr. Huber und den Erfolg der Firma Lanz entscheidend beeinflussen sollte, ja teilweise gänzlich zunichte machte.

Die Einführung von Fertigungsbändern geht auf den Besuch von Heinrich Lanz in den USA, wo sich der clevere Geschäftsmann bei John Deere genauestens über die neuesten Fertigungstechniken informierte.

Am 20. September 1941 – mitten im Zweiten Weltkrieg – konnte Dr. Huber sein 25-jähriges Betriebsjubiläum feiern und wurde unter anderem mit der Ehrendoktorwürde der Universität Halle ausgezeichnet. Zu dieser Zeit war er bereits von schwerer Krankheit gezeichnet, er verstarb am 14. April 1942. Noch im selben Jahr konnte der 100.000ste Bulldog das Montageband verlassen. Ob er dieses herausragende Ereignis noch erleben durfte, ist leider nicht überliefert, doch blieb ihm eine wenig später erfolgte Bombardierung erspart, die seine komplette Wohnung samt Hab und Gut vernichtete.

Sein besonderer Verdienst war es, mit dem Huber-Glühkopfmotor im Lanz Bulldog der immer stärker werdenden Konkurrenz, vor allem den mit Dieselmotoren betriebenen Schleppern, standzuhalten. Selbst die immer häufiger auftauchenden Traktoren-Nachbauten mit Glühkopfmotoren konnten den Bulldog und seine Verbreitung in der ganzen Welt nicht verhindern.

DLG-Ausstellung 1921 in Leipzig

„Bulldog“, die große Messeneuheit

Wir schreiben das Jahr 1921, es ist Juni, und in Leipzig hat gerade die DLG-Messe ihre Pforten wieder geöffnet. Es ist die erste große DLG-Ausstellung nach dem Ersten Weltkrieg seit 1914, und man darf gespannt sein, welche Neuheiten gezeigt werden.

Diese Ausstellung fällt in eine Zeit des Aufbruchs mit neuen Zielen und neuen Möglichkeiten. So ist die Dampfmaschine als Antriebsquelle auf ihrem technischen Höhepunkt angelangt und gleichzeitig hatte der Krieg die Zeit der Verbrennungsmotoren mit noch nicht absehbaren Möglichkeiten eingeläutet. Hatten sich die Gasmotoren aufgrund ihres gefährlich zu lagernden Treibstoffes und nicht zuletzt wegen ihres teureren Anschaffungspreises in der Landwirtschaft nie so recht durchsetzen können, so gab es nun den Benzinmotor, der sogar Kraftfahrzeuge antreiben konnte. Und es gab den Dieselmotor, der viel von sich reden machte. War er auch noch ortsgebunden und noch nicht weit genug entwickelt, um auf Fahrzeuge aufgebaut zu werden, so ist doch schon bekannt geworden, dass er sparsamer und zuverlässiger als der Benzinmotor sein sollte, und es war ganz sicher nur eine Frage der Zeit, bis er klein, kompakt und standortunabhängig werden würde.

Die dritte Art der Verbrennungsmotoren ist der Glühkopfmotor, der jeden Treibstoff klaglos schluckt und mühelos verarbeitet. Eigentlich der ideale Motor in der harten und armen Nachkriegszeit, wo Treibstoffe nicht immer verfügbar waren und oftmals sehr teuer erworben

Der Haupteingang zu Stand 56

Der Haupteingang zum Lanz-Messestand 1921 in Leipzig: Links eine der Benzinzugmaschinen „Feldmotor“ mit 38 PS und rechts eine 12-PS-Lokomobile. So hatte es das Publikum nicht einfach, den neuen Selbstfahrer-Bulldog hinter der Dreschmaschine zu erkennen …

... jedoch die Vorführungen innerhalb der Messe wurden aufmerksam verfolgt.

werden mussten. Doch er musste immer unter Last gehalten werden, wollte man störungsfrei mit ihm arbeiten, andernfalls blieb er mit einem erkalteten Zündteller stehen. Und jetzt sollte es tatsächlich einen neuen Glühkopfmotor geben, der problemlos unter wechselnder Belastung arbeitet, ja sogar über eine lange Zeit im Stand in Betrieb gehalten werden kann. Dabei eilte ihm der Ruf voraus, im Vergleich zu allen anderen Motoren weniger Nachteile zu haben und sich vor allem durch eine einfachere Bedienbarkeit auszuzeichnen.

Doch um darüber Näheres zu erfahren, muss sich der Messebesucher im Jahr 1921 auf dem Stand Nummer 56 bei der Firma Lanz informieren. Schon von weitem wird der Blick auf einen Dreschsatz mit einer riesigen Dreschmaschine und einer 50-PS-Dampfmaschine als Antriebsmaschine gelenkt. Und in unmittelbarer Nachbarschaft ist auch er zu finden – der neue, selbstfahrende und in seiner Bauweise sehr bescheiden wirkende 12-PS-Rohölmotor Bulldog. Schwenkt man den Blick von der fast majestätisch anmutenden und hoch über die Besucher hinausragende Lokomobile auf den Bulldog, so kann schon etwas Enttäuschung aufkommen, wird er doch von den staunenden Besuchern fast vollkommen verdeckt. Und bei einem direkten Größenvergleich mit der ebenfalls ausgestellten 12-PS-Lokomobile ist diese in ihrer Bauart noch beträchtlich größer als dieser neue Motor mit gleicher Leistung. Doch eins ist sicher: Er zieht die Neugierde der Massen auf sich, ist er doch stets von einer Menschenmenge umlagert. Und er tuckerte schon lange Zeit vor sich hin, fast lautlos und sehr gleichmäßig. So etwas hat es bei den Glühkopfmotoren bisher noch nicht gegeben!

Der Bulldog macht nur 420 Umdrehungen in der Minute und gleicht damit mehr den Dampfmaschinen als den Benzinmotoren. Sein 12 PS starker Einzylinder-Glühkopfmotor ist auf einem gusseisernen Rumpf montiert. Der Kraftstoffbehälter bildet mit dem Kurbelgehäuse ein Gussstück, an das der Zylinder angeschraubt ist. Der Guss-Rumpf ist in zwei Hohlräume unterteilt, wobei im hinteren Teil der Kühlwasserraum und im vorderen die Schalldämpfer-Kammer untergebracht ist. Um das Wasser aus dem Kühlwasserraum in den darüberliegenden Zylinder zu transportieren, ist eine Wasserpumpe, eine so genannte Kolbenpumpe, eingebaut. Insgesamt fungiert diese Kühlung als eine Verdampfungskühlung, die aber mit den dicken Gusswandungen eine recht sparsame Verlustkühlung darstellt.

Als Bremse dienen zwei Holzklötze, die über eine Spindel bewegt auf den äußeren Radumfang der Hinterräder wirken.

Der Auspuff ist wahlweise mit einem oben oder unten angeordneten Auslass erhältlich. Bei der Ausführung nach unten wird die Abluft direkt vom Zylinder in die im Rumpf untergebrachte Schallkammer geleitet und an der Gehäuseunterseite ins Freie geführt. Bei der Ausführung nach oben wird der Auspuff auf der Schallkammer aufgesetzt und mündet vor dem Austritt in einen als Funkenfänger ausgebildeten Doppelkegel.

Als Hinterräder sind gusseiserne Speichenräder mit einem den Mähmaschinen ähnlichen Profil angebaut, die Vorderräder sind kleiner und profillos.

Zwei unterschiedlich große Schwungräder sind jeweils links und rechts des Motors angebracht. Das etwas größere Schwungrad ist in Fahrtrichtung links auf der Reglerseite montiert. Rechts ist das etwas kleinere Schwungrad zusammen mit der Kupplung und der Riemenscheibe montiert. Die Riemenscheibe wiederum ist durch einen Handhebel über die Kupplung von der Kurbelwelle zu trennen und kann damit bei laufendem Motor angehalten und sogar über eine Kupplungsbremse abgebremst werden.

Gestartet wird der Motor mit einer Lötlampe, die in schon vorgewärmten Zustand unter den Glühkopf gestellt wird und diesen zum Glühen bringt. Der eigentliche Startvorgang ist aber von Hand auszuführen, indem der Betreiber einfach an die Speichen des Schwungrades fasst und den Motor „anpendelt", bis er aus eigener Kraft über den oberen Totpunkt springt und weiterläuft.

Lötlampen sind in diesen Jahren bei vielen Berufen unentbehrliche Handwerkszeuge und weit verbreitet. Für den Bulldog-Motor aber wurde eine spezielle Ausführung angefertigt, bei der der Flammenausstoß senkrecht nach oben weist und somit eigentlich keine Lötlampe, sondern eine Heizlampe ist.

Eines der wichtigsten Motorenteile ist die verstellbare Einspritzdüse, die vor dem Starten die richtige Einstellung erfordert. Mit Hilfe dieser Düse ist es Dr. Huber erstmals gelungen, den Glühkopfmotor in allen Belastungsbereichen erfolgreich zu betreiben.

Der Antrieb vom Motor auf die Hinterräder erfolgt auf recht einfache Art und freiliegend, nämlich von der Kurbelwelle über eine Kette auf eine Zwischenwelle und von hier durch Zahnräder über ein Differenzial auf die Hinterräder. Zur Kraftunterbrechung dient die gleiche Kupplung, die auch für die Riemenscheibe vorgesehen ist.

Weiter besitzt der Bulldog kein Schaltgetriebe und auch keinen Rückwärtsgang. Die Fahrgeschwindigkeit ist über die Motordrehzahl zu regeln. Und will man das Gefährt rückwärts bewegen, ist der Motor einfach umzusteuern, d. h. das Handgas wegnehmen, bis der Motor durch die große Schwungmasse ins Pendeln kommt, und dann im richtigen Moment Vollgas geben, sodass er in die andere Drehrichtung umschlägt. Ein Vorgang, der sehr viel einfacher auszuführen als zu beschreiben ist.

Die Höchstgeschwindigkeit beträgt 4,2 km/h. Als Lenkung dient eine sehr einfache, aber für die hier mögliche Höchstgeschwindigkeit völlig ausreichende Drehschemellenkung, die direkt mit der Vorderachse verbunden ist und über ein Schneckengetriebe vom Lenkrad aus bedient wird. Um dem Fahrer die Möglichkeit des Mitfahrens zu geben, hat man auf der Rückseite einen einfachen gefederten Schalensitz aus Blech montiert.

Damit stellt der Rohölmotor Bulldog eine recht einfache Konstruktion dar, die auch bei der Pflege und Betreuung recht wenig Vorkenntnisse erforderte. Man muss aber wissen, dass der Bulldog keine Zugmaschine im eigentlichen Sinne darstellte, sondern zunächst nur den Anspruch eines Ergomobils erhob.

... NUR EIN ERGOMOBIL

Ergomobile waren auf Fahrgestellen montierte Verbrennungsmotoren, die je nach Größe und Bauart von einer oder mehreren Personen oder gar einem Pferd an den jeweiligen Einsatzort gezogen wurden. Ihre Baugröße samt Gewicht fielen wesentlich geringer aus als die alternativ zur Verfügung stehenden dampfgetriebenen Lokomobile. Viele Firmen waren in diesen Jahren dazu übergegangen, solche Ergomobile anzubieten.

Der Begriff Ergomobil jedoch konnte sich im Gegensatz zum Lokomobil nie richtig durchsetzen und geriet bald wieder in Vergessenheit. Die auf Fahrgestellen montierten Verbrennungsmotoren nannte man dann Stationärmoto-

Solche auf Fahrgestellen montierte Motoren nannte man damals Ergomobile oder auch Lokomobile. Sie waren im ausgehenden 19. Jahrhundert die Antriebsmotoren der größeren Höfe und Güter.

ren, einfach „Motoren“ oder vielfach ebenfalls Lokomobile.

Genau einen solchen Stationärmotor stellt der Bulldog dar, nur mit dem Unterschied, dass er nicht nur ortsveränderlich war, sondern sich mit eigener Motorkraft selbst fortbewegen kann. Wird er beispielsweise als Antriebsmotor zum Dreschen auf dem Feld benötigt, so kann man mit ihm ohne Umstände direkt auf das Feld fahren und die Dreschmaschine gleich mitbringen.

Dieses kleine Ding sollte also die große Messeneuheit des Jahres 1921 sein. Für viele der Besucher kaum zu glauben. Sie hatten sich von der neugierigen Menschenmenge anziehen lassen, die oftmals dicht gedrängt um den Bulldog versammelt waren, hatten den Vorführungen beigewohnt und waren dann doch mit etwas Enttäuschung wieder gegangen. Allein der Größenvergleich zur 12-PS-Lokomobile war für das „Ding da“ nicht besonders vorteilhaft.

DER GESPANNBULLDOG

Als Anfang des Jahres 1921 die ersten drei Prototypen auf dem Fabrikhof der Firma im Leerlauf vor sich hin „pupperten“, waren es noch reine Ergomobile, also Verbrennungsmotoren, die auf besagtem Fahrgestell montiert waren. Es gab keinen Sitz für einen Fahrer und auch kein Lenkrad, dafür aber an der Drehschemel-Vorderachse eine Halterung, wo eine Holzdeichsel samt Waagscheit festgemacht werden konnte. Hier ließ sich dann ein Pferd anspannen, um den Motor zum Einsatzort zu transportieren. Eine Bremse war selbstverständlich vorhanden, ganz nach dem Vorbild der Konstruktionen, wie sie von den Holzleiterwagen her bekannt sind.

Ein kräftiger Holzklotz jeweils rechts und links der etwas größeren Hinterräder wirkte auf die glatte Lauffläche derselben und ließ sich über eine Spindel wohl dosiert für eine Bergabfahrt oder den Stillstand justieren.

DER EISENBULLDOG

Schnell erkannte Dr. Fritz Huber, dass sich dieses Ergomobil aus eigener Kraft bewegen muss und für diesen Zweck die Montage eines Sitzes für den Fahrer unerlässlich war. Und dann war noch ein Lenkrad notwendig, mit dem die Fahrtrichtung vom Fahrersitz aus zu bestimmen war. So war schon nach wenigen Wochen der Selbstfahrer entstanden, der dann auf der DLG-Messe in Leipzig präsentiert wurde.

Ein Selbstfahrer, der zur besseren Traktion profilierte Hinterräder erhielt, nach dem Vorbild zahlreicher Mähmaschinen. Hier hatten sich derartige Profilierungen bereits seit vielen Jahren bewährt.

Links: So präsentierte sich einer der ersten verkaufsfertigen Gespannbulldog.

Links unten: Ein vorbildlich restaurierter Gespannbulldog aus der Sammlung der John Deere-Werke Mannheim. Deutlich zu sehen die Waagscheite und die Deichsel zum Vorspannen von Zugtieren.

Rechts: Ein im Originalzustand erhaltener fahrbereiter 12er HL-Eisenbulldog aus dem Jahr 1923. Mit ihm wurde soviel gearbeitet, dass die Profilierung der Hinterräder mittlerweile völlig abgefahren ist.

Schnittbild des „Selbstfahrer“- oder „Eisenbulldog“. Die Bezeichnung *Eisenbulldog* entstand deshalb, weil alle vier Räder komplett aus Gusseisen gefertigt waren.

Werbung anno 1922: Ein Eisenbulldog als Antriebsquelle für einen kompletten Lanz-Dreschsatz.

In ihm ist der Ur-Bulldog, der 12-PS-HL-Bulldog zu sehen, dessen Siegeszug noch annähernd vier Jahrzehnte dauern sollte. Allerdings erhielt er den für ihn in dieser Ausführung bezeichnenden Begriff *Eisenbulldog* erst mit der folgenden Modifizierung wenige Monate später, als das Modell mit Gummirädern ausgerüstet wurde.

DER ORTBULLDOG

Der Bulldog mit seinem anspruchslosen Glühkopfmotor entwickelte sich zu einer kleinen Revolution unter den Antriebsmotoren. Als Selbstfahrer war es ihm mittlerweile gelungen, eine beachtliche Kundschaft zu überzeugen und für sich zu gewinnen, die sich bis dato noch nicht zum Kauf eines Motors hatte durchringen können. Doch nicht alle Kunden wollten dieses Fahrgestell haben, sie wollten den Motor fest in einem Gebäude installieren – und dafür gab es den Ortbulldog.

Der Ortbulldog wurde als reiner Verbrennungsmotor geliefert, ohne Fahrgestell und damit natürlich auch ohne Wasserkühlung. Vielfach verfügte die Kundschaft durch einen Brunnen oder nahe gelegenen Bach über einen Wasseranschluss, von wo aus das Wasser direkt durch den Motor gepumpt wurde. Und es gab natürlich die Möglichkeit, eine stationäre Kühlanlage im Gebäude zu integrieren. Unabhängig davon, für welche Lösung sich die Kundschaft entschieden hatte: Wenn eine Wasserpumpe erforderlich war, so konnte sie – als Tauchkolben- oder Zahnradpumpe – vom Werk direkt bezogen werden.

Der Ortbulldog eroberte sich völlig neue Märkte und Einsatzgebiete. Als Antriebsmotor, oft in Verbindung mit Transmissionen ließ sich der Antrieb auf komplette Gebäude ausdehnen. Schmieden, Schreiner- und Wagnereien oder Mühlenbauern, um nur einige Beispiele zu nennen, machten sich diese neue, einfache und dazu sparsame Antriebsquelle zunutze. Selbst Sägewerke koppelten den Ortbulldog vielfach mit dem Wasserrad und waren dann von Wasser und Wetter unabhängig. In größeren Handwerksbetrieben und kleineren Fabriken ließen sich ganze Maschinenparks antreiben oder über Generatoren Strom erzeugen. Die bisher vorhandene und sehr geschätzte Dampfmaschine wurde langsam verdrängt. Auch selbstfahrende Arbeitsmaschinen wie Bandsägefahrzeuge, Steinbrecher und selbst Fischerboote konnte der Ortbulldog für sich gewinnen. Hier zeigte er einen seiner großen Vorteile, die Kraftstoffgleichgültigkeit, denn der auf See gewonnene Tran ließ sich hier als Kraftstoff verwenden.

Im Gegensatz zum Selbstfahrer-Eisenbulldog nannte man den Bulldogmotor ohne Fahrgestell Ortbulldog. Er war meist fest in Gebäuden eingebaut und für den Stationärbetrieb vorgesehen.

Der Ortbulldog wurde in der Regel fest in einem Gebäude installiert und leistete bis zu 15 PS.

Der Motor leistete 12 PS bei 420/min, doch war er auch mit 15 PS lieferbar. Hierzu hatte man die Drehzahl auf 500/min gesteigert und die Kraftstoffmenge geringfügig erhöht.

DER GUMMIBULLDOG

Entgegen allen Planungen, den selbstfahrenden Stationärmotor lediglich als solchen einzusetzen, wurden dem Bulldog immer größere Lasten angehängt – und dies scheiterte vielfach an der Eisenbereifung. An das Werk gerichtete Anfragen nach einer besseren Bereifung führten schließlich zur Entwicklung der Gummiräder. Die stählerne Lauffläche der Hinterräder wurde deutlich verbreitert. Auf der inneren Hälfte zog man einen robusten Hartgummiring auf, die äußere Hälfte blieb als Stahlfläche erhalten. Hier konnten nun die hölzernen Bremsklötze weiterhin greifen, wogegen der Gummiring die eigentliche Lauffläche bildete. Mit diesem Gummibelag verbesserte sich nicht nur deutlich der Fahrkomfort, auch die Traktion der Räder konnte verbessert werden. Eine Entwicklung, dem nicht nur das Transportgewerbe und vor allem auch die Kohlenhändler recht positiv gegenüberstanden, denn wurde die Mindestzugkraft auf ebener, trockener Straße bisher mit fünf Tonnen angegeben, so ließ sich diese mit der Gummibereifung nun auf sechs bis sieben Tonnen steigern. Die Vorderräder blieben unverändert.

Als kurze Zeit später die Bereifung modifiziert wurde, entschloss man sich bei dieser Gelegenheit den Eisenring der Hinterräder wieder auf Normalbreite zurückzunehmen und ihn dann mit besagtem Gummibelag vollflächig zu überziehen. Bei dieser Lösung wirkte die Bremse direkt auf die gummierte Lauffläche. Allerdings kamen hier nicht mehr die Holzklötze zum Einsatz wie bei den bisherigen Ausführungen, sondern eine Gussplatte, die auf den weichen Radumfang wirkte.

Alle Bulldogs, die fortan mit diesen Hinterrädern ausgerüstet waren, bezeichnete man als Gummibulldogs im Gegensatz zu den eisenbereiften Bulldogs, die nun Eisenbulldogs genannt wurden und weiterhin bestellt werden

Links unten: Schon bald konnte der erste *Gummibulldog* vorgestellt werden. Die Bezeichnung Gummibulldog verdankte er seinen Antriebsrädern, die nun mit einem Gummibelag versehen waren. Gleichzeitig erfolgten Versuche mit dem Doppelkegel-Auspuff – er sollte sich noch zum Markenzeichen der Bulldogs schlechthin entwickeln.

Rechts: Der Gummibelag sollte bei Transportarbeiten das Fahren auf den Pflastersteinbelägen angenehmer gestalten.

Unten: So gestaltete sich damals ein Materialtransport innerhalb des Werkes.

konnten; genauso wie der Gespannbulldog, auch er stand der Kundschaft weiterhin zur Verfügung.

DER BALKANBULLDOG

Eine ähnliche Entwicklung wie im Transportgewerbe erfuhren auch die Landwirte und Lohndrescher, die mit dem Bulldog vielfach unbefestigte Wege zu befahren hatten, im Schlepp oftmals eine schwere Dreschmaschine oder sonstige Anhängelasten.

Auch hier suchte man nach einer praktischen Alternative zu der leicht profilierten Eisenbereifung, die zunächst in stark profilierten Zusatzringen gefunden zu sein schien. Diese Ringe befestigte man mit speziellen Hakenschrauben an den Hinterrädern. Noch heute zeugen zahlreiche Bilder davon, dass sich mancher Landwirt nicht davor scheute, mit dieser Ausrüstung seine Acker- und Wiesenarbeit zu verrichten. Selbst im Forst soll er zum Holzrücken herangezogen worden sein. Für den Einsatz auf Moor- und Heidelandschaften mit besonders weichem Untergrund aber war es dringend notwendig, die kompletten Räder gegen solche mit überbreiten Laufflächen, so genannte Moorräder, auszutauschen. Durch die somit vergrößerte Auflagefläche erreichte man einen besonders geringen Bodendruck. Dadurch konnte einem Einsinken der zentnerschweren Eisenkolosse entgegen gewirkt werden. Mit der Zeit fertigte man sogar Gussräder als Hinterradbereifung mit fest verschraubter grober Profilierung. Hier war die schräge Anordnung sehr wichtig, damit beim Fahren besonders auf festem Untergrund eine Überlappung erfolgte, sonst hätte es bei Bodenberührung jedes einzelnen Greifers ein unangenehmes Auf und Ab gegeben. Auch die Vorderräder waren zum Teil mit Spurringen versehen, einmal zum Höhenausgleich, besonders aber wegen einer stabilen Spurhaltung auf weichen Untergrund, beispielsweise auf dem Acker. Dass man bei einem Bulldog mit dieser Art Bereifung vom Balkanbulldog sprach, soll – so ein ehemaliger Mitarbeiter des Werkes – daran gelegen haben, dass eine größere Menge Bulldogs mit diesen Rädern auf den Balkan geliefert wurde.

Ein sauber restaurierter 12er HL-Bulldog mit der heute recht selten anzutreffenden Balkan-Bereifung.

FELDBAHN-MOTORWAGEN UND SCHIENEN-BULLDOG

Wiederum waren es Transporte, diesmal jedoch einer ganz besonderer Art, bei denen sich der Bulldog-Motor etablieren konnte. In Lehmgruben, Steinbrüchen und Großbaustellen mit großen Erdbewegungen bedienten sich die Verantwortlichen gerne der meist aus Kipploren bestehenden Züge.

Bereits seit der Verfügbarkeit von Lokomotiven wurden so große Erdbewegungen auf dem Schienenweg ausgeführt. Die dampfgetriebenen Lokomobile aber erforderten größere Aufmerksamkeit von der kleinen Bedienungsmannschaft, die anheizen, feuern, tanken, schmieren und die Maschine betreuen musste, um sie im ständigen Betrieb zu halten. Auch hier konnte sich der Bulldog-Motor nach und nach durchsetzen, war er doch nach wenigen Minuten Vorheizzeit mit der Heizlampe einsatzbereit. Ein weiterer großer Vorteil war, dass er durchaus über längere Zeit ohne Aufsicht im Stand vor sich hin tuckern konnte.

Heute lassen sich noch zwei verschiedene Ausführungen nachweisen. Einmal handelt es sich um einen kleinen, 2600 mm langen Feldbahn-Motorwagen. Bei ihm wurde der komplette Bulldog-Motor mit etwas abgeändertem Guss-Rumpf auf ein Fahrgestell geschraubt. Auf der Rückseite des Rumpfes war ein Schwingsitz angebaut, von dem aus der Fahrer die Maschine bedienen konnte. Als Ergänzung stand eine 450 mm lange Plattform zur Verfügung. Der Antrieb vom Motor erfolgte über eine Kette auf eine Vorgelegewelle und dann mittels Zahnrädern auf die vordere Achse. Bei beiden Trieben wurde die Motordrehzahl soweit untersetzt, dass eine Fahrgeschwindigkeit bis zu 6 km/h erreicht wurde. Die beiden Achsen waren durch eine Kette verbunden, sodass alle vier Räder gleichzeitig ange-

Links: Eine wahre Seltenheit oder gar ein Einzelstück ist dieser vorbildlich restaurierte Schienenbulldog.

Rechts: So wurde der Verkehrsbulldog ab 1924 beworben. Er ist bereits mit den unter Schutzblechen verborgenen Schwungrädern und einem für den Startvorgang abnehmbaren Lenkrad ausgerüstet.

trieben wurden. Über ein bequem vom Fahrersitz aus bedienbares Handrad konnten alle vier Räder über auf die Lauffläche der Räder wirkende Bremsschuhe abgebremst werden. Diese Feldbahn-Motorwagen mit ihren 12 PS starken Rohölmotoren erreichten eine Zugkraft von etwa 430 kg bei 6 km/h Fahrgeschwindigkeit.

Der Einsatz war sowohl vorwärts als auch rückwärts möglich, da vorne und hinten am Fahrgestell je eine Anhängevorrichtung angebracht war. Die Rückwärtsfahrt erfolgte, wie auch beim Bulldog, durch Umsteuern des Motors.

Bei der zweiten Version handelt es sich um eine schwere Ausführung. Deshalb muss vermutet werden, dass hier der Rohölmotor mit 15 PS zum Einsatz gekommen ist. Der Motor war durch einen besonders massiven und schweren Guss-Rumpf mit dem Fahrgestell verbunden. Das Fahrgestell selbst war aus stabilen Stahlträgern und Stahlblechen hergestellt. Der Fahrerplatz war auf zwei Seiten mit Blechen verkleidet, nach vorne durch den Motor begrenzt und dazu mit einem stabilen Blechdach versehen, sodass eine offene Kabine entstand. Der Antrieb auf die Räder erfolgte nach gleicher Technik wie bei der kleineren Ausführung. Insgesamt hatte dieser Feldbahn-Motorwagen größere Räder, dazu war er länger und verfügte auch über ein größeres Eigengewicht. Seine Zugkraft lag mit 520 kg bedeutend höher als bei den kleinen Bulldog-Lokomotiven, die nur 430 kg Zugkraft aufwiesen. Leider konnten über diese Ausführung keine weiteren technischen Daten mehr in Erfahrung gebracht werden.

Ein weiterer Feldbahn-Motorwagentyp mit Bulldog-Motor wurde bei der renommierten Münchner Firma Maffei hergestellt. Auch hier kam der 12 PS starke Rohölmotor – allerdings ohne den dazugehörigen Rumpf – zum Einbau. Der im Rumpf untergebrachte Kühlwassertank wurde durch einen Blechtank ersetzt, der über dem Motor angebracht war. Außerdem war der komplette Motor durch eine Blechverkleidung geschützt. Der Antrieb auf die Räder erfolgte über ein Stirnradgetriebe mit zwei Getriebeübersetzungen, das Geschwindigkeiten von 5 km/h und 10 km/h erlaubte. Auf der hinteren Seite der Maffei-Lokomotive war eine mit stabilen Winkeleisen vernietete Fahrerkabine mit Dach und festem Fahrersitz angebaut, die nach rechts und links offen war und damit einen Ein- und Ausstieg nach beiden Seiten ermöglichte.

Die Maffei-Lokomotive hatte eine Länge von 3270 mm, eine Breite von 1100 mm und eine Höhe von 2200 mm. Bei der niedrigeren Geschwindigkeit erreichte sie 540 kg und bei 10 km/h 270 kg Zugkraft. Das Leergewicht wird mit 3,3 Tonnen, das Dienstgewicht mit 3,6 Tonnen angegeben.

DER VERBESSERTE VERKEHRSBULLDOG

Es muss zum Ende des Jahres 1923 gewesen sein, als Dr. Huber den Verkehrsbulldog als Nachfolger des Gummibulldog vorstellte und sich damit erstmals öffentlich zur Verkehrstauglichkeit des ursprünglich als Ergomobil geschaffenen Bulldog-Motors bekannte. So jedenfalls belegen dies aus jener Zeit vorhandene Texte und Bilder.

Doch zunächst ging es um die Sicherheit beim Starten und Betrieb der Maschine. Musste der Maschinist bzw. Fahrer bisher immer an die Speichen der Schwungräder greifen, um den Motor pendelnd anzuwerfen, so war dies

Aus einer Privatsammlung stammt dieser vorbildlich restaurierte Verkehrsbulldog. Sein genaues Produktionsdatum ist leider nicht bekannt, aber er wurde um 1922/23 gebaut.

beim neuen Motor nicht mehr möglich. Unter zwei großzügigen Schutzabdeckungen waren nun die beiden Schwungräder verschwunden, die mittlerweile einen identischen Außendurchmesser aufwiesen. Um dennoch an die Achse eines der Schwungräder – die Kurbelwelle – zu kommen, hatte man die Lenksäule geteilt und abnehmbar gestaltet. Für das Anlassprozedere wurde also jetzt das Lenkrad mitsamt einem Teil der Lenksäule abgenommen und auf die Kurbelwelle gesteckt. Die kräftigen Schwungräder drehten sich nun gefahrlos unter den Schutzblechen. Anschließend zog der Fahrer Lenksäule samt Lenkradkranz wieder aus der Verankerung, steckte diese Anlasshilfe wieder an den ursprünglichen Platz an der unteren Hälfte der Lenksäule, wo sie beim Einschieben automatisch verriegelt wurde, und schon konnte die Fahrt losgehen.

Die Räder – auch die Vorderräder – waren nun mit einem serienmäßig ausgeführten Hochelastikbelag versehen und sorgten für eine bestmögliche Fahreigenschaft. Insgesamt war der Bulldog etwas moderner und gefälliger geworden, obwohl nur einzelne Bauteile eine Modifizierung erfahren hatten; die Grundkonzeption blieb unverändert.

Unverändert geblieben war auch die Lieferung der bisherigen Ausführungen des Eisenbulldog, des Ort- und Schienenbulldog wie auch des Gespannbulldog. Letzterer jedoch konnte selbst in seiner billigen Ausführung kaum mehr Kundschaft gewinnen, wurde doch für seine Ortsveränderung immer mindestens ein Pferd benötigt, und dies empfand man – gemessen am Selbstfahrer – doch als recht umständlich. Selbst dem Balkan- und Eisenbulldog zogen die Kunden den etwas teureren Verkehrsbulldog vor und beschafften sich bei Bedarf die Zusatzringe für schweres Gelände.

Neu war eine Karbidbeleuchtung, bestehend aus zwei Lampen, jeweils rechts und links an der Schwungradabdeckung angebracht. Dabei erstrahlte der helle Lichtkegel nach vorne für die Sicht, wogegen ein kleines Rotlicht nach hinten eventuelle Nachfolger aufmerksam machen sollte. Diese Beleuchtung zählte als Sonderausrüstung, die extra zu bestellen und zu bezahlen war, deren Montage aber an allen Ausführungen mit dem neuen Motor mit den verdeckten Schwungrädern möglich war.

DER DOPPELBULLDOG

Auch der Doppelbulldog war ein Verkehrsbulldog, der seine Kundschaft überwiegend im Speditionsbereich, im Transportgewerbe beim Lohndrescher und Kohlehändler, oder bei den Schaustellern fand. Seinen Namen hatte er seiner doppelten Hinterradbereifung zu verdanken, einer Bereifung, die sich mittlerweile hauptsächlich im Lkw-Bereich etabliert hat und schlicht Zwillingsbereifung genannt wird.

Anstoß zu der Entwicklung dieser Bereifungsart gab in erster Linie die Forderung nach einer besseren Traktion, aber sie diente zudem auch der Erhöhung des Eigengewichts.

Konstruktiv wurde die Gewichtserhöhung mit dem Anbau des zweiten Rades erreicht, aber auch dadurch, dass alle Felgen aus schwerem Guss hergestellt waren. Brachte beispielsweise der Eisenbulldog noch um die 1850 kg auf die Waage, so betrug das Gewicht des verbesserten Verkehrsbulldog bereits 2000 kg. Der Doppelbulldog mit den schweren Gussrädern schaffte es auf 2360 kg. Die Mindestzugkraft auf ebener, trockener Straße konnte ebenfalls bis auf acht Tonnen gesteigert werden. Da viele Straßen Mitte der zwanziger Jahre hauptsächlich noch geschottert waren oder aus festgefahrenem Erdreich bestanden und lediglich Fernstraßen bzw. Straßen innerhalb der Städte gepflastert waren, konnten keine hohen Geschwindigkeiten erreicht werden. Es zeigte sich vor allem im Speditionsbereich, dass eine Fahrt mit 4,2 km/h oftmals doch zu langsam war.

Für eine Verbesserung sorgte ein Zweigang-Getriebe mit einer Höchstgeschwindigkeit von bis zu 9 km/h, also doppelter Geschwindigkeit. Da bei derart niedrigen Geschwindigkeiten die Zugkraft nahezu gleich blieb, konnte

man von einer Verdoppelung der Leistung sprechen. Bei Langstreckeneinsätzen konnten selbst Geschwindigkeiten von bis zu 12 km/h erreicht werden, wenn entsprechende Übersetzungen gewählt waren. Allerdings darf das Schalten nicht nach heutigen Gesichtspunkten beurteilt werden, denn hier wurde vor Antritt der Fahrt durch Umlegen eines Hebels die gewünschte Geschwindigkeit vorgewählt, bevor die Fahrt begonnen wurde.

Das unter Nr. 967471 D.R.G.M. patentrechtlich geschützte Zweigang-Getriebe konnte bei einer Neuanschaffung mitbestellt werden oder ließ sich bei jedem Verkehrsbulldog auch nachträglich einbauen. Ebenso konnten der Verkehrsbulldog und der Doppelbulldog auf Wunsch mit einer Fußbremse ausgerüstet werden. Diese Fußbremse war als Innenbremse (Trommelbremse) ausgebildet. Hingegen konnte die Handbremse wahlweise als Innenbremse oder Spindelbremse bestellt werden. Alle Bremsen, auch die Kupplungsbremse, wirkten auf die Hinterräder.

Als weiteres Zubehör waren Karbidleuchten zu bekommen, die an den Schwungradabdeckungen befestigt wurden. Auch ein Verdeck stand dem Fahrer zur Verfügung. Eine aus Eisenstahl und Holz gefertigte Konstruktion, die auf der Oberseite mit wetterfestem Segeltuch bespannt war.

Ebenfalls in einer privaten Sammlung steht der hier zu sehende Doppelbulldog, der mit Verdeck und Lufthorn ausgerüstet ist.

Beworben wurde der Doppelbulldog vielfach auch als Verkehrsbulldog. Er entstand erst ab der Zeit, als die Schwungräder mit Schutzblechen versehen wurden.

VERGLEICH

der Leistungen und Betriebskosten zwischen Zugmaschine und Pferd sowie zwischen Schwerölmotor und Benzinmotor

SCHWERÖLMOTOR — **PFERD**

LEISTUNG

Die Leistung eines Bulldogs entspricht ungefähr der von 4 Pferden.

KOSTEN

des Bulldogbetriebes			des Pferdebetriebes	
ca. 20 kg Brennstoff	je Tag	Mk. 2.40	Futter für ein Pferd pro Jahr . . . ca.	Mk. 1000.–
ca. 1½ kg Schmieröl	je Tag	Mk. 0.82		
		Mk. 3.22		
220 Arbeitstage		Mk. 708.40	Für vier Pferde pro Jahr . . . . . ca.	Mk. 4000.–
Wartung ein Mann			Wartung zwei Knechte	

Jahresersparnisse beim Bulldogbetrieb ca. Mk. 3300.– und Lohn für einen Mann

SCHWERÖLMOTOR	BENZINMOTOR
Verbrauch und Kosten pro PS und Stunde	
ca. 250 gr Gasöl (12 Pfg. pro kg) = 3 Pfg. pro PS und Stunde	300 gr Benzol (42 Pfg. pro kg) = 12,6 Pfg. pro PS und Stunde
Bedienung kann durch jeden Laien erfolgen.	Bedienung erfordert gelernten Fachmann.

Der Lanz-Schwerölmotor ist an Betriebskosten um ein Vielfaches billiger als der Benzinmotor und erspart außerdem ein Vielfaches an Bedienungskosten. Die Unterhaltungskosten des Bulldog sind verschwindend gering gegenüber denen eines Benzinmotors.

DSV 244

Der Bulldog konnte mit einem so genannten Sandkasten ausgerüstet werden, mit dessen Inhalt ein Durchdrehen der Hinterräder oft verhindert werden konnte, wenn das Streugut über ein Rohr fein verteilt vor die Räder gelangte.

EIN BULLDOG FÜR DEN ACKER

Eine der schwersten und mühevollsten Arbeiten in der Landwirtschaft war seit jeher das Pflügen der Äcker. Deshalb war es besonders wichtig, dass bei der Anschaffung eines Schleppers oder Bulldog das Pflügen wie auch die anderen anfallenden Ackerarbeiten von dem neuen Gefährt mit übernommen werden konnten. Genau an dieser Stelle scheiterte der 12-PS-Bulldog Typ HL vielfach.

Die profilierten Zusatzringe allein konnten aus diesem Bulldog noch keine vollkommene Ackermaschine machen. Es war deshalb ein zwingendes Bedürfnis, den Bauern eine geländegängige und ackertaugliche Maschine zu geben, die aber mit den gleichen Vorzügen, wie sie der neue Bulldog besaß, ausgestattet war. Und nicht nur in der Landwirtschaft sollte sie zum Einsatz kommen, man bedachte auch die Weinbauern, die ja vielfach keinen Schlepper mit üblicher Breite einsetzen konnten. Also war das Ziel ein geländegängiger Schlepper mit einer weinberggerechten Breite.

Nun war ja Peter – so wurde er genannt – nicht nur ein besonders sparsamer und idealer Ackerbulldog, sondern mit seiner Gesamtbreite von nur 1,10 m eignete er sich hervorragend für den Weinanbau, und hier hatte man bei Lanz besonders den französischen Weinanbau ins Auge gefasst, da wegen breiter angelegter Rebstockreihen und weniger steilen Hängen gute Voraussetzungen gegeben waren.

Doch sollten die Möglichkeiten nicht nur auf diese Einsatzgebiete begrenzt sein. Mit verschiedenen Radverbreiterungen und Zusatzrädern kam er auf Moorböden und für landwirtschaftliche Transporte in Frage. Auch das Anschrauben von elastikbereiften Rädern sollte ihn bedingt transporttauglich machen, damit er als Konkurrent seines Vorgängers auch im Straßenbetrieb genutzt werden konnte.

Rechts: Bis zur Motorisierung war das Pflügen eine der schweißtreibendsten Arbeiten der Landwirte. Doch mit einem Knicklenker-Ackerbulldog konnte diese Arbeit deutlich erleichtert werden.

Rechts unten: Der erste Allrad-Knicklenker-Prototyp war fertiggestellt und bekam den Namen „Peter“. Neben seiner Wirtschaftlichkeit zeichnete er sich durch seine geringe Gesamtbreite aus, die ihn für besondere Einsatzgebiete – wie beispielsweise für den Weinbau – prädestinierte.

In Belgien unterdessen interessierte sich eine Firma für den sparsamen Motor des Knicklenker-Ackerbulldog und bezog denselben dann für eine eigene Konstruktion: den Polykulteur.

Der Polykulteur war eine genauso eigenartige wie geniale Vierrad-Konstruktion, die von zwei eisenbereiften Hinterrädern angetrieben wurde. Hier war der Bulldog-Motor auf einem aus U-Profilen hergestellten Rahmen montiert, der sich nach vorne verjüngte und gleichzeitig schräg nach oben geführt war. An diesem vorderen Rahmenende war eine Gewindemutter drehbar gelagert. Hier wiederum lagerte eine Gewindespindel, die senkrecht nach unten geführt und mit der Vorderachse gekoppelt war. Mittels dieser Spindel ließ sich nun der Fahrzeugrahmen – über die Hinterachse als Drehpunkt – nach oben oder unten schwenken.

Mit zu den begehrtesten Bulldogs der Anfangszeit zählt Peter, der Knicklenker-Bulldog der HP-Baureihe. Diese ebenfalls hervorragend restaurierte Maschine stammt aus dem Jahr 1923.

Der Motor des Knicklenker-Bulldog diente als Antrieb des aus Belgien stammenden Polykulteur. Das Bild zeigt eine der wenigen noch erhaltenen Maschinen. Nur die 15/30-HP-Leistungsangabe ist nicht korrekt.

Diese zunächst unverständlich erscheinende Konstruktion gibt schnell Sinn, wenn man sich ein fest angebautes Ackergerät wie beispielsweise einen Pflug vorstellt, dessen Arbeitstiefe nun über diesen Verstellmechanismus eingestellt werden konnte. Wurde nämlich der Fahrzeugrahmen vorne nach oben geschwenkt, so bewegte sich alles, was hinter der Antriebsachse war, nach unten – Pflugscharen beispielsweise gingen tiefer in den Boden.

Zusätzlich war der Fahrersitz mit der Lenkung gekoppelt und schwenkte beim Lenken ebenfalls zur Seite, sodass sich der Fahrer beim Rangieren oder Wenden nicht mehr um ganze 180° drehen musste, um das angebaute Arbeitsgerät zu überwachen.

Trotz eines erkennbaren Bedarfs blieben die Verkaufszahlen hinter den Erwartungen zurück. Schuld daran war in erster Linie die schlechte Zeit der Nachkriegsjahre und der Inflation, die viele Bauern verunsicherte und von einem Kauf abhielten. Es darf aber auch nicht verschwiegen werden, dass diese geniale Konstruktion ihren Preis hatte. So konnten in den Jahren von Mitte 1923 bis Anfang 1926 zwar 722 Bulldogs verkauft werden, doch den oberen Etagen der Firma fielen diese Zahlen zu gering aus. Aus diesem Grund erfolgte Mitte 1926 die Fertigungseinstellung.

Mit den Entwicklungsarbeiten begonnen hatte man im Jahr 1922, nur ein Jahr nach dem Erscheinen des 12-PS-HL-Bulldog. Bei diesem Ackerbulldog jedoch ging es darum, mit einer geländegängigen Maschine die veränderten Bedingungen von der Straße zum Acker bewältigen zu können. Dies erforderte ein völliges Umdenken bei der Konstruktion.

„PETER“, DER KNICKLENKER-BULLDOG

Entstanden war ein neuer Bulldog mit dem schönen Namen *Peter*. Da aber Peter vom Aussehen her völlig anders geartet war als bisher gewohnt, konnte sich selbst dieser Name nicht durchsetzen: Man nannte ihn einfach und zweckmäßig den *Knicklenker*. Dies verdankte er seiner im damaligen Fahrzeugbau sehr selten vorkommenden Knicklenkung. Hier war das Vorderteil durch ein Scharnier mit dem Hinterteil verbunden. Wollte man also eine Kurve fahren, so wurde mit dem Lenkrad ein Einknicken des Rumpfes bewirkt. Der große Vorteil dabei war darin begründet, dass die Räder nahe am Rumpf angebaut werden konnten, ohne dabei auf einen großen Raddurchmesser verzichten zu müssen. Dr. Huber ging sogar noch einen Schritt weiter und verpflanzte die größeren Hinterräder nach vorne. Dabei war die Gewichtsverteilung so gewählt, dass der Bulldog zum Beispiel beim Pflügen gleichen Vorder- und Hinterraddruck hatte. Bei Stillstand der Maschine jedoch betrug der Vorderraddruck 1050 kg, wogegen der Hinterraddruck nur 550 kg auf die Waage brachte. Und da er mit einem permanenten Allradantrieb ausgerüstet war, eignete er sich besonders für geländegängige Zugarbeiten, also gerade zum Pflügen!

Direkt hinter dem Lanz-Werk wurde das Versuchspflügen durchgeführt. Wie hier zu sehen, saß zu diesem Anlass auch schon mal Fritz Huber persönlich hinter dem Lenkrad.

Dieses Werksbild zeigt den Ackerbulldog HP, wie er in Serie gebaut wurde. Obwohl während der Inflation unter den denkbar ungünstigsten Voraussetzungen auf den Markt gekommen, konnten über 700 Exemplare dieser Maschine einen Käufer finden.

Von den Pflugfabriken Sack, Eberhardt und Kluckhou wurden eigens für den Ackerbulldog spezielle Anhängepflüge gebaut, die selbstständig die Scharen ausheben und einsetzen konnten. Der Fahrer löste den Mechanismus durch Ziehen einer Leine, die bis zum Fahrerplatz reichte, aus. So war der Bulldog in der Lage, beim Tiefpflügen einen Zweischarpflug stundenlang durch den Acker zu ziehen. Allerdings zeigte es sich auch, dass die Motorleistung von 12 PS bei schweren Böden zu schwach sein konnte, besonders, wenn es auch noch bergauf ging. Aus diesem Grund steigerte man bei mehreren Bulldogs die Drehzahl von 420/min auf 500/min und erreichte damit eine Leistung von 15 PS. Die letzten Bulldogs sollen laut zeitgenössischen Unterlagen sogar alle mit dieser Leistung geliefert worden sein.

Zum Einbau kam wiederum der sparsame und einfache Glühkopfmotor mit denselben technischen Daten und derselben Leistung wie sein Vorgänger, jedoch hatte man diesmal für die Kühlung einen neuen Weg beschritten. So wurde der Kühlwasserkasten vom Zylinder nach oben gezogen, die Zylinderbuchse aber im unteren Teil eingebaut, wo sie ständig vom Wasser umspült wurde. Der Motor kam also bei dieser Konstruktion ohne Wasserpumpe oder sonstige Einrichtung aus und konnte dennoch die Verbrennungswärme zuverlässig abführen. Selbst bei größerer Belastung, wenn das Wasser bis zur Verdampfung erhitzte, konnte ein großer Teil davon vor dem Austreten aus dem Wasserkasten als Kondensat an den Gusswänden wieder zurückgewonnen werden. Also stellte dieser Kühler wiederum einen verlustarmen Verdampfungskühler dar.

Der Antrieb auf das Fahrgestell erfolgte von der Kupplung über eine Kette auf die Vorgelegewelle. Diese Welle war mit einem Stirnrad-Differenzial verbunden. Von hier ging der Kraftfluss sowohl zur Vorderachse als auch zur Hinterachse. Um beim Arbeiten auftretende Geschwindigkeitsunterschiede zwischen den Achsen und Rädern auszugleichen, wirkte zwischen den Achsen eine Überholkupplung mit Klinkensperre.

MIT NUR 8 PS: DER KLEINE BRUDER

Der 12-PS-Bulldog Typ HL in all seinen Facetten war ein Erfolg für die Firma, wie sie ihn aus dem Lokomobilbau oder dem Dreschmaschinenbau her gewohnt war – ein Erfolg, der aufgrund hoher Stückzahlen auch große Gewinne abwarf.

Ganz anders im Bereich der Dampfschlepper, auch Straßenlokomotiven genannt, oder den benzingetriebenen Zugmaschinen. Hier musste man mit kleinen Stückzahlen kalkulieren, was den Kaufpreis in die Höhe trieb und den Gewinn oftmals gänzlich minimierte. Etliche Typen konnten sogar nur als Prototypen in wenigen Stückzahlen hergestellt werden und waren auf den Gewinn der erfolgreichen Produkte angewiesen. Erfolgreiche Produkte wie der 12er-Bulldog, dessen Siegeszug sich schon nach wenigen Monaten deutlich abzeichnete. So sah es Dr. Huber als gerechtfertigt, ein kleines Ebenbild dieser Maschine zu schaffen, die mit einem noch günstigeren Verkaufspreis eine neue Schicht kleinerer und finanzschwächerer Kun-

Aus dem Jahr 1924 stammt dieser 8-PS-Bulldog der Baureihe HM. Er wurde liebevoll „Mops" genannt.

den gewinnen sollte. Da es nur weniger Berechnungen und dem Nachbau vorhandener Teile in einem kleineren Maßstab bedurfte, erforderte dies nur eine Entwicklungszeit von wenigen Monaten, bis der erste Prototyp über den Fabrikhof fahren konnte – eine Fahrt, die in den ersten Monaten des Jahres 1923, also wiederum nur zwei Jahre nach dem Erscheinen der ersten Prototypen des 12er-Bulldog, und nahezu parallel zum Knicklenker-Bulldog erfolgte.

Sein Erscheinen erfolgte in aller Stille – er wurde HM genannt, sein Telegrammwort lautete *Mops* und er leistete ganze acht PS, angegeben als Normale Dauerleistung.

Dafür erschien er sofort in dreifacher Ausführung: als Eisenmops, als Gummimops und als Ortmops – was sich selbstverständlich am großen Bruder und Vorbild orientierte, genauso wie auch sein Motor – ausgerüstet mit zwei unterschiedlich großen, freilaufenden Schwungrädern – und die einteilige Lenksäule. Er verkörperte damit den Entwicklungsstand des Jahres 1923.

Genaue Angaben über Produktionszeitraum und Stückzahlen für den *Mops* sind leider nicht möglich. Bei Nachforschungen, die sich auf eine Liste aus dem Kriegsjahr 1941 stützen, stellte sich heraus, dass 250 Stück dieser Maschinen in den unterschiedlichen Ausführungen zwischen den Jahren 1923 bis 1925 gefertigt wurden. Neuere, intensive Recherchen konnten die damaligen Erkenntnisse

Dieser Mops gehört zur John Deere-Sammlung und wird gelegentlich bei offiziellen Veranstaltungen, wie hier vor dem Mannheimer Schloss, ausgestellt.

(Quelle: John Deere)

aber nicht bestätigen. Dagegen ist vielmehr richtig, dass die Fertigung dieser Modellereihe nur wenige Monate dauerte – von März bis Dezember 1923 – und dann infolge der Inflation eingestellt wurde. Dieser Sachverhalt ergibt sich aus wenigen noch vorhandenen Unterlagen, lässt sich aber auch an den Maschinen selbst erkennen, denn zum Jahresende 1923 erfolgte beim 12er-Bulldog die Umstellung auf gleichgroße Schwungräder, die dann unter Blechverkleidungen verborgen waren. Diese Entwicklung jedoch machte der 8-PS-Bulldog nicht mehr mit.

Keinen Aufschluss über die Gesamtproduktion darf man sich von den überlieferten Fertigungsnummern erhoffen, denn anders, als die vergebenen Zahlen vermuten lassen, wurden lediglich zirka einhundert Maschinen produziert.

Der 8-PS-Schwerölbulldog erbrachte seine 8 PS bei 500/min und war damit für den Fahrzeugbetrieb oftmals zu schwach, hingegen eignete er sich hervorragend als Stationärmotor. So entfiel der Hauptanteil an der Gesamtproduktion auf die Ausführung als Ortbulldog.

Lanz Bulldog Typ HL

Leistung / Drehzahl	12 PS bei 420/min (ab ca. 1925 auch mit 15 PS bei 500/min)
Bohrung x Hub / Hubraum:	190 x 220 mm; 6,2 Liter
Bauzeit:	1921 bis 1927
Stückzahl:	ca. 6000 Stück
Motor:	Liegender Zweitakt-Glühkopf-Niederdruckmotor mit quer zur Fahrtrichtung eingebauter Kurbelwelle, mit Verdampfungskühlung, Wasserumwälzung mittels Pumpe
Bauart:	Ohne Getriebe, Fahrgeschwindigkeit regelbar über die Motordrehzahl; Rückwärtsfahrt möglich durch Umsteuern des Motors
Ausführungen:	Gespann-, Eisen-, Gummi-, Balkan-, Ort-, Schienen-, Verkehrs- und Doppelbulldog; Verdeck, Karbitbeleuchtung und Sandkasten lieferbar
Gewicht:	Ortbulldog ca. 750 kg, Eisenbulldog ca. 1850 kg, Doppelbulldog ca. 2360 kg

Lanz Bulldog Typ HM

Leistung / Drehzahl:	8 PS bei 500/min
Bohrung x Hub / Hubraum:	160 x 190 mm; 3,8 Liter
Bauzeit:	1923
Stückzahl:	ca. 100 Stück
Motor:	Liegender Zweitakt-Glühkopf-Niederdruckmotor mit quer zur Fahrtrichtung eingebauter Kurbelwelle, mit Verdampfungskühlung, Wasserumwälzung mittels Pumpe
Ausführungen:	Eisen-, Gummi-, Balkan- und Ortmops

Lanz Bulldog Typ HP

Leistung / Drehzahl:	12 PS bei 420/min (ab ca. 1925 auch mit 15 PS bei 500/min)
Bohrung x Hub / Hubraum:	190 x 220 mm; 6,2 Liter
Bauzeit:	1923 bis 1926
Stückzahl:	ca. 700 Stück
Motor:	Liegender Zweitakt-Glühkopf-Niederdruckmotor mit quer zur Fahrtrichtung eingebauter Kurbelwelle, mit Verdampfungskühlung
Bauart:	Ohne Getriebe, Fahrgeschwindigkeit regelbar über die Motordrehzahl. Rückwärtsfahrt möglich durch Umsteuern des Motors
Ausführungen:	Konzipiert als Acker- und Weinbergbulldog; bei Verwendung einer Elastikbereifung auch für landwirtschaftliche Transporte einsetzbar
Gewicht:	ca. 1500 kg

Begründer der HR-Baureihe

Der Großbulldog entsteht

Die erste Hälfte der zwanziger Jahre war eine Zeit der Not und Entbehrungen, eine Zeit der Arbeitslosigkeit. Die Nachkriegsjahre und die Inflation stürzten große Teile der deutschen Bevölkerung in den finanziellen Ruin, sodass es an Geld für Investitionen fehlte.

Von den rund 3700 Mitarbeitern bei Lanz konnten weniger als eintausend Arbeiter produktiv beschäftigt werden, und dies teilweise nur noch an drei Tagen die Woche.

Kurzarbeit war die unausweichliche Folge, und auf Unternehmerseite häuften sich Schulden in Millionenhöhe. Dennoch war die Geschäftsführung bestrebt, den Betrieb aufrecht zu erhalten, obwohl die Einnahmen gerade mal zur Deckung der Lohnkosten reichten. Allein 25 Millionen Mark fehlten, um den laufenden Verpflichtungen nachkommen zu können. So hatte die Deutsche Bank mittlerweile das Sagen und stellte entsprechende Forderungen: 1925 beispielsweise musste die offene Handelsgesellschaft in eine Aktiengesellschaft umgewandelt werden, ebenso waren Fusionen mit anderen Firmen auferlegt. Innerbetrieblich gab es strenge Typenbereinigungen in allen Fertigungsbereichen – auch bei den schweren Benzinzugmaschinen und den Bulldogs.

Er sollte neue Kundenkreise erschließen: Der Großbulldog in Ackerausführung, wie er ab Mitte 1926 angeboten wurde.

Die Firma hatte das große Glück, im Jahre 1920 mit Dr. Otto Kölsch einen Ingenieur in die Firma zu bekommen, von dem in späterer Zeit behauptet wurde, dass er eine der fähigsten Führungspersonen in der einhundertjährigen Firmengeschichte überhaupt war.

In seinem Kompetenzbereich lagen wesentliche Entscheidungen, die schließlich zur finanziellen Erholung der Firma bis Mitte der zwanziger Jahre führten.

So wurde beschlossen, bis 1925 den Bau aller Benzinzugmaschinen einzustellen. Auch die verschiedenen Bulldog-Typen und die großen mit Glühkopfmotoren bestückten (Benzin-)Zugmaschinen wurden von dieser Entscheidung nicht verschont und fielen dem Rotstift zum Opfer – mit Ausnahme des 12er-HL-Bulldog in allen seinen Ausführungen. Gleichzeitig arbeitete man an der Entwicklung eines leistungsstarken Bulldog mit 10-Liter-Motor. Ein Grundmodell, das – nach dem Muster des 12er-Bulldog – in verschiedenen Ausführungen der Landwirtschaft und dem Speditionsgewerbe angeboten werden sollte. Bis zu seiner Fertigstellung allerdings sollte zusätzlich zum 12er-HL-Bulldog auch der Knicklenker-Bulldog Typ HP weitergebaut werden. Denn eine besondere Domäne von Lanz waren die großen Höfe und Güter des Ostens, bis hinauf nach Ostpreußen, und diese blieben bisher beim Bulldog-Bau unberücksichtigt.

Glaubt man alten Überlieferungen, so waren die Besitzer und Pächter dieser Betriebe ein Völkchen für sich. Es waren „die besseren Leute", was die Arbeiter und Knechte und auch die Bevölkerung des Öfteren zu spüren bekamen. Eine Ausnahme bildeten die Handelsvertreter der Firma Lanz. So wird berichtet, dass der Lanz-Vertreter bei seinem jährlichen Besuch meist in der „guten Stube" empfangen und bedient wurde, die Kunden behandelten ihn als ihresgleichen. Selbst zu den Mahlzeiten lud man ihn ein, er durfte dazu bei den Gutsherrn am Tisch Platz nehmen und im lockeren Gespräch mitspeisen. Soll dagegen ein Vertreter einer anderen Firma vorbeigekommen sein, wurde dieser nach den Erzählungen erst gar nicht vorgelassen, sondern schon an der Haustüre abgefertigt.

Mit dieser Einstellung hatte es die Firma und besonders ihre Vertreter wesentlich leichter, ihre Produkte zu veräußern. Die Gutsherren kauften die großen und teuren Maschinen, die den Umsatz brachten, waren sie in den zurückliegenden Jahren doch immer sehr zufrieden damit.

Beim Bulldog-Bau hatte man jedoch diese Kundschaft gänzlich außer Acht gelassen, waren doch der HL-, der HM- und der HP-Bulldog nicht für diese großen Gutsherrenbetriebe konzipiert.

Vor dem Hintergrund der letzten Fehlschläge, die der Firma schwer zu schaffen gemacht hatten, und der hefti-

Zwei der vier Versuchsmaschinen waren mit einem Allradantrieb ausgerüstet. Doch eine Zugkrafterhöhung von lediglich 10 % rechtfertigte nicht die damit verbundenen hohen Mehrkosten.

gen Arbeitskämpfe des Jahres 1924 war man also gezwungen, einen in der Leistung größeren Bulldog zu bauen, um so unter den Gutsherren einen neuen Kundenkreis zu erschließen. Dass das Konzept mit dem Glühkopfmotor richtig war und perfekt in die finanzschwache Nachkriegszeit passte, hatte der 12er-HL-Bulldog zwischenzeitlich mehr als bestätigt. Nur musste ein größerer Bulldog, auf dem dieser geniale Motor zum Einsatz kommen sollte, genauso universell beschaffen und einsetzbar sein.

Diese Forderung machte es notwendig, zunächst einmal einen leistungsstärkeren Motor zu entwickeln. Aufgrund von Berechnungen entschied man sich wiederum für einen Einzylindermotor mit liegendem Kolben, dieses Mal jedoch mit einem Hubraum von zehn Litern.

Mit der oberen Leerlaufdrehzahl ging man auch hier nicht über 500 Touren in der Minute, hatte doch gerade die vergleichsweise niedrige Drehzahl viel zur langen Lebensdauer und damit zur Unverwüstlichkeit des Motors beigetragen.

ERSTE VERSUCHSMASCHINEN WERDEN ANGEFERTIGT

Am Anfang der HR-Baureihe – zirka 1925 – standen vier Versuchsmaschinen, von denen zwei mit einem Allradantrieb und zwei mit Hinterradantrieb und einer Differenzialsperre ausgerüstet waren. Da aber die Allradlösung – die hier im Gegensatz zum Knicklenker-HP-Bulldog nach dem heute bekannten Baumuster mit großen Hinterrädern und kleinen Vorderrädern bestückt war – lediglich eine Zugkrafterhöhung von 10 % erbrachte, wurde vom Bau solcher Maschinen wieder Abstand genommen, weil diese verhältnismäßig geringe Zugkrafterhöhung niemals die Mehrkosten für den Allradantrieb gerechtfertigt hätte.

Eine erhebliche Zugkrafterhöhung – besonders im Gelände – brachte dagegen die Differenzialsperre. Doch sie scheiterte letztlich an der technischen Handhabung; ein- und ausrücken war nur im Stillstand möglich und die Benutzung beschränkte sich auf eine strikte Geradeausfahrt, wollte man einen Getriebeschaden oder Beschädigungen an der Verriegelung der Steckachsen vermeiden. Aus dieser Erkenntnis heraus war man zu dem Entschluss gekommen, dass der künftige Bulldog nur noch als Hinterradmaschine mit Achsschenkellenkung gebaut werden konnte.

Aber nur eine Fahrgeschwindigkeit, und diese nur über die Motordrehzahl zu regeln, das war nicht mehr zeitgemäß – vor allem ließen sich nicht alle Forderungen der geplanten Einsätze vom Acker bis hin zum Speditionsbetrieb abdecken. Doch zur Lösung dieses Getriebeproblems sowie für die notwendigen Erfahrungswerte hatten drei weitere Bulldogs beigetragen, die bereits um 1924 angefertigt und als die HF-Typen ausgewiesen wurden.

Die drei Bulldogs mit dem Motor aus der HP-Baureihe, allerdings als einfache Hinterradmaschinen mit Vorderradlenkung konzipiert, sollten um einiges billiger in den Verkauf gelangen. Ein weiteres Merkmal war der Anbau

Es entstanden lediglich drei Prototypen des HF-Fräsbulldog. Eine Mischung aus der benzingetriebenen Fräse „Landbaumotor" und dem Knicklenker-Bulldog. Neu war das Vier-gang-Getriebe, das als Vorbild der HR-Baureihe genommen wurde.

einer festen Frästrommel, wie bei den Landbaumotoren, jenen großen, nach dem Vorbild der Dampfschlepper gebauten, jedoch mit Benzinmotoren angetriebenen Zugmaschinen, die noch bis 1925 parallel zu den Bulldogs in kleinen Stückzahlen gefertigt wurden. Damals war man geneigt, große Vorteile bei den mit Fräsen bearbeiteten Äckern zu sehen, konnte doch eine saatfertige Krume in nur einem Arbeitsgang erreicht werden.

Die große Neuentwicklung dieser drei HF-Bulldogs aber war ein Vierganggetriebe, das vom Fahrerplatz aus über zwei Schalthebel zu bedienen war. Es ermöglichte eine optimale Anpassung der Geschwindigkeit an die jeweils zu verrichtende Arbeit oder an eine Straßenfahrt. Da diese Bulldogs aber nur mit einer Eisenbereifung ausgestattet waren, lag die Höchstgeschwindigkeit mit aufgelegten Straßenlaufringen zunächst bei nur 8 km/h. Mit diesen Bulldogs wollte man einen weiteren großen Erfolg nach dem Vorbild der 12-PS-HL-Bulldogs einfahren, denn nach Abnehmen der Frästrommel ließen sie sich genau so vor einen Pflug spannen. Keine Argumente also für die Gegner der Fräskulturen, sich diesem Bulldog nicht zuzuwenden. Jedoch war zu dieser Zeit bereits abzusehen, dass die Befürworter der Fräskultur nur eine geringe Minderheit darstellten, womit der kostenintensive Fräsantrieb genauso wenig gerechtfertigt war, wie die Fertigung teurer Fräsen in nur geringen Stückzahlen. Zudem waren die HF-Bulldogs mit ihrer Leistung von nur 12 bzw. 15 PS wiederum zu schwach für die großen Höfe und Güter der Ostgebiete. Deshalb sollten sie der Typenbereinigung zum Opfer fallen und es blieb bei der Anfertigung dieser drei Versuchsmaschinen, die über das Prototypen-Stadium nicht hinauskamen. Wertvoll aber waren die Erkenntnisse bezüglich des neu entwickelten Vierganggetriebes. Dies nämlich wurde in seiner Konzeption für die neue HR-Baureihe übernommen, nur in stärker dimensionierter Ausführung der Leistung von 30 PS angepasst.

NEU UND ERSTMALS IN EUROPA: FLIESSBANDFERTIGUNG BEI LANZ

Parallel zur HR-Bulldog-Entwicklung arbeitete Lanz an einer nach modernsten Gesichtspunkten beschaffenen Traktorenfertigung. Grundlage hierfür bildeten die Fertigungsmaschinen aus den in Folge der Typenbereinigung stillgelegten Produktionsbereichen, die quasi kostenlos zur Verfügung standen. Und es gab eine Zeitschrift aus Amerika, wo gerade diese modernen Fertigungsmethoden beschrieben wurden. Sie sollte als Anleitung der hier neu entstehenden Fertigungsanlage dienen:

Ein Fließband mit einer Länge von 175 m, auf dem nur noch ein Bulldog-Typ gefertigt werden sollte, der dann aber mit unterschiedlichen Ausrüstungen den verschienenen Verwendungszwecken angepasst werden konnte. Am Ende des Bandes und nach einem erfolgreichen ersten Probelauf wurde der fertig zusammengebaute Bulldog durch eine Vorwärmkammer gezogen, um aufgewärmt mit einer Spritzlackierung aus Öllack überzogen zu werden. Danach ging es direkt in die Versandabteilung, wo er zur Versendung bereitgestellt wurde.

Erstmals in Europa: Ein Montageband für eine rationelle Serienfertigung, entstanden nach amerikanischem Vorbild.

Diese neue Fertigungsmethode gestattete die Kalkulation eines überaus günstigen Preises, was letztlich für damalige europäische Verhältnisse zu enormen Verkaufszahlen führte. Die Herstellung des Fließbandes konnte ebenfalls mit billigsten Mitteln realisiert werden, sodass im Wesentlichen nur noch die Lohnkosten zu bestreiten waren.

Die Firma Lanz hatte damit die erste Fließbandfertigung nicht nur in Deutschland, sondern in Europa eingeführt und verschaffte sich damit einen fast uneinholbaren Vorsprung gegenüber der Konkurrenz. So kostete ein auf diesem Band gefertigter Bulldog noch ganze 5600 Mark. Hingegen kostete der kleinere 12-PS-HL-Bulldog in der Verkehrsausführung schon vor der Inflation annähernd 5000 Mark und für eine Straßenlokomobile derselben Leistungsklasse wurde rund das Doppelte verlangt.

DER GROSSBULLDOG HR II

Wiederum waren es Prototypen – in diesem Falle sechs Stück – die nach gesammelten Erkenntnissen der letzten Jahre als Hinterradmaschinen mit kleineren, achsschenkelgelenkten Vorderrädern entstanden. Diese Bulldogs nannte man aufgrund ihrer Abmaße *Großbulldogs* und sie bekamen die Bezeichnung *HR II-Bulldogs*.

Bei der Kühlung des neuen Motors besann man sich auf die Konstruktion des HP-Bulldog, die sich in der Praxis

Zweimal sechs Bulldogs wurden von diesem Verdampferbulldog hergestellt. Die ersten sechs Maschinen kamen für die Erprobung zum Einsatz und die weiteren Maschinen dienten zum Einrichten des Montagebandes.

bestens bewährt hatte, und baute den Wasserkasten wiederum um und über die Zylinderlaufbuchse, damit diese ständig vom Wasser umspült werden konnte. Große, starke Gusswände sorgten auch hier für eine Wasserrückgewinnung durch Kondensation. Doch war der Wasservorrat der gesteigerten Motorleistung anzupassen und musste deshalb entsprechend größer bemessen werden.

Gleichzeitig wurde auf das neu entwickelte Getriebe zurückgegriffen, das nun über vier Gänge verfügte, schaltbar über zwei Schalthebel. Damit war es möglich, die Geschwindigkeit des Fahrzeugs den jeweiligen Arbeiten – ob in der Landwirtschaft, beim Lastentransport oder im Speditionsbereich – bestmöglichst anzupassen und den Bulldog in allen Bereichen wirtschaftlich einzusetzen. Aber auch mit dem neuen Getriebe galt die Devise: Erst den richtigen Gang einlegen, dann losfahren. Für ein Schalten während der Fahrt war dieses Getriebe nicht vorgesehen.

Die komplette Bedienung des Bulldog erfolgte wie auch bei den bisherigen Modellen nach Dampfmaschinenart. Das heißt, alle Bedienungshebel waren noch als Handhebel ausgebildet, Fußbedienung gab es keine.

Die Fertigstellung dieser sechs neuen Großbulldogs fiel in die ersten Monate des Jahres 1926. Die neuen Maschinen hatten zunächst zahlreiche Tests zu bestehen. Einer der Bulldog beispielsweise war auf einem großen landwirtschaftlichen Anwesen eingesetzt, ein weiterer verblieb im Werk für Dauertests und ein dritter wurde von zwei unabhängigen Gutachtern verschiedenen Tests und Einsatzvergleichen unterzogen. Hier setzte der in großen Stückzahlen in den USA gefertigte Fordson-Traktor den Maßstab. Der Fordson – im Wesentlichen aus rationell hergestellten Autoteilen billig produziert – galt damals als besonders modern und wirtschaftlich. Bei der Veröffentlichung des Vergleichstests allerdings gab es eine große Überraschung, ging doch der Großbulldog als überlegener Sieger aus diesem Test hervor. Henry Ford strengte darauf hin eine Schadenersatzklage in Millionenhöhe gegen die Gutachter an. Bevor jedoch die Gerichtsverhandlung stattfinden konnte, ging ein vierter Bulldog nach Berlin, wo die hohe Überlegenheit in einem weiteren Gutachten bestätigt werden konnte. Henry Ford zog daraufhin seine Klage wieder zurück. Die restlichen Bulldogs gelangten in den Verkauf, standen aber unter Beobachtung von Lanz, um auch hier praktische Erfahrungswerte zu gewinnen. Aus dieser Prototypenserie ist das Fahrzeug mit der Fertigungsnummer 003 bis heute erhalten geblieben.

Da das Montageband zwischenzeitlich ebenfalls seiner Vollendung entgegen ging, fertigte man nochmals weitere sechs Maschinen – so genannte Vorserienmaschinen – nach demselben Baumuster und in derselben Bauweise an, um die Praxistauglichkeit des neu eingerichteten Fertigungsbandes auszutesten. Doch noch bevor es soweit war, drang die Kunde in das Werk, dass eine der Versuchsmaschinen beim Pflügen über viele Stunden bei höchster Leistungsabgabe überhitzte und stehen geblieben war. Die Kühlung hatte in diesem extremen Fall nicht mehr ausgereicht. Also musste der Kühlwasserbehälter vergrößert werden, um mehr Wasser fassen zu können. Diese Gelegenheit nutzte man, um den aus Blechen zusammengeschweißten Kraftstofftank auf den nun nach oben offenen Wasserbehälter zu setzen und zu verschließen. Der Vorteil war, dass dickflüssige Kraftstoffe durch das erhitzte Kühlwasser dünnflüssig wurden. Der warmgefahrene Motor konnte dann ohne Zusatzeinrichtungen mit billigen Kraftstoffen und Ölabfällen, die mitunter recht zähflüssig sein konnten, gespeist werden. Hier war lediglich darauf zu achten, dass vor dem Stillsetzten des Motors der dickflüssige Kraftstoff leergefahren oder abgelassen und durch dünnflüssigen Kraftstoff ersetzt wurde, der dann die Leitung spülte.

So musste der Serienstart nochmals um einige Wochen verschoben werden, konnte aber dann Mitte des Jahres 1926 endlich erfolgen. Insgesamt wurden entgegen den bisherigen Recherchen zwei Serien mit je sechs dieser Maschinen mit dem kleinen Wasserkasten angefertigt, bevor die Umstellung auf die modifizierte Kühlung erfolgte.

GENIAL UND ÄRGERLICH ZUGLEICH: DAS DAMPFVENTIL

Eine Besonderheit des neuen Motors stellte das Dampfventil dar. Dieses Bauteil erfüllte die Aufgabe, eine Überhitzung des Motors zu verhindern. Es war so angeordnet, dass man es während der Fahrt vom Fahrersitz aus bedienen konnte. Der frühe Einspritzzeitpunkt kurz nach dem unteren Totpunkt war bei den Glühkopfmotoren notwendig, um dickflüssigere Kraftstoffe soweit zu verflüssigen oder zu vergasen, damit sie eine optimale Verbrennung gewährleisten konnten. Waren die Motoren jedoch beispielsweise durch einen langen Einsatz recht heiß geworden, so neigten sie zu Frühzündungen und damit zum Klopfen, was wiederum eine Leistungsminderung zur Folge hatte. Dr. Huber konstruierte nun ein Ventil, um eine dosierte Menge des heißen Wasserdampfes aus dem oberen Teil des Wasserkastens direkt in die Kurbelkammer zu leiten, von wo aus der Wasserdampf zusammen mit der angesaugten Frischluft in den Zündsack – also direkt in den Verbrennungsraum – gelangte. Dadurch erfolgte eine deutliche Verbesserung der inneren Kühlung, mit dem Effekt einer spürbaren Leistungssteigerung.

Ein recht großes und sehr ernst zu nehmendes Problem allerdings trat aufgrund einer Fehlbedienung durch die Fahrer auf, die vor dem Öffnen des Dampfventils immer erst einen Ablasshahn an der Unterseite des Kurbelgehäuses öffnen mussten. Hier nämlich sammelte sich das unverbrauchte Schmieröl und wurde zur Wiederverwendung in den Ölbehälter zurückgepumpt. Kam nun durch das Öffnen des Dampfventils Wasserdampf mit in das Kurbelgehäuse, so vermischte sich ein Teil des zu Wasser kondensierten Dampfes mit dem (Sammel-)Schmieröl, das aber auf keinen Fall in den Ölbehälter gepumpt werden durfte. Über diesen geöffneten Ablasshahn konnte nun das Öl-Wasser-Gemisch ablaufen.

Leider wurde dieser Arbeitsgang oftmals vergessen, und so gelangte das Wasser in den Ölkreislauf, wo es schwere Beschädigungen verursachte. Lagerschäden oder Kolbenfresser waren die unausweichliche Folge. Deshalb war man sehr schnell wieder vom Einbau dieser Dampfventile abgekommen. In jener Zeit mussten alle verfügbaren Monteure die Besitzer der mit Dampfventil ausgelieferten Maschinen aufsuchen, die Ventile fest verschließen und die Spindeln absägen, um einen weiteren Gebrauch auszuschließen.

Neue Wege glaubte man in der Entwicklung verschiedenartiger Antriebsräder zu erkennen, die je nach Beschaffenheit des Bodens und des Einsatzes in – zumindest für damalige Begriffe – kurzer Zeit auszutauschen waren. So gab es beispielsweise breite und schmale Räder für leichte Böden und für schwere Böden, für Sandböden, Mineralböden, Moorböden und es gab zusätzlich noch eine

Gleichzeitig wurde das Dampfventil entwickelt, um die Verbrennungstemperatur zu begrenzen. Doch Fehlbedienungen der Maschinenführer führten zu massiven Motorschäden.

Menge Radverbreiterungen und Greifer. Am Ende fertigte man dann jene Ausführungen in Serie, die sich bei den groß angelegten Versuchen am besten bewährt hatten, und stellte sie der Kundschaft zur Wahl.

Neu war auch der Einbau einer Zapfwelle, die auf Wunsch und natürlich gegen Aufpreis geliefert wurde. Ein sehr nützliches Teil, denn auf dem Markt waren die ersten zapfwellengetriebenen Mähbinder zu finden. Hier war der Vorteil eindeutig, denn die Antriebskraft vom Schleppermotor über die Zapfwelle auf ein Arbeitsgerät zu übertragen, erforderte weit weniger Zugkraft, als wenn die Antriebskraft über die Räder erfolgen musste.

EIN BULLDOG FÜR ALLE EINSÄTZE

Erstmals präsentierte Lanz den neuen Bulldog Mitte 1926. Er wurde *22-PS-Großbulldog* genannt und stammte aus der HR-Baureihe, wo er unter der Bezeichnung *Typ HR 2* geführt wurde. Die Leistungsangabe von 22 PS jedoch entsprach lediglich der Nennleistung. Doch konnte der Bulldog auf Dauer bis zu 28 PS abgeben, ohne dass irgendwelche Maschinenteile Schaden nahmen. Sogar eine kurzzeitige Spitzenbelastung bis zu 30 PS wurde zugestanden, und unter kurzzeitig verstand man immerhin eine volle Arbeitsstunde.

Der richtige und auch kostengünstige Weg war die Fertigung nur eines Grundtyps, der aber mit unterschiedlichen Bauteilen bestückt werden konnte, je nachdem, für welchen Einsatz der Kunde zu bestellen wünschte. So standen beispielsweise zwei Getriebeübersetzungen zur Wahl, ebenso unterschiedliche Bereifungen und alternativ zur starren Vorderachse war eine gefederte Ausführung lieferbar.

Zunächst stand der eisenbereifte Ackerbulldog zur Auswahl als Nachfolger für den knickgelenkten Allradbulldog *Peter*. Ein bestimmter Zahnradsatz im Getriebe ermöglichte eine Endgeschwindigkeit von ca. 8 km/h, die bei einer Straßenfahrt mit aufgeschraubten Laufringen erreicht werden konnte. Eine gefederte Vorderachse war zwar nicht erforderlich, konnte aber auf speziellen Wunsch geliefert werden. Zusätzlich ließ sich hier durch das Anschrauben weiterer Räder und Ringe eine Verbreiterung schaffen, die jedem Einsatzgebiet und jedem Wunsch gerecht wurde.

Sollte der Bulldog auf Moor- oder weichen Heideböden eingesetzt werden, so gab es darüber hinaus eine komplette Moorbereifung für vorne und hinten. Überbreite Räder verringerten den Bodendruck erheblich und verhinderten jegliches Einsinken, ohne die Zugkraft zu verringern. Diese Moorbereifung konnte zusätzlich bestellt und auf dem Hof oder Feld montiert werden. Am Getriebe wie auch an der Vorderachse änderte sich gegenüber der Ackerausführung nichts, jedoch sprach man hier vom *Moorbulldog*. Mit ihm ließen sich aber keine befestigten Straßen befahren, zumal der Gesamtaufbau viel zu breit für eine Straße war. Eine große Gefahr jedoch lag zudem in der Achslagerung, die für eine derartige Belastung nicht konstruiert war.

Für besonders große Zugkräfte bei minimalem Bodendruck und besonderer Geländegängigkeit stellte die Firma Ansteckraupen zur Verfügung. Diese Ansteckraupen – von der Firma Ritscher bezogen – wurden anstelle der Hinterräder montiert und verschafften dem Bulldog erhebliche Vorteile, die sonst nur bei leistungsgleichen Raupenschleppern zu finden waren. Dennoch war hier der große Vorteil gegeben, dass diese Ansteckraupen überall montiert und wieder abgeschraubt werden konnten, bei längeren Wegen beispielsweise von den Feldern zum Hof. Hier konnte auf den Rädern gefahren werden im Gegensatz zum Vollraupenschlepper, der nur auf den Raupenketten fahren konnte.

Mit der letzten Ausführung – dem Verkehrsbulldog – stellte man wiederum einen Bulldog für den Speditionsbereich, für Transporte im Nahbereich, beispielsweise Kohlehändler, Ziegeleien oder Sägewerke, und für Schausteller und ähnliche Unternehmen zur Verfügung. Dieser Bulldog verfügte über eine Getriebeübersetzung mit einer Höchstgeschwindigkeit von bis zu 15 km/h, die damals führerscheinfrei gefahren werden durfte. Weiter zählte zur Grundausrüstung eine serienmäßig eingebaute gefederte Vorderachse und eine Elastikbereifung, vorne einfach und hinten je nach Wunsch einfach oder zwillingsbereift, ähnlich dem 12er-HL-Verkehrsbulldog und dem Doppelbulldog. Musste der Bulldog zusätzlich im Gelände eingesetzt werden, beispielsweise wenn Anhänger aus Sägewerken, Steinbrüchen oder Lehmgruben zu ziehen waren, bevor der eigentliche Transport auf der Straße erfolgte, so gab es

Als äußerst werbewirksam erwies sich die Wirtschaftlichkeitsberechnung des Bulldog an Hand eines Vergleiches mit dem Fordson-Traktor und einem Pferdegespann.

Um den Bodendruck bei besonders weichem und morastigem Untergrund auf ein Minimum zu reduzieren, fand der Kunde im Ausstattungsprogramm die Moorbereifung.

so genannte Blitzgreifer. Sie waren zwischen den Zwillingsrädern montiert. Mit einem speziellen Werkzeug konnte man diese Greifer gegen eine Federkraft nach außen ziehen und dann soweit verdrehen, bis sie quer zur Fahrtrichtung auf dem Radumfang auflagen.

Für Mischbetriebe, wo beispielsweise neben der Land-

So wurde der Verdampfer-Großbulldog in Ackerausführung 1927 beworben. Als Alternative zur Moorbereifung konnten bis zu drei Ackerräder je Seite miteinander verschraubt werden.

Großangelegte Untersuchungen führten zur Entwicklung der unterschiedlichsten Antriebsräder. Ziel war das Abdecken aller Einsatzmöglichkeiten.

wirtschaft noch eine kleine Spedition oder ein Kohlehandel betrieben wurde, gab es die Möglichkeit der Anschaffung eines Verkehrsbulldogs zusammen mit einem Satz Eisenräder.

Links: Für besonders schwere Zugarbeiten stand der Raupenbulldog zur Verfügung. Er war mit einem Satz Ritscher-Anbauraupen ausgerüstet.

Darunter: Der *einfache Verkehrsbulldog* war ausgerüstet mit einer *einfachen* Bereifung, einer gefederten Vorderachse und einem Getriebe, das eine Höchstgeschwindigkeit bis zu 15 km/h erlaubte.

Damit hatten diese Betriebe die Möglichkeit, ihre Speditionsmaschinen wirtschaftlich einzusetzen, während für den Ackerbetrieb beim Umschrauben der Räder zwar etwas Zeit notwendig war, der Bulldog dann aber auch hier vielseitig einsetzbar und die Auslastung insgesamt sehr effizient war. In diesem Fall musste man natürlich auf den großen Gang verzichten.

Ähnliches auch beim Raupenbulldog, der wie beschrieben durch einfache Montage der Raupenketten umgerüstet werden konnte. Er konnte als solcher auch direkt vom Werk bezogen werden. In diesem Fall war er mit speziellen, den Raupenketten angepassten Kotflügeln bestückt. Diesen Vorteil der angepassten Radabdeckungen machten sich besonders die großen Ackerbaubetriebe zunutze, die neben einem weiteren Schlepper ihren speziellen Pflugmotor immer zur Verfügung stehen hatten.

Nach wie vor sehr wichtig war die Riemenscheibe, die beim Großbulldog weiterhin zur Standardausrüstung zählte und wie beim HL-Bulldog über die Fahrkupplung zu betätigen war. Damit war der Bulldog immer und überall als Stationärmotor zu verwenden.

LEISTUNGSANGABE MIT 28 PS

Ob es noch vor dem ausgehenden Jahr 1926 war oder bereits zu Anfang 1927, lässt sich nicht mit Sicherheit belegen, doch war es in diesen Monaten, als der Verdampfer-Großbulldog mit der Leistungsangabe 22/28 versehen wurde. Zunächst hatte man ja nur die wirtschaftliche Belastung mit 22 PS genannt, doch die ausführlichen Tests zeigten mehr als deutlich, dass eine Dauerbelastung von 28 PS dem Bulldog nicht schadete. Für die Kundschaft jedoch war diese Erkenntnis zunächst nicht sichtbar, es war aber von großer Bedeutung und vielfach kaufentscheidend, ob für den selben Preis ein 22-PS-Schlepper oder gar ein 28-PS-Schlepper zu bekommen war. Bei Lanz entschloss man sich für die Doppelangabe 22/28 PS und brachte damit zum Ausdruck, dass zwar die Nennleistung bzw. wirtschaftliche Belastung bei 22 PS lag, eine dauernde Belastbarkeit von 28 PS aber nicht nur möglich war, sondern im Normalbereich lag.

Recht vielseitig war das Zubehör, das je nach Verwendungszweck für alle Ausführungen zur Wahl stand, hauptsächlich aber bei den überwiegend im Verkehr eingesetzten Bulldogs mitgekauft wurde. Beispielsweise gab es das Allwetterverdeck, ein mit Segeltuch bespanntes Dach, das dem Fahrer Schutz vor Sonne und Regen gab. Ferner stand ein Lufthorn sowie eine Karbid- oder Petroleumbeleuchtung zur Verfügung, damit auch des Nachts gefahren werden konnte. Dann gab es einmal den Wasserwagen und den Betriebsstoffwagen, gleichermaßen für Acker und Straße gedacht, denn damit konnten beim Wasserwagen bis zu 200 Liter Wasser samt einer großen Menge Werk-

Wettbewerbsgründe waren es, die die Firma Lanz zur Angabe der Dauerleistung bewogen. Hier eine Ackerschlepper-Werbung aus dem Februar 1929.

Rechts: Einen beträchtlichen Fortschritt stellte die elektrische Beleuchtung landwirtschaftlicher Schlepper dar. Beim Bulldog konnte mit der elektrischen Ausrüstung zusätzlich eine Zündkerze betrieben werden, was eine sofortige Startbereitschaft bedeutete.

zeug mitgeführt werden, während der Betriebsstoffwagen zusätzlich noch das Mitführen von 200 Liter Kraftstoff ermöglichte. Hier fiel dann der Werkzeugkasten zugunsten des Kraftstofftanks etwas kleiner aus.

Daneben stand wiederum nach dem Vorbild des 12er-HL-Verkehrsbulldog ein Sandkasten zur Verfügung, und auch den Auspuff gab es in zwei verschiedenen Versionen.

DER MODERNE VERKEHRSBULLDOG

Gerade im Speditionsbetrieb und Handelsbereich mit vielen Be- und Endladepausen häufte sich Kritik, denn die Bulldog-Fahrer ließen während dieser Pausen ihr Gefährt vielfach im Stand weiterlaufen. Sie wollten sich den umständlichen Startvorgang mit Heizlampe und Lenkrad ersparen. Dieses Verhalten aber störte vielfach Mitbewohner und Nachbarn, die wiederum das Abstellen des Motors verlangten.

Bei Lanz entwickelte man gerade für diese Fälle eine Schnellstarteinrichtung, womit der Motor über eine Zündkerze und Leichtöl ähnlich wie bei einem Benzinmotor in Betrieb genommen werden konnte, um dann auf Schweröl umzuschalten. Hier war natürlich der Einbau eines zweiten Kraftstoffbehälters samt Zündkerze und Zündspule notwendig.

Möglich wurde diese Technik mit der zunehmenden Verbreitung elektrischer Ausrüstungen wie Batterie, Lichtmaschine, Zündkerzen und Zündspulen; Bauteile, die von Bosch bezogen wurden. Wenn ein Bulldog dann mit dieser Elektrik ausgerüstet war, verfügte er natürlich auch über eine moderne elektrische Beleuchtung, die unabhängig von Wind und Wetter immer einsatzfähig war und direkt vom Fahrersitz aus betätigt werden konnte. Damit jetzt noch das für viele Fahrer umständlich empfundene Umsteuern des Motors bei Rangierarbeiten wegfallen konnte, gab es bei den in den letzten Jahren gebauten Maschinen auf Wunsch einen Rückwärtsgang, der diese Arbeit weiter erleichterte.

Die Verkehrsbulldogs hatten vielfach ein bewegtes Leben und wurden nicht selten 5 Tage die Woche rund um die Uhr eingesetzt. Das hier gezeigte zwillingsbereifte Exemplar ist unter anderem auch deshalb mit einer elektrischen Beleuchtung ausgerüstet, denn diese für die damalige Zeit moderne Einrichtung erlaubte so auch das Arbeiten in der Dämmerung und bei Nacht.

Glaubt man Erzählungen aus jener Zeit, so standen viele dieser Verkehrsbulldogs vielfach von Montag bis Freitag, ja selbst noch samstags rund um die Uhr im Einsatz. In einem der Anhänger fand sich oftmals eine provisorische Schlafstätte, wo ein zweiter Fahrer etwas Ruhe finden konnte, während der erste Fahrer das Lenkrad übernommen hatte. So soll es Bulldogs gegeben haben, deren Motoren teilweise bis zu 60 oder 70 Stunden liefen, ohne abgestellt zu werden.

Oben: Bei diesem Schwertransport in den ausgehenden 1920er-Jahren kam ein 22/28er-Verkehrsbulldog mit den so genannten Blitzgreifern zum Einsatz.

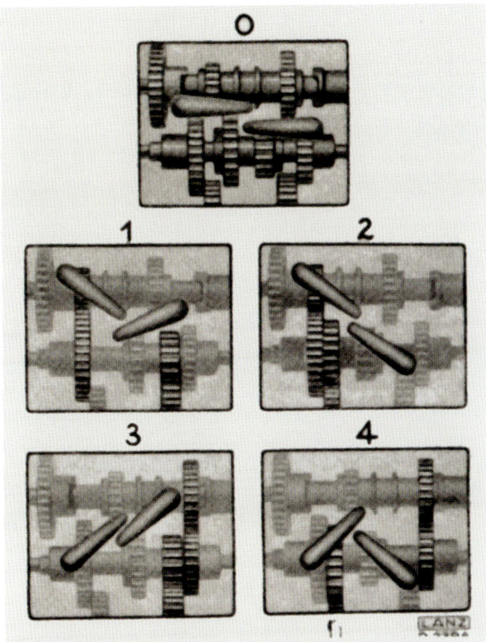

Links mitte: So sah das Schaltschema des neuentwickelten Viergang-getriebes aus, das mit zwei Schalthebeln geschaltet wurde.

Rechts mitte: Der lieferbare Wasserwagen konnte sowohl Wasser als auch Kraftstoff mitführen, was für lange Einsatzzeiten auf weit entlegenen Feldern sehr hilfreich war.

Links unten: Auch an den Komfort des Fahrers wurde gedacht: In dieser Werbung werden die Vorzüge eines bequemen Polstersitzes hervorgehoben.

Lanz Bulldog Typ HR (22/28-PS-Großbulldog)

Leistung / Drehzahl:	22 PS bei 500/min wirtschaftliche Belastung, 28 PS Dauerleistung, 30 PS Höchstleistung
Bohrung x Hub / Hubraum:	225 x 260 mm; 10,3 Liter
Bauzeit:	1926 bis 1929
Stückzahl:	ca. 7200 Stück
Motor:	Liegender Zweitakt-Glühkopf-Niederdruckmotor mit quer zur Fahrtrichtung eingebauter Kurbelwelle, mit Verdampfungskühlung
Bauart:	Viergang-Getriebe, mittels zweier Schalthebel schaltbar, Rückwärtsfahrt möglich durch Umsteuern des Motors
Ausführungen:	Acker-, Verkehrs-, Raupen- und Moorbulldog
Gewicht:	Ackerbulldog ca. 2500 kg; Verkehrsbulldog ca. 3500 kg; Raupenbulldog ca. 4300 kg

Kuppeln und Schalten wie bei einem Automobil

Der Kühlerbulldog

Die Ausfuhrstatistik des Deutschen Reiches brachte es an den Tag: Im Jahre 1928 wurden allein vom Großbulldog mehr Exemplare ausgeführt als von allen übrigen deutschen Schleppern zusammen, und auch der Absatz im eigenen Land machte mehr als die Hälfte der Zulassungsstatistik aus. In Paris beispielsweise nannte man ihn den „Traktor der Zukunft", seine Vorzüge hatte man neidlos anerkannt, und selbst der heimischen Konkurrenz wurde er deutlich vorgezogen.

Nun wäre es damals unmöglich gewesen, diese mehreren tausend Bulldogs in gleichbleibender Leistungsfähigkeit und Qualität zu fertigen, hätten nicht die neuzeitlichen Arbeitsmethoden und das Fließband zur Verfügung gestanden. Nur damit war es Lanz möglich, eine derartige marktbeherrschende Stellung zu erreichen. Doch nichts kann schädlicher sein, als sich auf dem Erfolg auszuruhen. Dies wusste der rührige und tüftelige Erfinder Dr. Huber sehr genau, und ihm war nichts wichtiger, als sein Lebenswerk ständig zu verbessern und zu erneuern. So war es Lanz möglich, bereits im Sommer 1929 die nächste große Neuheit vorzustellen: den 15/30 Kühlerbulldog der Baureihe HR 5.

Sommer 1929: Der Kühlerbulldog in Ackerausführung wird vorgestellt.

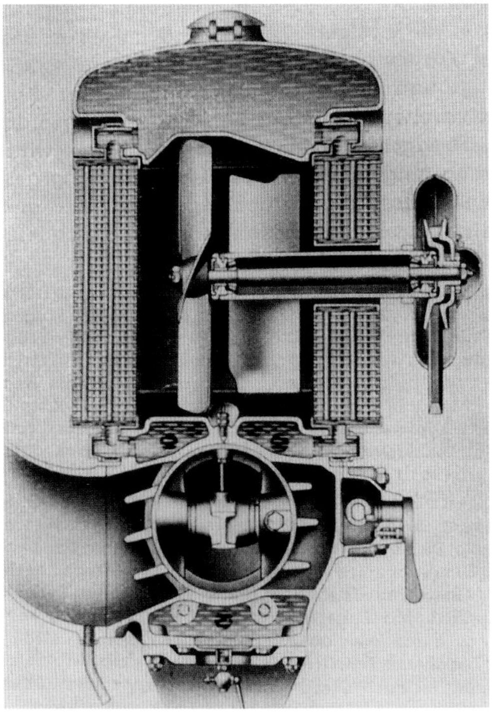

So war der Kühleraufbau angelegt: oben der Wasserkasten, rechts und links die Kühlelemente, dazwischen der Ventilator, und unten die Wasserkanäle im Zylinder.

Schon der Name drückt es aus: Der neue Bulldog hatte einen Kühler bekommen. Ausschlaggebend für diese Entwicklung war unter anderem die Tatsache, dass inzwischen mehrere Serien der Verdampferbulldogs auch in den heißen Gebieten Afrikas ihren Dienst verrichteten. Allerdings zeigte sich hier der Wasserverbrauch unter voller Belastung mit bis zu vier Litern pro Stunde als viel zu hoch für dieses kostbare Nass. Ein Umstand, der in diesen extremen Klimaregionen zum Ausfall einer Maschine führen konnte.

Die neue Kühlung nannte sich Thermosiphon-Kühlung und stellte eine Zwischenlösung zwischen der Verdampfungskühlung und der Druckumwälzkühlung dar. Ihr großer Vorteil lag darin, dass sie gänzlich ohne Wasserpumpe und in einem geschlossenen, aber nahezu drucklosen Behälter verlustfrei funktionierte. Sie regelte sich selbsttätig über das Kälte-Wärme-Gefälle und passte sich damit der entstehenden Wärme, das heißt, der Belastung des Motors an. Einziger Unterschied zum Verdampferkühler: Hier wurden anstelle des voluminösen Gussbehälters mehrere Einzelkühlelemente und ein Lüfterflügel benötigt.

Neu war auch das Getriebe, das wiederum Endgeschwindigkeiten von 8 und 15 km/h ermöglichte, aber nun mit nur noch drei Übersetzungen auskam und auch nur noch über einen Schalthebel verfügte. Dafür war serienmäßig ein Rückwärtsgang vorhanden und natürlich eine Fußkupplung, eine so genannte Scherenkupplung. Sie war über zwei Pedale zu bedienen und ermöglichte zusammen mit dem Schalthebel ein automobilmäßiges Kuppeln und Schalten. So versprach es die Werbung und in der Tat: Die Bulldogs der 15/30er-Generation ließen sich angenehm und während der Fahrt schalten.

Der Motor wurde vom Großbulldog übernommen, alle Motordaten waren im Wesentlichen identisch, lediglich die Motordrehzahl wurde von 500 auf 540/min erhöht. Das Starten, das im Normalfall nach wie vor ein Vorwärmen des Glühkopfs voraussetzte, war – wie beim Vorgänger – vor allem im Speditionsbereich nicht unbedingt erwünscht. Die Konkurrenz war hier besser, denn Benzintraktoren und auch die wenigen, inzwischen am Markt befindlichen Dieseltraktoren waren ohne Heizlampe startklar. Ein Umstand, der von manchen Konkurrenten sehr aktiv als Vorteil gegenüber dem Bulldog beworben wurde. Dabei hatte man längst vergessen, dass die aus der Dampfmaschinentechnik entstandene Bulldog-Technik die Vorheizzeit von rund einer Stunde auf unter 10 Minuten reduzierte und damit eine sensationelle Verbesserung darstellte. Trotzdem war man bei Lanz auch hier gefordert, die Startvorbereitungen weiter zu optimieren. Und so wurde bei der 15/30er-Generation die aus den letzten Verdampfer-Bulldogs bekannte und nur gegen Aufpreis lieferbare Benzinstarteinrichtung, auch Anlasszündung genannt, angeboten. Lediglich der eigentliche Startvorgang war noch immer von Hand mittels Lenkrad durchzuführen.

Außerdem war wiederum eine Elektrik mitsamt einer Batterie als Stromquelle an den Bulldogs zu finden. Eine hervorragende Möglichkeit, die Elektrik im Bedarfsfall für

Neu war die Fußkupplung in einer Ausführung als Scherenkupplung. Hier zu sehen der Kupplungshebel (links) und darüber die Fußbremse. Wurde der Fußbremshebel niedergedrückt, so ging auch der Kupplungshebel nach unten und kuppelte aus.

Ein Verkehrsbulldog mit Anlasszündung und elektrischer Beleuchtung.

gesteigerte Bedürfnisse zu erweitern. Also waren auch hier eine elektrische Beleuchtung, ein schwenkbarer Arbeitsscheinwerfer und Winker als Richtungsanzeiger im Lieferprogramm aufgeführt.

DER GEHEIME VORGÄNGER

Die ersten Bulldogs dieser modernen Bauweise fertigte man ab Mitte 1928, parallel zu den Verdampfer-Großbulldogs, die als Basis für diese Versuchsfahrzeuge dienten. Dabei wurde besonders Wert darauf gelegt, dass keine Informationen nach außen drangen. So erfolgte auch die Auslieferung der ersten 50 Fahrzeuge mit dem neuen Kühlersystem nach Afrika in aller Stille. Man wollte einfach zunächst Erfahrungen mit der neuen Kühlart beim Einsatz in den besonders heißen Regionen dieses Kontinents sammeln, bevor die breite Öffentlichkeit von den technischen Neuerungen erfuhr. Die Fälle von Überhitzung bei den ersten Verdampfer-Bulldogs waren nämlich noch nicht vergessen. Und die Benzinzugmaschinen, die über Jahre gebaut wurden, verfügten allesamt über ein geschlossenes, unter Druck stehendes Kühlsystem mit Umwälzpumpe.

Mit der Umstellung von der Verdampfungskühlung auf die Thermosiphonkühlung ließ sich der Kühlwasservorrat von ca. 135 auf 60 Liter reduzieren.

Jedoch verwendete man nicht wie damals allgemein üblich einen Frontkühler, sondern Einzelkühlelemente, die seitlich jeweils rechts und links angeschraubt waren. Diese Bauweise resultierte aus Erfahrungen im Ersten Weltkrieg, wo viele Fahrzeuge nach einem Beschuss mit Treffer im Kühler liegen blieben. Bei Einzelelementen hingegen konnte das beschädigte Element einfach abgeschraubt, die Bohrungen mit einem simplen Holzstück, einem abgesägten Besenstiel oder einem kleineren Ast verschlossen und weitergefahren werden. Diese Konstruktion wurde über die komplette Bauzeit der HR-Baureihe bis 1962 beibehalten.

Die Vorderseite des Kühlers bildete fortan das gusseiserne Steigrohr, in dessen Innerem das vom Motor erhitzte Wasser zum Wasserkasten hochstieg, während das in den Kühlelementen abgekühlte Wasser wieder in den Zylinder abfloss.

Die Steigrohr-Vorderseite verschloss man mit einer Blechplatte, um bei Bedarf den Innenraum auf Kesselsteinbildung prüfen zu können. Hinter dem Steigrohr, zwischen den Kühlelementen, war der Ventilator platziert.

Im Anschluss an diesen Kühleraufbau folgte der Kraftstofftank, in Form und Aussehen ähnlich dem des Fordson-Traktors. Unterhalb des Tanks war der Luftfilter mit grober Filterung eingebaut, an dessen Unterseite die Ventilklappen montiert waren. Sie verhinderten den Austritt der im Kurbelgehäuse angesaugten Luft beim Zurückgehen des Kolbens.

Im täglichen Betrieb jedoch zeigte sich recht schnell, dass diese Anordnung anfällig war. Beim Betanken beispielsweise sorgte verschütteter Kraftstoff oftmals dafür, dass Staub und Dreck am Luftfilter anhafteten und gerade diese Luftklappen nicht mehr zuverlässig schlossen. Der Bulldog war damit störanfällig geworden – ein nicht akzeptabler Zustand für Dr. Huber und seine Mannschaft.

Diese Erfahrungen führten schließlich zu konstruktiven Änderungen, sodass nur ganze 180 Bulldogs dieser Versuchsserie gefertigt wurden. Sie gingen als die HR 4 Kühlerbulldogs mit 22/28 PS in die Werksgeschichte ein. Die damalige, konsequente Geheimhaltung im Hause Lanz und die Lieferung dieser Maschinen ausschließlich in heiße Regionen außerhalb Europas sorgten dafür, dass diese Bulldogs heute so gut wie nicht mehr bekannt sind. Nur aufgrund intensiver Recherchen des Autors konnten sie überhaupt entdeckt werden.

Der erste Kühlerbulldog, noch mit 22/28 PS, verfügte bereits über das neuentwickelte Dreiganggetriebe mit Rückwärtsgang und Fußkupplung.

SOMMER 1929: DIE GROSSE NEUHEIT

Recht populär und von aufwändiger Werbung begleitet erfolgte deshalb im Sommer 1929 die Einführung des neuen 15/30er-Bulldog – der Kühlerbulldog – mittlerweile die fünfte Entwicklung der HR-Baureihe und als HR 5 geführt. Mit seinem Erscheinen wurde gleichzeitig die Ferti-

Bei diesem Ackerbulldog sind bereits die neuen Vorderräder samt der geänderten Achse zu erkennen. Die Hinterachse ist dagegen mit den moderneren Greiferrädern ausgerüstet.

gung des Verdampfer-Großbulldog – wovon von Mitte 1926 bis Mitte 1929 mehr als 7000 Stück einen Käufer fanden – eingestellt.

Der Aufbau des Kühlers hatte das komplette Aussehen verändert, sodass nur noch vom Kühlerbulldog gesprochen wurde. Im Anschluss an den Wasserkasten nach hinten fand sich nun ein neuer, nahezu würfelförmiger Tank. Der Raum hinter dem Tank über dem Kurbelgehäuse bot nun Platz für den Luftfilter. Hier verwendete man den Luftfilter des Verdampfer-Großbulldog und setzte diesen weit nach oben, damit er bei Pflege- und Wartungsarbeiten nicht mehr beschmutzt werden konnte. Eine kleine Veränderung mit großer Wirkung, denn der Bulldog war damit wieder zuverlässig und betriebssicher.

Eine kleine Revolution im Bulldog-Bau stellten auch das neue, nur noch mittels einem Schalthebel zu bedienende Getriebe mit serienmäßigem Rückwärtsgang und die Fußkupplung dar. Doch damit nicht genug: Auch bei der Einführung der Luftbereifung für Zugmaschinen erwies sich die Firma Lanz in Europa als Förderer und Wegbereiter. Ende der 20er-Jahre war die Kunde aus Amerika gekommen, dass dort luftbereifte Traktoren mit Erfolg im Einsatz sein sollten. Erste Exemplare hatten sogar schon ihren Weg nach Europa gefunden. Als Lanz dann in Österreich einen dieser Traktoren ausfindig machen konnte und bei Nachfragen nur Gutes vernahm, entschloss man sich umgehend, eine Zusammenarbeit mit der Reifenfirma Continental zu suchen. Bald darauf konnte der 15/30er-Bulldog als erster europäischer Schlepper auf Wunsch mit einer hinteren Luftbereifung angeboten werden. Doch dauerte es noch eine geraume Zeit, bis sich die Käufer der Bulldogs, hauptsächlich im bäuerlichen Kreis, mit der neuen Bereifung anfreunden konnten. Allein die Vorstellung, eine Luftbereifung zum Beispiel beim Pflügen mit der Eisenbereifung gleichzusetzen, erzeugte oft heftigen Widerstand.

Ebenfalls eine Neuheit stellte der Einbau zweier unabhängig voneinander wirkender Bremsen dar, die mittels Bremsbändern auf die seitlichen Bremstrommeln der nach außen geführten Getriebewellen wirkten. Die Fußbremse war noch links angeordnet und zwar so, dass bei ihrer Betätigung die Kupplung mit ausgerückt wurde. Dieser Technik war jedoch keine große Zukunft beschieden, sodass bald darauf ohne auszukuppeln gebremst werden konnte. In der laufenden Produktion erfolgte die Umstellung auf die geänderte Version bei den Verkehrsbulldogs ab Schlepper-Nummer 76822, bei den Ackerbulldogs dagegen erst ab Nr. 78244.

Rechts: Schlicht und überschaubar, so präsentierte sich dieser Prospekt für den 15/30-PS-Verkehrsbulldog im Sommer des Jahres 1930.

Ganz Rechts: Die Mechanisierung der Landwirtschaft war in vollem Gange: Ein Ackerbulldog mit aufgeschraubten Laufringen zieht eine Dreschmaschine samt Strohpresse.

Sichtbare Modifikationen gab es vor allem im Frontbereich, dem Wasserkasten und dem Steigrohr, allesamt Bauteile, die man durchaus als das Gesicht des Bulldogs bezeichnen darf. Fand sich beispielsweise auf dem Wasserkasten des HR 4-Bulldog noch der Schriftzug *Lanz*, so wurde diese Lösung nur bei den allerersten HR 5 übernommen. Am Steigrohr hatte man dazu einen relativ kleinen Kontrolldeckel verwendet. Dann folgte eine große, über die Kühlelemente reichende Blechabdeckung mit der Aufschrift *LANZ*, wogegen der Wasserkasten ohne Beschriftung blieb. Anfang der 30er-Jahre zierte man dann den Wasserkasten erstmals mit dem Schriftzug *BULLDOG* in eingerahmter Fassung, während die Lanz-Beschriftung unverändert blieb. Ungefähr 1933 wurde dann dieser Lanz-Schriftzug kleiner ausgeführt und ebenfalls mit einem Rahmen versehen.

Erste Versuche mit einer Luftbereifung fanden im Herbst 1929 im Schwarzwald statt.

Änderungen erfuhr auch die Vorderachse: Hier kam zunächst die vom Verdampfer-Großbulldog übernommene Faustvorderachse mit Nabe zum Einbau, gefolgt von der Faustvorderachse mit Flansch. Eine Weiterentwicklung war die modernere und kostengünstigere Gabelvorderachse, die bei allen Nachfolgemodellen der HR-Baureihe mit geringen Änderungen übernommen wurde. All diese genannten Bauarten kamen in den Verkehrsbulldogs in gefederter Ausführung zum Einsatz.

WIE GEWOHNT: NUR EINEN BULLDOG, ABER FÜR ALLE EINSÄTZE

Auch beim Kühlerbulldog gab es einen Ackerbulldog mit Eisenbereifung und einer Endgeschwindigkeit von ca. 8 km/h. Verschiedene Räder, Greifer und Zusatzringe waren nach wie vor als Zurüstteile erhältlich und ließen sich im Bedarfsfalle selbst montieren. Sogar auf den Halbkettenbulldog mit den Ritscher-Anbauraupen oder den Moorbulldog konnte der Kunde in unveränderter Weise zurückgreifen.

Nach wie vor sehr wichtig war die Riemenscheibe, die bei den Kühlerbulldogs wiederum zur Standardausrüstung zählte. Die Zapfwelle – noch immer nur gegen Aufpreis zu bekommen – wurde bei den Ackerbulldogs immer häufiger verlangt, da sie mehr und mehr an Bedeutung gewann.

Eine weitere Ausführung war der Verkehrsbulldog für den Speditionsbetrieb mit 15 km/h Höchstgeschwindigkeit und optional erhältlichen Sonderausstattungen wie Allwetterverdeck, Elektrobeleuchtung, Sandkasteneinrichtung und der gefederten Vorderachse. Neu im Zubehörprogramm war ein fest aufgebautes Fahrerhaus mit Türen und Fenstern, das wiederum gegen Aufpreis geliefert wurde. Die Elektrik ermöglichte es, das Fahrerhaus mit

Links: Eine Auswahl der verschiedenen Rädertypen, die für den Ackerbulldog zur Verfügung standen: Rübenrad, Sandleistenrad, Sandrad, Moorrad und das Wiesenrad.

Innenleuchte, Begrenzungsleuchten, Winker und einem Scheibenwischer auszustatten.

Besondere Beachtung schenkte man Mischbetrieben, wo neben der Landwirtschaft noch andere Dienstleistungen – beispielsweise in Form einer kleineren Spedition – angeboten wurden. Um sowohl die Bedürfnisse der Landwirtschaftsbetriebe als auch weiterer Einsatzbereiche optimal abzudecken, war eine Dreigangausführung erhältlich, die in der unteren Fahrgeschwindigkeit dem Ackerbulldog, in der großen Fahrgeschwindigkeit aber dem Verkehrsbulldog entsprach. Es waren nur noch die eisenbereiften Antriebsräder gegen eine Elastikbereifung auszutauschen.

Außerdem gab eine weitere Getriebeausführung die Möglichkeit, die Übersetzung durch einfaches Umstecken des Zahnradpaares außerhalb des Getriebegehäuses zu wechseln und damit die Ackerübersetzung in eine Verkehrsübersetzung zu ändern. Eine für damalige Zeit geni-

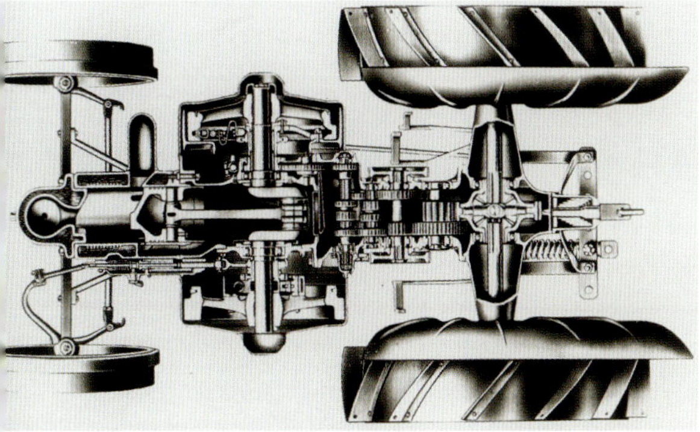

Linke Spalte: Die Bulldog-Technik im Überblick: Deutlich zu erkennen ist die Pedalhebelei der Scherenkupplung und der Fußbremse.

Neben den Muschelkotflügeln wollte Lanz auch Ganzflächen-Radabdeckungen anbieten, doch für das Austauschen der unterschiedlichen Räder war eine solche Bauart eher hinderlich. So blieb es letztendlich bei der Erstellung dieses Prototyps.

Rechte Spalte: Der Verkehrsbulldog hingegen war mit einer Elastikbereifung ausgerüstet. Hier konnten für kurze Geländefahrten zusätzlich Blitzgreifer montiert werden.

Für eine kurzfristige Verbesserung der Traktion, beispielsweise bei Fahrten auf nassem Straßenpflaster, sorgte je ein Sandkasten über den Antriebsrädern, aus dem während der Fahrt das Streugut vor die Räder rieselte.

Das Segeltuchverdeck stand für alle Ausführungen zur Wahl und konnte mit und ohne Seitenteile bestellt werde.

Der „Auspuff-nach-unten“ wurde gerne bei Verkehrsbulldogs verwendet. In der Land- und Forstwirtschaft war diese Version weniger gefragt, denn damit büßte der Bulldog auch gleichzeitig etwas an Bodenfreiheit ein.

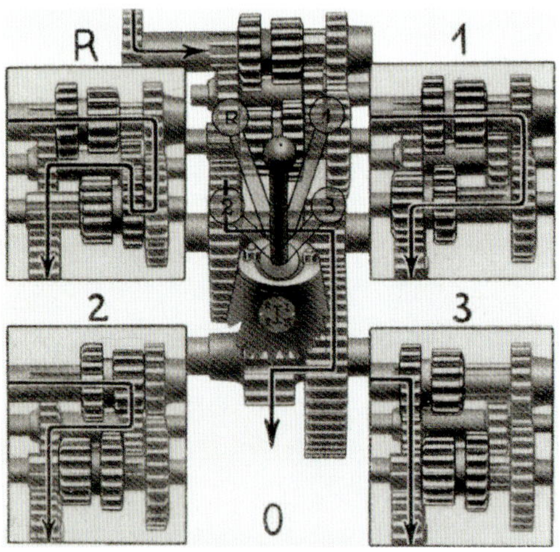

Das Schaltschema der neuen Baureihe war immer dasselbe, lediglich durch die Verwendung von unterschiedlich großen Zahnrädern wurden die Übersetzungsverhältnisse den verschiedenen Bedürfnissen angepasst.

Ein Bild aus alter Zeit: So zog der Lohndrescher von Hof zu Hof und übernahm die Drescharbeiten.

ale und praktische Lösung, um mit nur drei Übersetzungen sechs Geschwindigkeiten zu ermöglichen. Wenn beispielsweise ein beladener Anhänger aus einem Steinbruch gezogen werden musste, so war dies mit der Ackerübersetzung und mit den in den Zwillingsreifen montierten Greifern möglich. Auf der Straße angekommen, waren die Greifer zu versenken, das Zahnradpaar gegeneinander zu vertauschen, und schon konnte es im Fünfzehn-Kilometer-Tempo weitergehen.

MIT 38 PS: DER LEISTUNGSSTARKE BRUDER

Die Nachfrage nach Bulldogs war ungebrochen und hatte sich mit der Einführung des 30 PS starken Kühlerbulldog noch weiter erhöht. Die Tendenz aber ging zu noch leistungsstärkeren Maschinen, die vor allem für den Export vorgesehen waren. Nicht mehr nur die Ostgebiete waren es, sondern Kunden in Frankreich, Spanien, Griechenland, der Türkei und sogar in Australien und Neuseeland bestellten diese Bulldogs. Nur einen Zweischarpflug durch den Acker zu ziehen, wie es noch der Knicklenker-Bulldog vermochte, war auf den großen Höfen und Gütern viel zu wenig. Hier waren je nach Schwere und Beschaffenheit des Bodens bis zu vier Schare gefragt, damit die großen Ackerflächen auch schnell genug bewältigt werden konnten. Und dies schaffte der 15/30er-Bulldog mit seinen 30 PS *Normaler Dauerleistung* nur unter besonders günstigen Voraussetzungen.

In der Motorenversuchswerkstätte bei Lanz hatte man unterdessen festgestellt, dass der 10-Liter-Motor aus dem 15/30er-Bulldog mit wenigen Änderungen auf 630 Touren in der Minute gesteigert werden konnte, ohne dass Überlastungsschäden auftraten. Die normale Dauerleistung aber konnte auf 38 PS gesteigert werden.

Größere Änderungen gab es im Getriebe. Hier war ein etwas größeres Gehäuse notwendig, das mit anderen Zahnrädern bestückt war, als man es vom 15/30er-Bulldog her kannte. Diese Maßnahme war notwendig, um die gesteigerte Leistung des Motors zu übertragen, aber auch, um die Höchstgeschwindigkeit von 8 km/h trotz der höheren Drehzahl und der noch größeren Antriebsräder beibehalten zu können. So entstand ein neues Gehäuse mit einem zirka 100 mm größeren Durchmesser. Auch die Riemenscheibe, deren Durchmesser zwar beibehalten wurde, wies nun eine um 20 mm vergrößerte Breite auf.

Damit war der neue 22/38 PS Ackerbulldog aus der Baureihe HR 6 entstanden. Begegnete man ihm allerdings unterwegs, so war nur ein Kühlerbulldog zu erkennen. Sein äußeres Erscheinungsbild sah ihm zum Verwechseln ähnlich. Allein der Fachmann kann beide Maschinen auseinander halten, wenn nicht gerade ein Blick auf das Typschild Auskunft gibt.

Hier nämlich stand nicht mehr 15/30, sondern 22/38 PS zu lesen. Mit 22 PS wurde wiederum die *Wirtschaftliche Belastung* genannt, doch die *Normale Dauerleistung* betrug 38 PS. Dann gab es noch die *Höchstleistung über eine Stunde*, die beim 15/30er-Bulldog mit 38 PS angegeben und bei dem neuen Modell sogar mit 44 PS in den Werksangaben genannt wurde. Auf manchem Bulldog-Typschild findet man sogar alle Leistungsangaben, und dies liest sich dann so: 22 / 38 / 44 PS.

Die Höchstleistung aber wurde auf die Dauer von einer Stunde beschränkt als Vorsichtsmaßnahme gegen einen zu heißen Glühkopf. Man wollte der dann beginnenden –

Auch im Jahre 1931 blieb die Werbung für den Lanz Bulldog eher spartanisch. So bewarb man den großen Kühlerbulldog mit 22/38 PS auch ohne große Worte oder Erklärungen.

schädlichen – Frühzündung und den damit verbundenen typischen Klopfgeräuschen einfach vorbeugen.

Großen Wert legte man auf die Wirtschaftlichkeit des Schleppers vor allem, wenn nicht immer unter Volllast gearbeitet wurde. Und hierzu gab es den Stufenregler. Er nämlich erlaubte es, über den Handgashebel die Höchstdrehzahl auf 540 oder 630/min einzustellen und damit die Leistung und natürlich den Kraftstoffverbrauch zu regeln.

Gesteigert dagegen wurde die Zugkraft auf dem Acker von bisher 1200 bis 1300 kg beim 15/30er-Bulldog auf jetzt 1300 bis 1400 kg beim 22/38-PS-Bulldog.

FÜR DICKFLÜSSIGE KRAFTSTOFFE: DER TEERÖLBULLDOG

Eine neue länderspezifische Variante in Ackerausführung stellte der 24/40-PS-Teerölbulldog mit im Kühler eingebautem Wärmetauscher, dem Vorwärmer, dar. Dieser Bulldog war mit normalem Kraftstoff warm zu fahren, um dann auf das zähflüssige Teeröl umschalten zu können, das vor der Verbrennung besagten Wärmetauscher passieren musste, um dünnflüssiger zu werden. Sehr wichtig beim Einsatz eines solchen Bulldogs war vor dem Stillsetzen das Umschalten auf den dünnflüssigen Kraftstoff, da sonst bei abkühlendem Motor das Teeröl erstarrte und die Leitungen verstopfte. Aus diesem Umstand resultiert die Erkenntnis, dass diese Bulldog-Typen nur wirtschaftlich waren, wenn sie für viele Stunden ohne abzustellen eingesetzt werden konnten.

Die 24/40-PS-Bulldogs wiederum waren, sieht man von dem zusätzlich eingebauten Schweröltank einmal ab, mit den 22/38-PS-Ackerbulldogs identisch und nur an dem vorn am Steigrohr aufgesetzten Vorwärmer zu erkennen.

Allerdings ist eine gehörige Portion Glück notwendig, will man heute einen dieser Bulldogs zu Gesicht bekommen, sind sie doch die in geringster Stückzahl gebauten Bulldogs der HR-6-Baureihe. Nicht nur recht selten, sondern ein Einzelstück war dagegen der Sonderbulldog für Russland, der Anfang 1930 gebaut und über die Sommermonate in Russland ausgiebigen Tests unterzogen wurde. Im Wettbewerb standen weitere Fabrikate verschiedener Länder mit unterschiedlichen Motoren (Vergaser-, Petrol- und Dieselmotoren), deren Kraftstoffe dem Land nur in begrenzter Menge zur Verfügung stand und deshalb teuer eingeführt werden mussten. Ganz anders der Sonderbulldog, ausgelegt für Ölrückstände, die als Abfallprodukte reichlich zur Verfügung standen. Dr. Huber – den Tests persönlich beiwohnend – hatte deshalb große Hoffnung, den für den Testsieger in Aussicht gestellten Lizenzvertrag für die Firma Lanz abschließen zu können. Doch zum Zuge kam schließlich eine schwere Caterpillar-Raupe und ein leichter Vierzylinder-Schlepper, jeweils mit Vergasermotoren ausgerüstete Maschinen. Eine für Dr. Fritz Huber verständlicherweise nicht nachvollziehbare Entscheidung.

Die Basismaschine für den Russland-Sonderbulldog

Er sollte ein Einzelstück bleiben: der schwerölbetriebene Sonderbulldog HRR für Russland. Trotz einer gelungenen Vorführung und den technischen Vorteilen gegenüber der Konkurrenz, erhielt nicht Lanz, sondern Caterpillar den heißbegehrten Lizenzvertrag.

bildete ein eisenbereifter Ackerbulldog mit 22/38 PS. Er wurde mit einem überaus großen Kraftstofftank ausgerüstet, der – ähnlich dem Verdampfer-Großbulldog – über den kompletten Motorenaufbau reichte. Hier konnten die minderwertigen Ölrückstände eingefüllt werden. Der bisherige Kraftstofftank war in etwas abgeänderter Form ebenfalls noch vorhanden und diente zur Aufnahme von Gasöl oder einem ähnlichen Kraftstoff für die Phase des Warmfahrens.

Zusätzlich war in diesem Tank ein weiterer, kleinerer Tank eingebaut, worin Wasser mitgeführt wurde. War der Motor warmgefahren, gab man die Zuleitung des minderwertigen Kraftstofföls über den Ölvorwärmer frei. Gleichzeitig wurde eine kleine Menge Wasser über eine zweite Einspritzpumpe zudosiert, um damit die Bildung von Ölkohle zu verhindern.

Wichtig auch hier, dass vor dem Abstellen des Motors wieder auf Gasöl umgestellt wurde, da sonst der in kaltem Zustand recht dickflüssige Kraftstoff die Leitungen verstopft hätte.

Da, wie eingangs erwähnt, Lanz den Lizenzvertrag zum Bau dieses Sonderbulldogs für Russland nicht abschließen konnte, blieb er ein Einzelstück. Seine Bezeichnung lautete *HRR* und bedeutete soviel wie: HR-Baureihe Russlandbulldog.

FÜR EILTRANSPORTE: DER ELEGANTE BULLDOG

Ganz anders sah es bei den Verkehrsbulldogs aus, denn für diese Sparte waren die leistungsstärkeren Motoren natürlich auch gebaut. Hier hatte man kräftig investiert, um einen modernen Bulldog zur Durchführung von Eiltransporten mit schweren Lasten anbieten zu können.

Das sichtbarste Merkmal waren die neuen, von den Hinterrädern zu den Vorderrädern durchgehenden und mit Trittbrettern versehenen Kotflügel, die zusammen mit dem nach unten gerichteten Auspuff den Bulldogs ein der damaligen Zeit entsprechendes schickes und modernes, automobilähnliches, ja sogar sportliches Aussehen verliehen.

Die Ausstattungspalette reichte von einer Elastikbereifung bis hin zur einfachen oder Zwillings-Luftbereifung. Ebenfalls konnten die Kunden zwischen einem einfachen Blechsitz, einem gepolsterten Einzelsitz und einer gepolsterten Sitzbank für zwei Personen wählen. Das Werksfoto zeigt ein Fahrzeug mit Zwillingsbereifung, großer Sitzbank und elektrischer Beleuchtung.

Hier war die billigste Ausführung der mit Elastikbereifung, einer elektrischen Lichtanlage und einem einfachen Blechsitz ausgerüstete Bulldog. Die gefederte Vorderachse war bereits im Grundpreis enthalten. Wesentlich mehr Komfort bot da natürlich der gepolsterte Sitz oder gar die gepolsterte Sitzbank für zwei Personen, die ebenfalls zur Auswahl standen. Recht vertrauenserweckend sah die neue Luftbereifung aus, die diese Fahrzeuge nicht nur optisch erheblich aufwertete. Die Hinterachse war sowohl in einzel- als auch in zwillingsbereifter Ausführung zu bestellen und erhöhte in erheblichem Maße die Sicherheit und Transportfähigkeit. Ebenso stand hier ein weiter verbessertes Fahrerhaus in der Zubehörliste. Mit diesem neuen Angebot hatte der potenzielle Käufer die Gelegenheit, eine

Mit dem ebenfalls lieferbaren fest aufgebauten Fahrerhaus und den großen Kotflügeln sah der Bulldog schon fast aus wie ein richtiges Automobil.

BULLDOG
LANZ
AC BL 154H

Der Eilbulldog D 9531 gehörte zur Lanz-Baureihe HR 8, der leistungsmäßig zwischen 1934 und 1936 mit 38 PS Dauerleistung, danach mit 45 PS Höchstleistung klassifiziert wurde. Es war eine sehr starke Maschine, die vor allem bei Transportaufgaben im Nahbereich vielerorts den mittlerweile unrentablen Pferdebetrieb ablöste. Das hier gezeigte Exemplar ist mit einer doppelbereiften Hinterachse ausgerüstet und stammt aus dem Jahr 1935.

(Foto: Udo Paulitz)

Bis in die Zeit des Ersten Weltkriegs reichte der Raupenschlepperbau der Firma Lanz zurück, doch bei den Bulldogs begann man zunächst mit Ansteckraupen der Firma Ritscher. Diese Ansteckraupen wurden bei Bedarf einfach angeschraubt.

nach seinen Vorstellungen und seinen finanziellen Möglichkeiten individuell ausgesuchte Bulldog-Variante zu erwerben.

Als nachteilig bei dieser Variante erwies sich die eingeschränkte Nutzbarkeit der Riemenscheibe, konnte doch der Riemen nur nach oben abgeleitet werden, oder aber der Betreiber war bereit, den vorderen Kotflügel vorher abzumontieren. Ein Aufwand, der nur bei einem äußerst seltenen Gebrauch akzeptiert werden konnte.

Aus diesem Grund stand wie gehabt der einfache Verkehrsbulldog zur Verfügung, so wie es bereits bei den 22/28er- und 15/30er-Typen üblich war: ausgerüstet mit den üblichen Hinterradkotflügeln in Muschelform, einem Getriebe mit einer 15-km/h-Übersetzung, einer gefederten Vorderachse und der elektrischen Beleuchtung. Blitzgreifer, Sandkasten, der Auspuff in der Ausführung nach unten, Verdeck mit Segeltuch und das elektrische Horn – heute würde man Hupe dazu sagen – standen hier auf Wunsch und gegen Aufpreis zur Wahl. Damit bediente man all jene Kunden, denen der Antrieb mit der Riemenscheibe genau so wichtig war wie das Transportieren, beispielsweise des Lohndreschers.

Gebaut wurden die Baureihen HR 5 und HR 6 bis Mitte 1935. In dieser Zeit fanden rund 11.500 Maschinen aller beschriebenen Bauarten und Ausführungen einen Käufer. Der Standardpreis war mit 5350 Mark für die 15/30-PS-Maschinen vermerkt, der 22/38-PS-Bulldog dagegen kostete genau 1000 Mark mehr. Allerdings wären die Verkaufszahlen wesentlich höher ausgefallen, hätte nicht ein weiteres tiefgreifendes Ereignis die Wirtschaft aus der Bahn geworfen. Diesmal war es der Börsencrash 1929 an der New Yorker Börse, der die Weltwirtschaftskrise auslöste. In Deutschland allerdings spürte man die Folgen etwas verzögert erst in den Jahren 1930/31. Nun begann auch hier die Zeit der Massenarbeitslosigkeit, der Kurzarbeit und der Entlassungen. Bei Lanz verließen in dieser Zeit pro Tag etwa vier bis fünf Bulldogs die Fabrik, viele Mitbewerber mussten die Traktorenproduktion sogar gänzlich einstellen, oder wurden vielfach in den Konkurs getrieben.

DER ERSTE VOLLKETTENBULLDOG

Der Bau von Raupenschleppern bei Lanz geht zurück bis in die Jahre des Ersten Weltkriegs. Damals vergab die Regierung Eilaufträge an kompetente Firmen – so unter anderem auch an Lanz – zur Entwicklung von Kettenfahrzeugen, nachdem eine Prüfkommission in den Jahren zuvor die wenigen vorhandenen Kettenfahrzeuge als „unbedeutend für militärische Zwecke" eingestuft hatte.

Mit dem Ende des Krieges jedoch gab es keinerlei Bedarf mehr an diesen Fahrzeugen, sodass sich Lanz danach gänzlich den Radschleppern widmete.

Erst mit dem Bau des Großbulldog wurden Raupenschlepper wieder interessant. Für diese Fahrzeugentwicklung bezog Lanz Ansteckraupen von der Firma Ritscher, einem Spezialisten für Raupenschlepper und Raupenketten, mit dem man schon anlässlich der Regierungsaufträge für Kriegsgerät zusammengearbeitet hatte. Mit der Entwicklung des Vollkettenschleppers nutzte man diese guten Geschäftsbeziehungen in beiderseitigem Interesse. Im Werk bereitete man einen Schlepper auf der Basis des 22/38-PS-Bulldog vor und transportierte ihn 1933, mitten in der Weltwirtschaftskrise, zu Ritscher nach Norddeutschland. Hier wurde ein Kettenlaufwerk mit etwa 90 cm großen Rädern angebaut, um dem Fahrzeug eine große Bodenfreiheit zu geben. Zwischen den Kettenrädern sorgten vier Gleitrollen für einen gleichbleibenden Bodendruck. Um diese großzügige Bodenfreiheit nicht wieder zu unterschreiten, verwendete man hier ausschließlich die nach oben verlaufende Auspuff-Version. Gelenkt wurde über Bremshebel, die auf das kurveninnere Antriebsrad wirkten und die Motorkraft sollte über das Kegelrad-Differenzial abgefangen werden. Obwohl damit das Lenkrad überflüssig geworden war, wurde es dennoch mitgeführt, war es doch für das Anpendeln des Motors notwendig. So fand es seinen Platz unterhalb des Fahrersitzes. Beim Anbau der Ketten hatte man ferner streng darauf geachtet, dass zwischen dem Rumpf und der linken Kette noch genügend Platz für den Riemen vorhanden war.

Die ersten Praxisversuche waren sehr enttäuschend, sodass zunächst keine weiteren Maschinen dieser Bauart entstanden.

Mit der Entwicklung der 22/38-PS-Maschinen wagte sich Lanz wiederum an Vollkettenmaschinen. Auch hier wurde das Fahrwerk von Ritscher bezogen.

Recht niederschmetternd aber zeigten sich die ersten Versuche, denn es konnten keine Kurven gefahren werden, ohne den Motor abzuwürgen. Das Kegeldifferenzial musste abgeändert und durch Lamellenkupplungen ersetzt werden.

Ein Unterfangen, das Monate in Anspruch nahm und eine Serienreife vor Einstellung der HR-6-Baureihe nicht mehr möglich machte.

1933 konnten lediglich vier Raupenbulldogs und im folgenden Jahr nochmals 21 Stück das Werk verlassen, insgesamt also gerade mal 25 Raupenbulldogs, die weitgehend von Hand gefertigt waren. Die gewonnenen Erfahrungen jedoch flossen in die nächste Baureihe ein.

Lanz Bulldog Typ HR 5 (15/30 Kühlerbulldog)

Leistung / Drehzahl:	30 PS bei 540/min
Bohrung x Hub / Hubraum:	225 x 260 mm; 10,3 Liter
Bauzeit:	1929 bis 1935
Stückzahl:	HR 5 und HR 6 zusammen ca. 11.500 Stück
Motor:	Liegender Zweitakt-Glühkopf-Niederdruckmotor mit quer zur Fahrtrichtung eingebauter Kurbelwelle, mit Thermosiphonkühlung
Bauart:	Dreiganggetriebe, erstmals Rückwärtsgang, Zweihebel-Fußkupplung
Ausführungen:	Ackerbulldog eisenbereift oder mit Ansteckraupen; als Verkehrsbulldog elastik- oder luftbereift, auf Wunsch mit großen Kotflügeln und Führerhaus
Gewicht:	Ackerbulldog ca. 2600 kg; Verkehrsbulldog ca. 3400 kg, mit Führerhaus ca. 3650 kg; Raupenbulldog ca. 4400 kg

Lanz Bulldog Typ HR 6 (22/38 Kühlerbulldog, 38-PS-Verkehrsbulldog)

Leistung / Drehzahl:	38 PS bei 630/min
Bohrung x Hub / Hubraum:	225 x 260 mm; 10,3 Liter
Bauzeit:	1930/31 bis 1935
Stückzahl:	HR 5 und HR 6 zusammen ca. 11.500 Stück
Motor:	Liegender Zweitakt-Glühkopf-Niederdruckmotor mit quer zur Fahrtrichtung eingebauter Kurbelwelle, mit Thermosiphonkühlung
Bauart:	Dreiganggetriebe, Rückwärtsgang, Zweihebel-Fußkupplung
Ausführungen:	Ackerbulldog eisenbereift oder mit Ansteckraupen (auf Wunsch mit Teeröleinrichtung), als Vollkettenbulldog, als Verkehrsbulldog elastik- oder luftbereift, einfach oder zwillingsbereift; Blechsitz oder gepolsterte Sitzbank für 2 Personen; mit großen Kotflügeln
Gewicht:	Ackerbulldog ca. 3000 kg; Verkehrsbulldog je nach Ausführung ca. 3500 bis 4500 kg; Vollkettenbulldog ca. 5000 kg

Die Baureihe HR 7 und HR 8

Neue Bulldogs mit 30 und 38 PS

So präsentierte sich die neue Bulldog-Baureihe ab 1935. Dieser wunderschöne im Originalzustand erhaltene 30-PS-Eilbulldog mit Verdeck und Vorderradgewichten steht im Traktor-Museum Vogel.

Die Folgen der Weltwirtschaftskrise wirkten sich natürlich auch auf Deutschland aus. Massenarbeitslosigkeit und die damit verbundene große Not unter der Bevölkerung waren idealer Nährboden für eine neues, diktatorisches Regime. Damit war faktisch das Ende der Weimarer Republik besiegelt. Mit gezielten Arbeitsbeschaffungsmaßnahmen gelang es der nationalsozialistischen Regierung innerhalb nur weniger Jahre, der Bevölkerung wieder Lohn und Brot zu geben, womit die Grundlage einer kalkulierbaren Wirtschaft geschaffen werden konnte. Noch bevor die Mitte der 30er-Jahre erreicht war, herrschte wieder ein regelrechter Aufschwung; den Menschen in Deutschland ging es immer besser. Dies schaffte Vertrauen nicht nur unter der arbeitenden Bevölkerung, sondern genau so bei der Industrie – und selbstverständlich unter den Bauern. Der überwiegende Teil der Deutschen trug deshalb die Maßnahmen der Regierung mit und vermittelte ihr eine immer größere Macht.

Diese Konjunkturbelebung gab auch der Industrie neue Impulse wieder groß zu investieren und setzte eine Entwicklung in Gang, die unter anderem immer mehr Schlepper bauende Firmen hervor brachte und damit für einen regen Wettbewerb sorgte.

Der Benzinmotor als Antrieb konnte sich in Deutschland, ja in ganz Westeuropa mit wenigen Ausnahmen nur noch bei den leistungsschwachen Maschinen unter 10 PS durchsetzen. Der Dieselmotor hingegen – mittlerweile klein, kompakt und betriebssicher – war zum leistungsstarken Konkurrenten des Glühkopfmotors herangereift, unterstützt durch den Ausbau einer immer besser werdenden Infrastruktur. Ein großflächig angelegtes Tankstellennetz und eine gleichbleibende Qualität der Dieselkraftstoffe begünstigten zusätzlich die Verbreitung der Dieseltechnologie.

Doch das große Vertrauen in den Lanz Bulldog war nach wie vor ungebrochen, er war noch immer der mit Abstand meistgekaufte Schlepper, nicht nur auf dem europäischen Festland.

Die technische Grundentwicklung der Bulldogs war bis 1935 weitgehend abgeschlossen, und so konzentrierte man sich in der Konstruktionsabteilung von Lanz bei der Weiterentwicklung des Bulldog-Konzeptes auf die Ausarbeitung von Detailverbesserungen. Besonderes Augenmerk wurde auf den Aufbau einer noch wirtschaftlicheren Fertigung in Verbindung einer weiteren Vereinfachung der einzelnen Bauteile und einer verbesserten Effektivität gelegt. Man wollte sich der Konkurrenz stellen und den Vorteil als Marktführer voll ausschöpfen.

Bereits ab 1934 ging es bei Lanz wieder steil bergauf, und dies hatte neben der wirtschaftlichen und politischen Entwicklung einen weiteren entscheidenden Grund: Ein neuer, ehrgeiziger Mann – der bisherige Leiter der Berliner Verkaufsdirektion Eduard Max Hofweber – übernahm die Verkaufsdirektion und stieg gleichzeitig in den Vorstand auf. Er wollte die Firma reorganisieren und zu einem Konzern ausbauen, wobei sich die einzelnen Werke, die Lanz in den vergangenen Jahren hinzukaufen konnte, auf die Fertigung und Weiterentwicklung von nur noch einem Produkt oder Fertigungszweig konzentrieren sollte, dies aber mit voller Kraft und nach modernsten Gesichtspunkten der Produktionstechnik. In Mannheim beispielsweise sollten nur noch Bulldogs gebaut werden, denn bereits 1930 hatte man eine weitere Baureihe, nämlich den Typ HN 3 entwickelt. Im Jahr 1936 entstand dann die Baureihe HN 5, eine zusätzliche und in der Leistungsklasse nach unten orientierte Modellreihe. Für jede Baureihe sollte ein Fertigungsband eingerichtet werden, wo – nach bisherigem Vorbild – immer nur ein Grundtyp wirtschaftlich hergestellt und dann mit unterschiedlichen Ausrüstungen den jeweiligen Verwendungszwecken angepasst werden konnte.

KOSTENEINSPARUNGEN IM DETAIL

Im Vordergrund stand eine immer billigere Fertigung, die den Bulldog noch wettbewerbsfähiger machen sollte, um einmal der immer größer werdenden Zahl von Konkurrenten entgegen treten konnte, das Hauptziel aber war das Vorantreiben der Motorisierung „im Kampf um die Nahrungsmittelfreiheit des deutschen Volkes", wie es das Reichsministerium für Volksaufklärung und Propaganda in Berlin formulierte.

Dem deutschen Bauern schanzte man die Verantwortung zu, größtmögliche Erträge unter Einsatz effizientester Technik zu erzielen, die mit dem herkömmlichen Gespann nicht mehr erbracht werden konnten. Außerdem sollten die Futteranbauflächen der Zug- und Arbeitstiere frei werden für die Nahrungsmittelproduktion des menschlichen Bedarfs. Eine Aufgabe – zeitlich abgesteckt in einem Vierjahresplan – der die deutschen Bauern nur gerecht werden konnten, wenn die technischen Voraussetzungen durch die Industrie geschaffen wurden.

Bei Lanz erfolgte deshalb eine gründliche Überarbeitung der Bulldogs. Beispielsweise fertigte man das Steigrohr aus nur noch einem Gussstück. Eine Blechplatte zur

Bereits 1934 übernahm Direktor Max Hofweber die Verkaufsdirektion und plante durch umfangreiche Reorganisation aus dem Mannheimer Werk eine reine Schlepperschmiede zu machen.

Neben den Rationalisierungs- und Einsparmaßnahmen auf der Materialseite, war vor allem die Großserienfertigung Grundvoraussetzung für sinkende Verkaufspreise.

Kontrolle der Kesselsteinbildung – heute würde man Kalkablagerung sagen – ersparte man sich, und damit neben der Herstellung des Blechteils auch das Bohren der Schraubenlöcher, das aufwändige Gewindeschneiden, die Schrauben samt Unterlagscheiben und letztlich auch die zeitintensive Montage.

Den Antrieb für den Lüfter samt Regler und Reglerschwungrad legte man auf die Auspuffseite, Kupplung und Riemenscheibe dagegen fanden auf der rechten Seite ihren Platz. Damit konnte der Auspuff direkt am Rumpf nach oben geführt werden, es musste nicht mehr der Riemen dazwischen passen. Da aber die Einspritzpumpe weiterhin auf der rechten Zylinderseite montiert war, wurde der Antrieb hierfür über die Daumenwelle erbracht. Ein vereinfachter Bosch-Öler – zur Schmierung aller wichtigen Motorenteile – wurde von seinem bisherigen Platz ganz entfernt und zwischen dem linken Schwungrad und dem Kurbelgehäuse, direkt unter der Kurbelwelle platziert. Der Antrieb erfolgte nun über einen Schneckentrieb und wurde direkt von der Kurbelwelle abgeleitet. Die Ölversorgung beschränkte sich auf das rechte und linke Hauptlager, das Pleuellager, sowie den Kolben samt Kolbenbolzen. Eine kostengünstige Zahnradpumpe sorgte für den Rücktransport des im Kurbelgehäuse gesammelten Ölvorrates in den Ölbehälter.

Erhebliche Kosteneinsparungen gab es aber auch bei der Fertigung der Kotflügel, die bisher sehr aufwändig hergestellt, nun durch weit billigere Seitenbleche mit leichter Muschelandeutung ersetzt wurden und direkt am Armaturenbrett – einem neu hinzu gekommenen Bauteil – anschlossen. Damit war der Fahrerraum von drei Seiten abgeschlossen und ließ sich von hinten bequem über die Ackerschiene besteigen. Der Boden des Fahrerraums war durch eine einfache, die komplette Fläche bedeckende Riffelblechplatte geschlossen und vermittelte dem Fahrer einen sicheren Tritt selbst mit nassem und schmutzigem Schuhwerk. Hier gab es kein Abrutschen mehr über schräge Flächen, Flansche oder Kanten.

Nach vorne gab es eine Blechabdeckung, die den Raum zwischen dem Armaturenbrett und dem Tank überbrückte. In diesem neu geschaffenen abschließbaren Raum fanden nun die Heizlampe und eine Ölkanne ihren Platz. Bei Bulldogs mit einer elektrischen Ausrüstung fand man hier auch die Batterie, das Bosch-Horn und teilweise sogar die Zündspule und den Sicherungskasten. Der Tank samt dem Wasserkasten war weitgehend unverändert und nur der neuen Bauart angepasst. Sämtliche Modifikationen und Änderungen dienten der Senkung des Verkaufspreises, und dies wurde durch eine für wesentlich höhere Stückzahlen ausgelegte Fertigungsstraße zusätzlich unterstützt. Am Ende dieser Entwicklung präsentierte Lanz zwei neue, formschöne und moderne Nachfolger, die ihre Herkunft trotz der umfangreichen Neuerungen sofort preisgaben. Sie ersetzten die bisherigen Bulldogs mit 30 und 38 PS der Baureihe HR 5 und HR 6.

VORBOTEN EINES KRIEGES?

Die kriegsorientierten Bestrebungen der nationalsozialistischen Reichsregierung in Berlin forderten aber auch Opfer vom Volk und der Industrie. So verfasste man Mitte der 30er-Jahre eine Proklamation zur Rohstoff-Freiheit. Damit wurde insbesondere die Industrie verpflichtet, wertvolle und kostbare Rohstoffe durch billige Massen- oder Ersatzwerkstoffe zu ersetzen. Diese Einschränkungen betrafen vor allem die für die Rüstungsindustrie besonders wichtigen Metalle wie Kupfer, Zinn und Nickel und deren Legierungen wie beispielsweise Messing, das zur Produktion von Geschosshülsen in großen Mengen benötigt wurde.

Am einfachsten waren die teuren Chrom-Nickel-Stähle zu ersetzen, denn schon 1931 waren – damals auf freiwilliger Basis im Rahmen einer allgemeinen Kosteneinsparung – bei Lanz Versuche durchgeführt worden, die billigeren Chrom-Molybdän-Stähle bei vielen Zahnrädern, Wellen und Achsen zu verwenden. Sehr viel schwieriger gestaltete sich der Ersatz für das in großen Mengen bei der Pleuellagerfertigung erforderliche Zinn, das erst nach langwierigen Versuchen durch eine Aluminiumlegierung zu ersetzen war. Große Einsparungen an Kupfer und Zinn waren bei den Kühlerelementen, Kühlermuttern und Ölleitungen zu realisieren, indem nun statt Messing und Kupfer auf den weit billigeren Stahl und Guss zurückgegriffen werden musste. So war es schließlich gelungen, den Verbrauch dieser Buntmetalle von 24 kg auf ganze vier Kilogramm je 10-Liter-Bulldog zu senken.

Qualitative Verbesserungen des Graugusses ermöglichten dünnere Wandstärken, und bessere Schweißtechniken erlaubten dünnwandigere Stahlteile, vor allem aber dünnere Bleche zu verarbeiten.

DIE D-NUMMER IM VORDERGRUND

Mit größer werdender Modellpalette sah man sich bei Lanz veranlasst, die Typenbezeichnung zu vereinfachen. Stand das ursprüngliche Kürzel *HL* des ersten Bulldog noch für *Heinrich Lanz*, so ging man schnell dazu über, komplette Namen zu vergeben – wie *Eisenbulldog, Doppelbulldog, Peter* oder *Mops* –, deren Begriffe gleichzeitig als Telegrammworte dienten. Mit dem Bau des Verdampfer-Großbulldog gründete man die HR-Baureihe. Diese Bezeichnung, in der das „H“ für den Bulldog-Schöpfer Dr.

Fritz Huber stand, wurde für alle nachfolgenden Bulldogs mit 10-Liter-Motor und selbst deren Nachfolger noch beibehalten. Dennoch standen Begriffe wie *Großbulldog*, *Kühlerbulldog* oder *Teerölbulldog* im Vordergrund und kennzeichneten die jeweiligen Modelle.

Dies sollte sich allerdings ab 1935 ändern, als mit Vorstellung der neuen Bulldogs die D-Nummern eingeführt wurden. Allerdings waren diese D-Nummern nicht ganz neu, existierten sie doch schon, seit bei Lanz der Motorenbau gegründet wurde.

Der Motorenbau war 1911 als vierter Fertigungsbereich hinzugekommen und deshalb mit dem vierten Buchstaben unseres Alphabets – dem „D" – gekennzeichnet worden.

Begonnen wurde einst mit dem Bereich A, dem Fertigungsbereich kleiner landwirtschaftlicher Maschinen. Dazu zählten auch Dreschmaschinen, deren Antrieb per Hand oder über einen Göpel – also mittels Muskelkraft von Tier oder Mensch – erfolgte. Dann gab es den Lokomobilbau, gekennzeichnet als der Fertigungsbereich B. Im Fertigungsbereich C hingegen wurden alle größeren Dreschmaschinen produziert, deren Antrieb über eine Lokomobile, einen Elektro- oder Verbrennungsmotor erfolgte. Deshalb waren alle Bauteile wie Ersatzteile aus diesem Bereich mit einem „C" vor der Teilenummer gekennzeichnet. Der Fertigungsbereich D – der Motorenbau – in seiner ursprünglichen Form war jedoch 1935 nicht mehr vorhanden, denn alle Zugmaschinen und Verbrennungsmotoren waren teilweise im Ersten Weltkrieg, spätestens jedoch bei der Umstrukturierung 1925 dem Rotstift zum Opfer gefallen. So hatte man doch den Bulldog-Bau samt den Glühkopfmotoren im Fertigungsbereich D weitergeführt. Aus diesem Grund findet sich vor jeder Typenbezeichnung besagtes „D", das bei den später gebauten Bulldogs selbst auf dem Typschild übernommen wurde. Falsch ist dagegen die weit verbreitete Meinung, dieses „D" stehe für den Dieselmotor, ausgehend von der Tatsache, dass die Bulldogs mit ihren Glühkopfmotoren in heutiger Zeit hauptsächlich mit Dieselkraftstoff betrieben werden.

Die D-Nummern setzten sich neben dem „D" noch aus vier Zahlen zusammen, wobei die ersten beiden Zahlen die Leistungsklasse – allerdings in verschlüsselter Form – nannten, während die letzten beiden Ziffern Auskunft über die Ausführung bzw. den Lieferumfang gaben. So wurde der 30-PS-Bulldog in der HR-Baureihe als HR 7 geführt, unter der Bezeichnung Bulldog D 85**. Ähnlich der Bulldog mit 38 PS. Er wurde in der HR-Baureihe als HR 8 geführt und hieß nun Bulldog D 95**. Die Leistungen von 30 und 38 PS hatte man in unveränderter Weise übernommen und als *Normale Dauerleistung* weitergeführt. Dies ergab sich aus den ebenfalls unverändert übernommenen Motorendaten: Zylinderdurchmesser 225 mm, Kolbenhub 260 mm, Drehzahl 540/min bzw. 630/min.

AB 1935: DAS NEUE LIEFERPROGRAMM

Zunächst stand der D 8500 bzw. D 9500 als eisenbereifter Ackerbulldog mit Dreiganggetriebe zur Wahl, der mit aufgeschraubten Laufringen eine Höchstgeschwindigkeit von ca. 8 km/h ereichte. Seine Bedienung erfolgte über Handgas- und Handbremshebel, eine Fußbedienung gab es nicht. Er wurde mittels Heizlampe und Lenkrad gestartet und verfügte über kein weiteres Zubehör. Allerdings ließ sich hier eine Luftbereifung montieren, die ein wesentlich bequemeres Fahren erlaubte, ohne jedoch die Geschwindigkeiten zu verändern.

Wollte der Kunde diesen Bulldog mit einer elektrischen Lichtanlage samt einer Anlasszündung ausgerüstet wissen, so hatte er einen D 8501 bzw. D 9501 zu bestellen. Natürlich ging es auch ohne Anlasszündung, aber mit der elektrischen Beleuchtung, denn hierfür stand die Bestellnummer D 8502 bzw. D 9502.

Der moderne Ackerluftbulldog – wie der Name vermuten lässt, mit einer Luftbereifung ausgerüstet – stand mit der Nummer D 8606 bzw. D 9606 in der Bestellliste. Er war serienmäßig mit der Bereifung 7.00-20 vorne und 12.75-28 hinten ausgerüstet, verfügte über eine gefederte Vorderachse samt Fußgas und Fußbremse, die zusätzlich zu den Handhebeln vorhanden waren. Serienmäßig vorhanden war auch die elektrische Beleuchtung samt der Anlasszündung. Der besondere Unterschied jedoch lag im Getriebe, ein Dreiganggetriebe mit Vorgelege, dass über zwei Schalthebel geschaltet wurde und sechs verschiedene Fahrgeschwindigkeiten ermöglichte. Sie waren unterteilt in die Ackergruppe und die Straßengruppe. Die höchste Fahrgeschwindigkeit, die hier erreicht werden konnte, lag bei ca. 15 km/h.

Selbstverständlich ging es nach dem Vorbild der Ackerausführung auch ohne elektrische Anlasszündung; der weitere Lieferumfang blieb unverändert. Hier lautete die dazugehörige Bestellnummer D 8507 bzw. D 9507.

Für eine kombinierte Ausführung für Transporte und die Benutzung der Riemenscheibe stand der Kombibulldog – vielerorts auch Dreschbulldog genannt. Er war wahlweise mit einer Luftbereifung der Größe 30x5 vorne und 42x9 hinten oder einer Elastikbereifung der Größe 770x120 vorne und hinten 1060x150 – hier zwillingsbereift – samt gefederter Vorderachse, Hand- und Fußbremse, Hand- und Fußgas und dem Sechsganggetriebe zu bekommen. Ferner zählte die elektrische Lichtanlage

Die neue Bulldog-Baureihe mit 30 und 38 PS reichte vom eisenbereiften Ackerbulldog über den Ackerluftbulldog bis hin zum Kombibulldog in elastik- und luftbereifter Ausführung.

und die Anlasszündung ebenfalls zur serienmäßigen Ausrüstung.

Als Sonderausstattung standen für das Modell mit Luftbereifung eine Druckluftbremsanlage oder bei der Ausführung mit Elastikbereifung die Blitzgreifer zur Verfügung. Diese Versionen waren unter der Bestellnummer D 8511 bzw. D 9511 erhältlich. Sollte jedoch die Anlasszündung wiederum nicht eingebaut werden, lautete die Typbezeichnung D 8512; ein D 9512 existierte dagegen nicht. Das bedeutet, dass beim 38-PS-Kombibulldog die Anlasszündung immer vorhanden war. Wenn dann zusätzlich noch eine fest angebaute Seilwinde gewünscht wurde, musste die Bezeichnung D 8518 bzw. D 9518 angegeben werden.

Eine Ausführung der besonderen Art gab es unter der Nummer D 9521: den 38-PS-Verkehrsbulldog mit Luftbereifung der Größe 30x5 und 42x9, gefederter Vorderachse, Sechsganggetriebe bis 20 km/h und der elektrischen Lichtanlage samt Anlasszündung. Die Besonderheiten waren hier die großen Kotflügel, der nach unten gerichtete Auspuff und eine gepolsterte Sitzbank für zwei Personen. Im Lieferumfang enthalten war auch noch die verstellbare Anhängevorrichtung. Dieser Bulldog wurde auch mit einer Elastikbereifung geliefert, ohne dass sich dann aber die D-Nummer geändert hätte.

Links: Wie schon bei der HR 6-Baureihe begonnen, konnten Eilbulldogs neben dem üblichen Bulldog-Verdeck wahlweise in offener Bauweise oder mit einem fest aufgebauten Fahrerhaus bezogen werden.

Rechts: Die Seilwinde war ein sehr universell einsetzbares Zubehörteil. Sie erfreute sich besonders in einer Zeit, als noch keine hydraulischen Systeme angeboten wurden, einer großen Beliebtheit.

Links mitte: Der neue Eilbulldog: Mit seinem festen Führerhausaufbau erinnerte er mehr an ein Automobil als an ein Nutzfahrzeug.

Sollte der Bulldog D 9521 mit einer Seilwinde geliefert werden, so war die Bestellnummer D 9528 zu verwenden, oder wurde gar ein fest aufgebautes Fahrerhaus gewünscht – das aber nur in Kombination mit der Luftbereifung ausgeliefert wurde – so stand auf dem Bestellformular die Nummer D 9529.

Die umfangreichste und auch teuerste Ausführung war der Eilbulldog, wieder in beiden Leistungsklassen lieferbar unter der Nummer D 8531 bzw. 9531. Der Lieferumfang war gleich mit dem des Verkehrsbulldog, nur dass das Getriebe für eine Höchstgeschwindigkeit von 22 km/h beim 30-PS-Bulldog und 25 km/h beim 38-PS-Bulldog ausgelegt war, und dass hier zusätzlich noch eine Druckluftbremsanlage eingebaut werden konnte.

Wurde anstelle des D 8531 bzw. des D 9531 das Modell D 8538 bzw. D 9538 geordert, so war wiederum eine Seilwinde angebaut, und die Bezeichnungen D 8539 und D 9539 gaben an, dass das fest aufgebaute Fahrerhaus im Lieferumfang enthalten war.

Wie schon bei den Bulldogs vom Typ HR 6 konnte der Händler neben den genannten Ausführungen der neuen Baureihe wiederum einen reinen Teerölbulldog anbieten. Er war unter der selben Bezeichnung wie der 38-PS-Ackerbulldog – D 9500 – erhältlich. Die Ausweisung einer gesonderten D-Nummer für diese Version lohnte aufgrund der doch recht bescheidenen Nachfrage nicht. Zu-

Getreideernte in der Zeit um 1936: Ein Lanz Schwerölbulldog zieht einen Lanz-Bindemäher.

Rechts: Mit Erscheinen der neuen Baureihe konnte auch auf diese Kotflügel-Kombination zurückgegriffen werden.

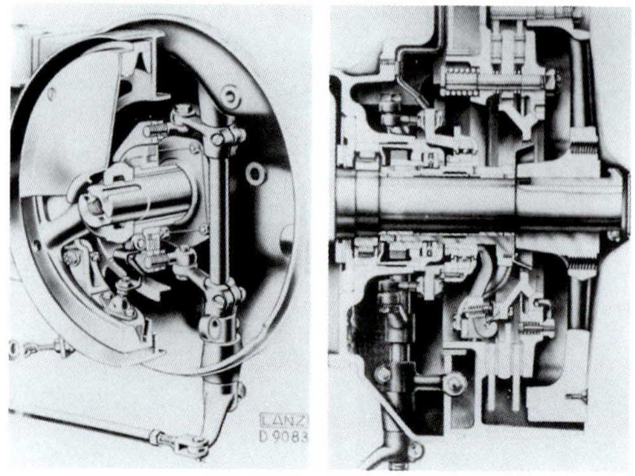

Ganz rechts: Mit der Leistungssteigerung auf 45 PS war neben der Verstärkung verschiedener Motorenteile der Bau einer neuen Kupplung notwendig: hier im Vergleich die Backenkupplung und die neue Scheibenkupplung.

dem erfolgte eine Lieferung dieser Maschinen hauptsächlich ins Ausland. Zu diesem Zweck verfügten die Modelle dann zusätzlich über länderspezifische Ausrüstungen. In Deutschland wurde er offiziell nur in der eisenbereiften Ackerausführung mit Dreiganggetriebe und Handbedienung bei Gas und Bremse angeboten. Allerdings verfügte er über eine *Normale Dauerleistung* von 40 PS.

Trotz der breiten Modellpalette erfüllte Lanz aber auch spezielle Kundenwünsche, sodass nicht selten einzelne, deutlich von den normalen Ausstattungsvarianten abweichende Maschinen gefertigt wurden.

MIT NUR EINEM ZYLINDER: LEISTUNGSSTEIGERUNG AUF 45 PS

Anfang des Jahres 1936 war es gelungen, trotz fehlender oder eingeschränkt zur Verfügung stehender Rohstoffe eine Drehzahlerhöhung des HR-8-Motors von bisher 630 auf 750 Umdrehungen in der Minute bei gleichbleibender Lebensdauer zu vollziehen. Notwendig war allerdings der Einbau einer verstärkten Kurbelwelle, die diese Kraft auch übertragen konnte. Gleiches galt für die Kupplung und den Regler, denn bisher hatte man noch immer die für die 30- und 38-PS-Bulldogs entwickelte Backenkupplung und den für den leistungsstärkeren Bulldog entwickelten Stufenregler verwendet. Hier aber war eine weitere Verwendung dieser Baugruppen nicht mehr möglich. Also wurde ein neuer Regler mit unterschiedlichen Federn für Leerlauf und Last gebaut und der neuen Drehzahl angepasst. Die Kupplung war eine völlige Neuentwicklung in der Bauart einer Scheibenkupplung – später auch die *große Scheibenkupplung* genannt –, die diese Leistung ohne Verlust übertragen konnte.

Äußerlich waren die Bulldogs gleich geblieben, sodass der Leistungsunterschied zunächst nur auf dem Typschild erkennbar war. Vielleicht war das auch mit der Grund dafür, den leistungsstärkeren Bulldog ohne Rücksicht auf die Änderungen der Motorenteile ebenfalls in der Baureihe HR 8 zu führen. Die Bestellnummer allerdings war in D 15** abgeändert und kennzeichnete fortan diese nach oben erweiterte Leistungsklasse. Dies galt auch für die unterschiedlichen Ausführungen wie Acker- oder Ackerluftbulldog und den Lieferumfang, hier wurde alles gleich

Bulldogs mit der Leistungsangabe „Normale Dauerleistung"

HR 7 30 PS	HR 8 38 PS	HR 8 45 PS	Baureihe – Ausführung – Lieferumfang
D 8500	D 9500	D 9500	Ackerbulldog (Dreiganggetriebe)
D 8501	D 9501	D 9501	Ackerbulldog mit elektr. Ausrüstung und Anlasszündung
D 8502	D 9502	D 9502	Ackerbulldog mit elektr. Ausrüstung
D 8506	D 9506	D 9506	Ackerluftbulldog (Sechsganggetriebe)
D 8507	D 9507	D 9507	Ackerluftbulldog ohne Anlasszündung
D 8511	D 9511		Kombi-Verkehrsbulldog in einfacher Ausführung
D 8512			Kombi-Verkehrsbulldog ohne Anlasszündung
D 8518	D 9518		Kombi-Verkehrsbulldog mit Seilwinde
	D 9521		Verkehrsbulldog in automobilmäßiger Ausführung
	D 9528		Verkehrsbulldog wie zuvor, mit Seilwinde
	D 9529		Verkehrsbulldog wie zuvor, mit Luftbereifung und Seilwinde
D 8531	D 9531		Eilbulldog
D 8538	D 9538		Eilbulldog mit Seilwinde
D 8539	D 9539		Eilbulldog mit fest aufgebautem Fahrerhaus

Rechts: Neben den bisher genannten Leistungen gab es auch länderspezifische Varianten mit abweichenden Daten, die meist über eine Drehzahländerung erreicht werden konnten.

gehandhabt, wie beim 38-PS-Bulldog. So jedenfalls die Planungen!

Doch Änderungen in der Leistungsangabe nur wenige Monate nach dem Erscheinen des 45-PS-Bulldog – teilweise in speziellen länderspezifischen Varianten auch mit 44 PS als Modell P geliefert – hatten zur Folge, dass nur sehr wenige dieser Maschinen, hauptsächlich in der Ausführung als Acker- und Ackerluftbulldog, zur Auslieferung gelangten.

DIE NEUEN LEISTUNGSANGABEN

Die wesentlichste und auch einschneidendste Änderung war die Umstellung der Leistungsangaben im Zeitraum weniger Monate, die zunächst ohne technische Änderungen blieb und nur aus kaufmännischer Sicht notwendig war. Noch aus dem Dampfmaschinenbau stammend, hatte man damals bei einer Maschine immer die Nennleistung zusammen mit der Dauerleistung und der Höchstleistung als Dreifachbezeichnung angegeben. So beispielsweise wurde die Leistungsangabe der Zuglokomobile Colombo der Baureihe D aus der Zeit um den Ersten Weltkrieg wie folgt genannt: Normalleistung 45 PS, Dauerleistung 55 PS, Höchstleistung 70 PS.

Beim Bulldogbau wurde auf die Angabe der Höchstleistung bis jetzt verzichtet. *Nennleistung* (wirtschaftliche Belastung) und *Dauerleistung* (dauernde Belastbarkeit) erschienen zunächst als Doppelbezeichnung, beispielsweise beim Kühlerbulldog mit der Angabe 15/30 PS. Ab den HR-7- und HR-8-Maschinen wurde nur noch die *Normale Dauerleistung* angegeben. Die Höchstleistung wiederum konnte meist nur der Fachliteratur entnommen werden. Daraus ergaben sich sehr große Überbelastungen, oft bis zu 40 %, ohne dass die Maschinen auch bei längerem Betrieb Schaden genommen hätten. Mit dieser Vorgehensweise konnte man bei Leistungsvergleichen mit gleichstarken Wettbewerbern oft viele Konkurrenten übertrumpfen; sehr viele Aufträge ließen sich so gewinnen.

Seit Mitte 1936 jedoch war diese Praxis aufgrund des Preis-Leistungsverhältnisses gegenüber der Konkurrenz nicht mehr tragbar und neu zu überdenken, denn aufgrund der gestiegenen Mitbewerberzahl wurde der Wettbewerb immer härter. Lanz war gezwungen, nun die volle Leistungsfähigkeit sowohl auf dem Typschild als auch in der Verkaufsliteratur und den Werbeprospekten offen zu nennen. Die Umstellung erfolgte im Mai 1937. Obwohl für den Kunden dieses Vorgehen zunächst nicht sichtbar war, war es gerade bei Vergleichen oftmals von kaufentscheidender Bedeutung, ob beispielsweise für 6800 Reichsmark ein 30 PS starker Ackerluftbulldog oder ob derselbe Ackerluft-Bulldog mit 35 PS geliefert wurde.

Die zusätzliche Angabe der *Höchstleistung über eine Stunde*, wie sie auf Prospekten oder in einschlägiger Fachliteratur, nicht aber auf dem Typenschild zu finden war, wurde deshalb gewählt, da bei Glühkopfmotoren nach längerer starker Belastung infolge Überhitzung des Zündsackes eine Frühzündung eintreten konnte und diese sich leistungsmindernd auswirkte.

Lanz konnte damit ein neues, leistungsstärkeres Schlepperprogramm am Markt positionieren, das sich in der HR-Baureihe folgendermaßen zusammen setzte:

Baureihe HR 7, Bestellnummer D 85, bisher 30 PS, jetzt 35 PS**

Baureihe HR 8, Bestellnummer D 95, bisher 38 PS, jetzt 45 PS**

Baureihe HR 8, Bestellnummer D 15, bisher 45 PS, jetzt 55 PS**

Sichtbare Änderungen an den Bulldogs erfolgten dagegen zur Mitte des Jahres 1937, die aber nur zum Teil mit einer Kosteneinsparung zu erklären sind.

BULLDOG IN ALLER MUNDE

Noch aus der Zeit der Kühlerbulldogs stammte die Beschriftung *Bulldog* und *Lanz*; *Bulldog* auf dem Wasserkasten und *Lanz* auf dem Steigrohr. Damit sollte eigentlich zum Ausdruck kommen, dass es sich bei diesen Maschi-

So präsentierte sich das neue Bulldog-Gesicht ab der zweiten Jahreshälfte 1937.

Mit der Leistungsumstellung gab es für denselben Kaufpreis statt 30 PS nun den 35-PS-Bulldog. Als Beispiel hierfür steht dieser mit Schnellgreifern und Vorderradgewichten ausgerüstete Ackerluftbulldog aus dem Traktor-Museum Vogel. Das in Paderborn beheimatete Traktor-Museum zeigt auf über 3000 m² über 120 historische Traktoren so bedeutender Hersteller wie Lanz, Hanomag, Deutz, MAN, Eicher und Schlüter. Aber die Sammlung Oskar Vogel widmet sich nicht nur der Entwicklungsgeschichte der Traktoren, sondern dokumentiert auch auf beeindruckende Weise die Entstehung des Landhandwerks.

LANZ
BULLDOG

Obwohl mit dem Ausbau der Infrastruktur vor den Kriegsjahren die Ackerluftbulldogs die Überhand gewannen, so waren die Ackerbulldogs nach wie vor im Angebot, was die Werbung aus dem Jahr 1941 belegt.

nen jeweils um einen Bulldog aus dem Hause Lanz handelte. Mittlerweile jedoch waren die Begriffe so fest im Sprachgebrauch verwurzelt, dass landauf, landab vom Lanz Bulldog und letztlich nur noch vom Bulldog gesprochen wurde. Dieses Phänomen setzte sich besonders im süddeutschen Raum durch, wo die Menschen für alle Schlepper jeglicher Marke nur noch das Wort Bulldog kannten – und bis heute kennen. Im Norddeutschen, wo man nur das Wort *Trecker* kannte – sprach man hingegen vielerorts vom *Bulldog-Trecker*.

Genau diesen Effekt sollten die neuen Maschinen draußen bei der Kundschaft nun sichtbar dokumentieren und einprägen. Also erfolgte eine Zusammenfassung beider Worte, die nun gemeinsam in einem Rahmen vereint auf dem Steigrohr zu lesen waren. Zunächst noch in einer eher bescheidenen Größe, doch recht schnell erschien die Wortkombination präsent in angemessener Größe. Es ist zu vermuten, dass sich die neue Schriftgebung in der kleinen Ausführung sogar nur auf jene Maschinen beschränkte, die noch mit dem 45-PS-Motor mit der Leistungsangabe in *Normaler Dauerleistung* geliefert wurden.

Der Wasserkasten blieb seit dieser Zeit ohne Beschriftung, wurde aber in der Breite so verändert, dass man – in Verbindung mit der neu gestalteten Beschriftung – fast von einem neuen Gesicht sprechen kann.

In dieselbe Zeit fiel auch die Umstellung der Seitenbleche – bisher mit einer von der Kostenseite betrachtet nicht unbeachtlichen Muschelandeutung versehen – auf die gerade Ausführung, die erheblich billiger herzustellen war.

Änderungen gab es auch im Kompressionsraum oder Verbrennungsraum – er wurde zweimal kurz hintereinander verkleinert. Einmal durch die Verwendung geänderter Zylinderköpfe und das zweite Mal durch das Nichtbearbeiten der Fläche zum Kompressionsraum am Zylinderkopf. Eingeführt wurden diese Änderungen stufenweise, zunächst bei den Maschinen ohne Anlasszündung und erst etwas später bei jenen Maschinen, die mit einer Anlasszündung ausgerüstet waren. Der Verbrennungsraum erhielt zudem eine einheitliche kugelähnliche Form und gleichzeitig wurde bei allen Bulldogs nur noch eine Einspritzdüse desselben Typs eingebaut. Bei allen Änderungen hatte man streng darauf geachtet, dass die neuen, geänderten Zylinderköpfe als Ersatzteile auch bei den älteren Maschinen Verwendung finden konnten.

Doch damit nicht genug, denn die Änderungen zogen sich nahezu durch alle Maschinenteile wie Kurbelwelle, Kolben, Schwungräder, Lüfterflügel, über die Schmierpumpe bis hin zum Getriebe, immer mit dem Ziel, eine billigere Fertigung zu erreichen oder die Funktion des Motors oder des gesamten Bulldogs zu verbessern.

Änderungen wurden auch am Auspuff vorgenommen. So erhielten alle Bulldogs ab der Fertigungs-Nr. 134.117 einen Auspuff mit erweitertem Querschnitt, um den Strömungswiderstand für die Abgase zu minimieren. Hier gab es immer wieder Grund für Ärgernisse, wenn bei Reinigungsarbeiten der Pralltelller im oberen Bereich entfernt und nicht wieder eingesetzt wurde, denn viele Fahrer hatten schnell erkannt, dass mit dieser Änderung eine Leistungssteigerung zu erzielen war. Allerdings war dies auch eine gefährliche Aktion, denn bei längerem Betrieb mit heißem Motor konnte es durchaus vorkommen, dass während der Fahrt glühende Ölkohle aus dem Auspuff geschleudert wurde und einen Brand entfachte. Es sollen sogar schon komplette Scheunen abgebrannt sein, wenn

Links und folgende Seite: Diese beiden Anzeigen sind sehr gute Beispiele dafür, wie Lanz stetig neue Exportmärkte suchte, um seine Marktposition in Europa zu festigen. Neben Ungarn (Seite 82) warb das Mannheimer Unternehmen selbst in Schweden (links), wo eigentlich der Marktführer Bolinder-Munktels mit seinen stehenden 2-Zylinder-Glühkopfmotoren schon die gesamte Nachfrage deckte.

MINDEN SZÉLESSÉGI FOKON, AZ EGÉSZ ÉVEN ÁT
LANZ

Während die Konkurrenz schon längst auf mehrzylindrige Motoren setzte, kommunizierte Lanz in seinen Werbeanzeigen weiterhin die Vorteile der Einzylindertechnik.

Anfang 1940 erfolgte dann auf Anordnung der Reichsregierung die Umstellung der Zollgewinde auf das metrische System – eine Maßnahme, die aus heutiger Sicht durchaus als positiv gewertet werden darf.

In der Praxis finden sich immer wieder Bulldogs beispielsweise mit metrischen Schrauben im Motor und Zollschrauben im Getriebe. Dies erklärt sich daraus, dass viele Teile und Baugruppen auf Lager produziert wurden, um dann bei Bedarf montiert zu werden. So konnte sich dieses Phänomen bei bestimmten Typen und Zusatzeinrichtungen über mehrere Monate hinziehen.

Gefertigt wurden die Bulldogs der HR-Baureihe offiziell bis Ende Juni 1942, bis die Feststoffverordnung der Reichsregierung in Kraft trat und die Herstellung von landwirtschaftlichen Schleppern mit Flüssigkraftstoffmotoren untersagte. Da die Umstellung und der Betrieb der Holzgasgeneratoren aber nicht einfach war und vor allem zu Beginn für große Schwierigkeiten sorgte, gelangten immer wieder Bulldogs mit dem Glühkopfmotor in den Verkauf.

der Bulldog-Motor nach stundenlangem Dreschbetrieb besonders heiß war und die glühende Ölkohle aufgrund des fehlenden Siebes in das trockene Stroh geschleudert wurde.

Einmal hatte man sogar versucht, die Firma Lanz zur Haftung heranzuziehen, weil das fehlende Sieb einen größeren Brand verursacht hatte. Und alles nur deshalb, weil ein Monteur im Rahmen einer Reparaturarbeit dieses vom Fahrer entfernte Sieb nicht überprüft und wieder eingesetzt hatte.

Bulldogs mit der Leistungsangabe „Höchstleistung über eine Stunde"

HR 7 35 PS	HR 8 45 PS	HR 8 55 PS	Baureihe – Ausführung – Lieferumfang
D 8500	D 9500	D 1500	Ackerbulldog (Dreiganggetriebe)
D 8501	D 9501	D 1501	Ackerbulldog mit elektr. Ausrüstung und Anlasszündung
D 8502	D 9502	D 1502	Ackerbulldog mit elektr. Ausrüstung
D 8506	D 9506	D 1506	Ackerluftbulldog (Sechsganggetriebe)
D 8507	D 9507	D 1507	Ackerluftbulldog ohne Anlasszündung
D 8511	D 9511	D 1511	Kombi-Verkehrsbulldog in einfacher Ausführung
D 8518	D 9518	D 1518	Kombi-Verkehrsbulldog mit Seilwinde
		D 1521	Verkehrsbulldog in automobilmäßiger Ausführung
D 8531	D 9531		Eilbulldog
D 8538	D 9538		Eilbulldog mit Seilwinde
D 8539	D 9539		Eilbulldog mit fest aufgebautem Fahrerhaus

Die Historie dieses 1944 gebauten 45-PS-Ackerluftbulldog ist heute nur schwer nachvollziehbar: Obwohl zu dieser Zeit der Verkauf von Bulldogs für den Betrieb mit Flüssigkraftstoffen verboten war, gelangte dieses Exemplar mit normalem Glühkopfmotor zur Auslieferung. Wie auch die Modelle mit Holzvergaser besitzt er den größeren Kühler und das Holzgassteigrohr.

LANZ

Die Krönung im Bulldogbau:

Ein neuer Eilbulldog mit 55 Pferdestärken

Transporte vor der Motorisierung waren nicht nur aufwändig, sie konnten mitunter auch recht gefährlich werden. Hier der Transport einer tonnenschweren Lokomobile um 1898.

Transporte zu Lande, zu Wasser oder in der Luft entwickelten sich über die Jahre zu einem florierenden Dienstleistungszweig. Überall, wo etwas gewonnen, hergestellt, verarbeitet, gelagert, überführt oder verkauft wird, sind Transporte notwendig. Ganze Unternehmenszweige haben sich mittlerweile darauf spezialisiert, Transporte als Dienstleistung anzubieten. Sie sehen ihre Aufgabe im Austausch von Gütern und Produkten, um Wirtschaft und Handel in Schwung zu halten, denn ohne diesen Austausch kann keine Wirtschaft funktionieren. Überall wird transportiert, heute genauso wie vor fünfzig, sechzig oder hundert Jahren.

Einst, das heißt zu Zeiten vor der Motorisierung, wurden diese Transporte auf dem Land von dem guten alten Fuhrmann mit Pferd und Wagen erledigt. Die Erfindung der Dampftraktoren konnte dieses über Jahrhunderte gewohnte Straßen- und Landschaftsbild zunächst wenig verändern, sieht man von der Eisenbahn ab. Erst die Erfindung des Verbrennungsmotors sollte dieses Bild innerhalb nur weniger Jahre drastisch verändern. Es wurden Schlep-

per, Zugmaschinen und Lastwagen gebaut, einzig mit dem Zweck, die Transporte schneller und wirtschaftlicher zu bewerkstelligen.

Auch Lanz hatte ja solche „Schlepper" im Programm und konnte deshalb nicht nur an diesem Markt teilhaben, sondern mit dem Bau der ersten Bulldogs wurde sogar entscheidend auf die Transport-Entwicklung eingewirkt. Waren es zunächst noch landwirtschaftliche Zugmaschinen – nur eben mit Elastikbereifung, größerer Endgeschwindigkeit und gefederten Vorderachsen ausgerüstete Bulldogs –, so machte die Entwicklung auch hier nicht halt, es wurden immer schnellere und immer bessere Maschinen gebaut. Erst der Gummibulldog, dann der Verkehrsbulldog, der Bulldog für Eildienste und schließlich der Eilbulldog prägten die einzelnen Entwicklungsstufen.

Entscheidend für diese Entwicklung und das gleichzeitige Erreichen höherer Geschwindigkeiten bei zunehmendem Transportgewicht war neben dem Ausbau eines immer besser werdenden Straßennetzes natürlich der Bau stärkerer Motoren bei einem höheren Fahrzeuggewicht. Verfügte der erste Bulldog über gerade einmal 12 PS, der kleinste, genannt *Gummimops*, über ganze 8 PS, so leistete 15 Jahre später der Eilbulldog immerhin 45 PS. Doch da die Geschwindigkeit von 20 km/h nie wesentlich überschritten wurde, war das Einsatzgebiet hauptsächlich auf den Nahbereich beschränkt.

Natürlich hatte diese Bauweise auch ihre Vorteile. Man denke nur an das Befahren von unbefestigten Wegen, Stein- oder Sandbrüchen oder den Abtransport schwerer Lasten aus den Wäldern, wo der Bulldog mit seinen großen Hinterrädern und der niedrigen Geschwindigkeit jeder Straßenzugmaschine überlegen war.

Ein sehr verbreitetes Einsatzgebiet solcher Schlepper war zur damaligen Zeit der Pendelverkehr mit mehreren Anhängern, wo der Schlepper in seinem ureigensten Sinn zum Einsatz kommen konnte. So etwa beim Straßenbau. Ein Anhänger war zum Beladen abgestellt, der zweite wurde mit dem Schlepper zum Abladeort gezogen, und der dritte Anhänger stand bereits zum Abladen bereit. Bis nun der Schlepper mit dem zweiten Anhänger den

Transporte vor dem Ersten Weltkrieg mit Straßenlokomotiven waren ebenfalls recht aufwändig. Vor allem die Inbetriebnahme der Lokomobile konnte bis zu einer Stunde dauern.

Der ab 1937 erhältliche neue Eilbulldog präsentierte sich beinahe so edel wie ein Automobil aus jener Zeit. Der hier gezeigte 55-PS-Eilbulldog HR 9 mit der Bestellnummer D 2538 ist mit einer Seilwinde ausgerüstet.

LANZ
BULLDOG
1993

Abladeort erreicht hatte, stand der dritte Anhänger abgeladen bereit und konnte nach dem Umhängen sofort zum Aufladeort transportiert werden. Und da damals das Fahren mit zwei Anhängern noch erlaubt war, konnte die Zahl der Hänger auch verdoppelt werden.

Hier erkennt man einen weiteren, wesentlichen Vorteil des Schleppers gegenüber dem Lastwagen der damaligen Zeit: der unabhängige Laderaum. Man konnte den Schlepper immer vor den Anhänger mit dem jeweiligen Transportgut spannen. Egal, ob es sich um Schüttgut, Flüssigkeiten, überlange Transporte oder sperrige Lasten handelte, er wurde einfach vor den entsprechenden Anhänger gespannt und schon konnte der Transport beginnen. Der Lastwagen hingegen hatte nur seine Ladepritsche zu bieten.

Und dann gab es beim Schlepper noch die Sonderausrüstungen gegen Mehrpreis, wie etwa die Zapfwelle oder die Riemenscheibe, was die Einsatzmöglichkeiten erheblich erweiterte und den Transportschlepper auf die Stufe des landwirtschaftlichen Schleppers stellte.

Sehr nützlich war der Anbau einer Seilwinde, die ihre Vorteile nicht nur in der Land- und Forstwirtschaft hatte. Sie konnte genauso zum Heranziehen schwerer Lasten auf unbefahrbarem Boden dienen oder etwa beim Hochziehen eines schwerbeladenen Hängers auf eine steile Anhöhe, wie auch beim Be- und Entladen schwerer und sperriger Güter. Und nicht zuletzt konnte sich der Schlepper selbst befreien, war er dann doch einmal festgefahren.

Großer Beliebtheit erfreute sich der Eilbulldog bei Schaustellern oder größeren Wanderzirkusunternehmen, wo er ständig eingesetzt werden konnte. Etwa beim Umzug in eine andere Stadt diente er als Zugmaschine vor den langen, schweren Transportwagen. Beim Auf- und Abbau der Zelte und Bauten war der Eilbulldog mit Seilwinde eine große Hilfe. Und waren diese Arbeiten beendet, wenn der Rummel mit den Besuchern richtig losging, so konnte der Bulldog als Stationärmotor den ganzen Betrieb aufrechterhalten, indem er den Generator betrieb und so für den notwendigen elektrischen Strom sorgte.

DIE TECHNISCHEN VORZÜGE

Der neue Eilbulldog war gegenüber seinen Vorgängern noch größer, noch schneller und noch leistungsstärker. Ein neues Getriebe, ausgestattet mit fünf Übersetzungen, ermöglichte ein „lastwagenmäßiges“ Schalten mit nur noch einem Schalthebel und erlaubte eine Höchstgeschwindigkeit von 33 km/h. Natürlich darf diese Höchstgeschwindigkeit aus heutiger Sicht belächelt werden, doch muss man wissen, dass auch ein Lkw der damaligen Zeit in der etwa gleichen Gewichtsklasse selten schneller als 40 km/h war und oft nur über vier Übersetzungen verfügte. Der Lkw aber konnte nur auf befestigten Straßen fahren, doch der Eilbulldog hatte seine Geländegängigkeit nicht eingebüßt; im Gegenteil, er konnte durchaus mit dem Ackerluftbulldog verglichen werden.

Größere Abmaße in Länge und Breite vermittelten dem Bulldog noch mehr Fahrsicherheit, der Fahrkomfort wurde durch die serienmäßig eingebaute gefederte Vorderachse und die durchgehenden Kotflügel mit Trittbrettern weiter verbessert. Hierzu zählte auch die zweigeteilte Windschutzscheibe mit den Einzelmotor-Scheibenwischern. Durch die größere Länge des Fahrzeugs war ein Einsteigen vor den Hinterrädern über die Trittbretter möglich geworden, der Fahrraum war mit zwei Einstiegstüren versehen und konnte deshalb auf der Rückseite geschlossen werden. Dies wiederum ermöglichte die Montage eines 200 Liter fassenden Treibstofftanks, der eine besonders große Reichweite zuließ. Der Fahrerstand war mit einer gepolsterten Sitzbank für zwei Personen ausgerüstet und vermittelte einen der damaligen Zeit entsprechenden bequemen Komfort. Erwähnenswert aber ist, dass der Fahrer auf der rechten Seite Platz nehmen musste, denn der Eilbulldog war ein rechtsgesteuertes Fahrzeug. Die Rechtslenkerauslegung ist bei allen Bulldogs ab 1935 bis hin zu den letzten noch gebauten Exemplaren zu beobachten, doch da diese Bulldogs über schmalere Fahrerstände verfügten, trat dies nur wenig in Erscheinung. Es fällt deshalb auch nur dem aufmerksamen Beobachter auf. Weiter konnte zum Schutz des Fahrers zwischen der offenen Bauart, einem Bulldog-Verdeck, einem Faltdach oder einem festen Fahrerhaus gewählt werden, um damit allen Wünschen gerecht zu werden.

Zur serienmäßigen Ausrüstung zählte die einem dem Verkehr zugeordneten Fahrzeug selbstverständliche elektrische Ausrüstung mit Beleuchtung und Richtungsanzeiger. Erstmals war auch der Einbau des Anlassers oder Elektrostarters möglich geworden, der gleich mitgeliefert wurde. Zunächst war es ein üblicher Anlasser, der den Bulldog-Motor solange über den oberen Totpunkt drehte, bis dieser aus eigener Kraft weiter lief. Dafür jedoch waren recht leistungsstarke Batterien mit einer Spannung von 24 Volt notwendig, die für den normalen Bulldog-Betrieb auf 12 Volt zurückgeschaltet wurden. Eine kostspielige und auch umständliche Prozedur, war der Bulldog-Motor doch für ein einfaches Anpendeln ausgelegt. Deshalb suchte man Hilfe bei dem Spezialisten Bosch.

Gemeinsame Anstrengungen der Ingenieure beider Firmen führten dann zum Bau des Pendelanlassers für den Zweitakt-Glühkopfmotor von Lanz. Für diesen Anlasser genügte eine Betriebsspannung von 12 Volt, sodass er auch

Er verkörperte Vollkommenheit im Bulldog-Bau: der große Eilbulldog. Mit 55 PS und einem Gewicht von um die 4,5 Tonnen sollte er in der Lage sein, über 30 Tonnen zu ziehen.

Auch von hinten vermittelte der Eilbulldog einen soliden Eindruck. Das optische Erscheinungsbild wird geprägt von dem 200-l-Tank, der Rockinger-Kupplung, Ackerschiene und Seilwinde mit Bergstütze.

ANNHEIM
REGENSBURG-ROSTOW
NGER

Der Fahrraum des rechtsgesteuerten und mit gepolsterter Sitzbank ausgerüsteten Eilbulldog war einfach und übersichtlich gestaltet.

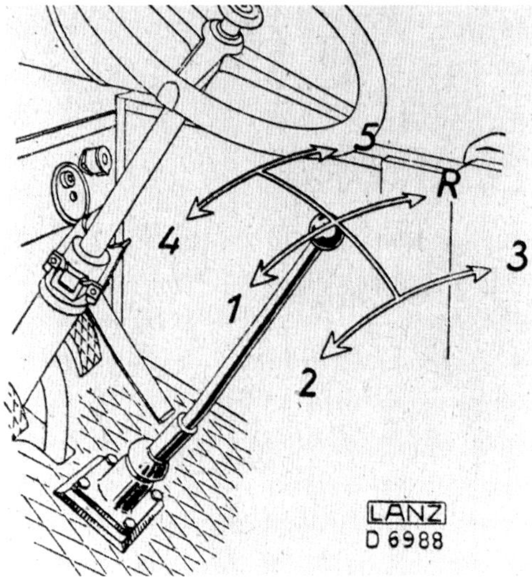

Rechts: Ein neues Getriebe bot fünf Schaltstufen, die mit nur einem Schalthebel bedient wurden.

mit weniger kraftvollen Batterien auskam. Mit der Entwicklung des Eilbulldog war bereits 1936 begonnen worden, die ersten 185 Stück konnten noch in der zweiten Jahreshälfte 1937 das Werk verlassen. Sie zählten zur Baureihe der HR-Bulldogs und wurden künftig als HR 9 geführt. Bei der D-Nummer ging man einen weiteren Zehnerschritt nach oben und belegte die D 25**. Die Technischen Daten des Motors wiesen 55 PS Höchstleistung oder 50 PS Dauerleistung aus. Möglich geworden war der Bau des 55-PS-Aggregates durch die Erhöhung der Drehzahl auf 750/min, allerdings war während der fortgeschrittenen Kriegsjahre laut § 36a der StVZO eine Drehzahlbegrenzung auf 630/min vorgeschrieben, was wiederum eine Leistungseinbuße von 10 PS zur Folge hatte.

Ein Eilbulldog mit festem Fahrerhaus aus dem Traktor-Museum Vogel.

Foto: Deutsches Traktor-Museum Paderborn

Der Eilbulldog wurde gänzlich ohne Verdeck oder auch, wie hier bei diesem Exemplar aus dem Jahre 1940, mit Faltverdeck geliefert, das dann mit wenigen Handgriffen geschlossen werden konnte. Dieses Fahrzeug kann – wie einige andere interessante Exponate zum Thema Lanz – im Auto & Technik MUSEUM SINSHEIM besichtigt werden.

Foto: Auto & Technik MUSEUM SINSHEIM

HR 9 55 PS	**Baureihe – Ausführung – Lieferumfang**
D 2531	Eilbulldog mit offener Fahrerkabine
D 2538	Eilbulldog wie oben, mit Seilwinde
D 2539	Eilbulldog mit fest aufgebautem Fahrerhaus
D 2539	Eilbulldog wie oben mit Seilwinde

Die Schnittzeichnung ermöglicht einen guten Überblick über die Technik des Eilbulldog.

Vollkettenbulldogs bis 55 PS

Die HRK-Baureihe

In nur sehr geringer Stückzahl wurde diese Bulldog-Raupe in Serie gebaut und – entgegen den Werksangaben – auch mit 45 PS (44 PS als länderspezifische Variante) ausgeliefert.

Parallel zum Radbulldog erfolgte die Weiterentwicklung der Bulldog-Raupe als Vollkettenmaschine, deren Grundlage der neue 38-PS-Bulldog aus der Baureihe HR 8 bildete. Demzufolge waren die Vollkettenbulldogs ebenfalls in der HR-Baureihe vertreten, doch statt wie bei den Radbulldogs zusätzlich noch eine Zahl zu verwenden, wurde hier etwas später auf das *K* wie Kette oder Kettenbulldog zurückgegriffen und alle Raupenbulldogs als Kettenschlepper unter der Baureihe HRK geführt.

So präsentierte sich die neue Bulldog-Raupe mit 38 PS. Die Fertigung dieses Typs erfolgte parallel zu der Produktion des neuen 38-PS-Bulldogs.

Den Motor mit seinen technischen Daten hatte man beibehalten, nur das Getriebe musste in ein neues Gehäuse integriert werden. Aber auch hier wurde – nach Bulldog-Manier – ein Gruppen-Stirnradgetriebe mit drei Übersetzungen und einem Vorgelege entwickelt. Es verfügte somit über sechs Fahrgeschwindigkeiten – geschaltet

Der Führerstand der Bulldog-Raupe:
1 Stufenschalthebel
2 Kupplungspedal
3 Schalthebel
4 Handbremse
5 Lenkhebel links
6 Pedal für Lenkbremse links
7 Lenkhebel rechts
8 Handgashebel zur Drehzahlregulierung
9 Pedal für Lenkbremse rechts

über zwei Schalthebel – was eine Höchstgeschwindigkeit im sechsten Gang von nahezu 8 km/h erlaubte, ähnlich dem eisenbereiften Ackerbulldog. Die Bedienung während der Fahrt war mittels Hand- und Fußhebel zu erbringen. So gab es eine Fußkupplung, eine Fußbremse und zwei Lenkbremsen, sowie Hand- und Fußgas, genau wie beim Radschlepper. Nur gelenkt wurde über zwei Handhebel, die seitlich rechts und links der Beine des Fahrers platziert waren. Wurde einer dieser Handhebel nach hinten gezogen, erfolgte mittels einer Lamellenkupplung jeweils seitengleich eine Unterbrechung des Kraftschlusses vom Getriebe zum Antriebsrad der Kette, womit der Raupenschlepper geneigt war, je nach Beschaffenheit des Bodens, eine Richtungsänderung einzuschlagen, stand doch die gegenüberliegende Kette noch unter Kraftschluss. Um aber den Radius der Kurve bestimmen zu können, ließ sich diese Kette über die seitengleiche Lenkbremse abbremsen, wenn notwendig bis zum Stillstand. So konnte auf der Stelle gedreht und gewendet werden. Zum Abbremsen des Motors während der Fahrt diente die Fußbremse und sollte das Fahrzeug gänzlich zum Stillstand kommen, so war zusätzlich das Kupplungspedal zu treten. Die beiden Handhebel jedoch waren so bequem zu bedienen, dass sich die meisten Fahrer der Unsitte hingaben, bei kurzen Halts einfach beide Handhebel gleichzeitig nach hinten zu ziehen, um so das Fahrzeug zum Stehen zu bringen. Darüber hinaus waren die Raupenbulldogs noch mit einer Hand- oder Feststellbremse ausgerüstet, um die Sicherung der Maschine während des Stillstandes zu gewährleisten.

Der Gesamtaufbau des Getriebes war so angeordnet, dass der Übergang zum Kettentrieb über eine Portalachse erfolgen konnte. Damit ließen sich die Zahnräder in ihrem Durchmesser recht klein halten, was der Bulldog-Raupe bei der Bodenfreiheit zugute kam.

Ein besonderes Augenmerk legten die Konstrukteure auf die Treibräder des Kettenlaufwerks, waren diese doch einem besonders großen Verschleiß ausgesetzt. Sie wurden deshalb mit einer doppelten Zahnteilung versehen, sodass nur jeder zweite Zahn im Eingriff war. Zeigten sich nach längerem Betrieb Verschleißspuren, konnte die Kette abmontiert und einfach in die nächste Zahnreihe eingelegt werden. War dann nach langer Zeit auch diese Zahnreihe verschlissen, ließen sich die Treibräder rechts und links gegeneinander austauschen, um dann auf der Zahnrückseite weiter zu fahren. Damit war es also möglich, die Treibräder mit geringen Mitteln viermal umzubauen, bevor sie gänzlich ausgetauscht werden mussten.

Die Vorderachse war – wie beim Vorgängermodell – pendelnd gelagert, lediglich die Führung der Vorderräder samt Kettenspannvorrichtung hatte man geändert und durch eine Kurbelschwinge ersetzt.

Zusätzlich machte man sich Gedanken über den Komfort für den Fahrer und bot auf Wunsch und gegen Aufpreis anstelle des blechernen Fahrersitzes einen gepolsterten Ledersitz.

... DOCH DAS LENKRAD FÄHRT MIT!

Da das Starten des Motors bei den Raupenbulldogs genau so vor sich ging, wie bei den Bulldog-Radschleppern, war auch hier – neben der Lötlampe – das Lenkrad notwendig. Schließlich musste der Motor nach dem Vorheizen mit dem Lenkrad angependelt werden. Allerdings war es mit

So wurde seinerzeit die erste Raupe mit 55 PS beworben: die D 1560.

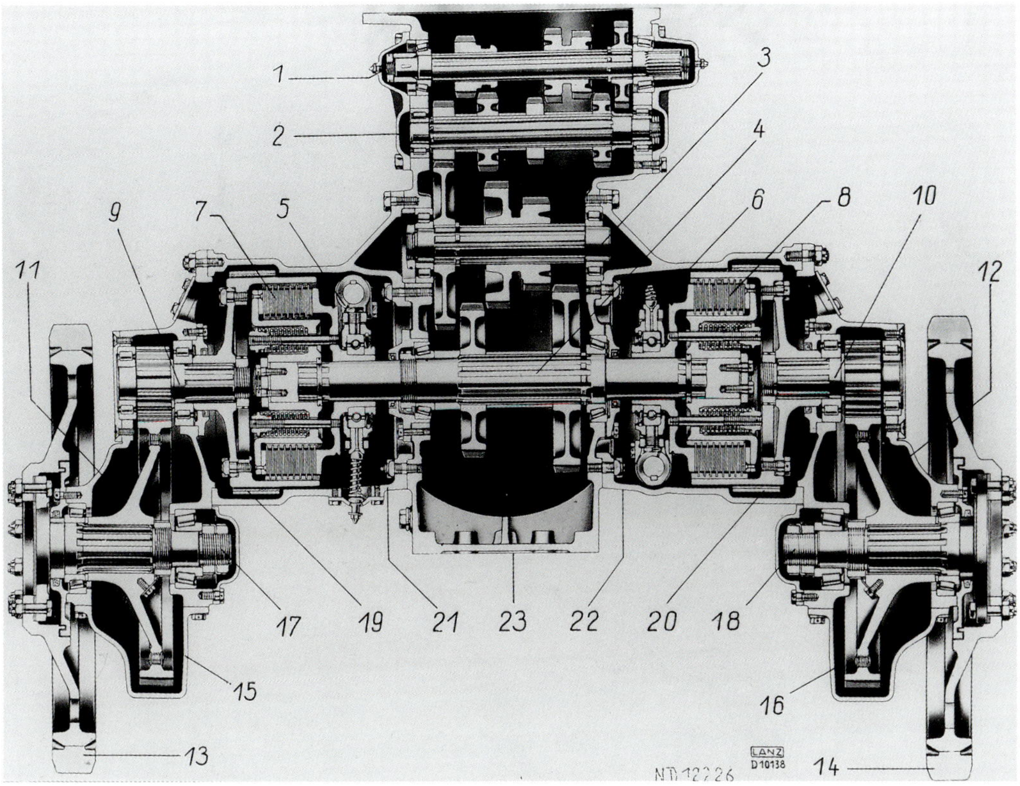

Ein Schnitt durch das Getriebe des Raupenbulldog

einer längeren Welle ausgestattet, musste es doch über die Laufketten bis zur Kurbelwelle reichen, wo es dann in die Mitnahmeklauen gesteckt wurde. Da es während der Fahrt auf dem Fahrerstand aber keine Berechtigung mehr hatte und auch nicht mehr gebraucht wurde, hatte man es kurzerhand von hinten unter den Fahrersitz geschoben und dort befestigt.

Die ersten Vollkettenbulldogs dieser Bauart konnten bereits im Laufe des Jahres 1935 geliefert werden, womit der technische Stand des Motors auch dieser Zeit entsprach: der altbewährte Glühkopfmotor mit einer Bohrung von 225 mm, einem Hub von 260 mm und einem daraus resultierenden Hubraum von 10,3 Litern. Dazu die große Dreibacken-Reibungskupplung und der Stufenregler, der wie beim 38-PS-Bulldog auf Drehzahlen von 540/min und 630/min eingestellt war. Wer nun diese zwei unterschiedlichen Motordrehzahlen ausnutzte, dem standen insgesamt sogar 12 Fahrgeschwindigkeiten vorwärts und vier Fahrgeschwindigkeiten rückwärts zur Verfügung. Die Höchstgeschwindigkeit jedoch wurde dadurch nicht verändert.

Abgerundet hatte man das Angebot mit einer Vielzahl von Zusatzeinrichtungen, um die Einsatzmöglichkeiten weiter auszubauen. So galt es als selbstverständlich, dass die Riemenscheibe für stationäre Arbeiten genauso wie bei den Radbulldogs genutzt werden konnte. Gleiches galt auch für die Seilwinde, die für jede Raupe auf Wunsch erhältlich war. Damit konnten schwere Zugarbeiten in unwegsamem Gelände, die Holzernte im Forst oder Einsätze im Sägwerk bewältigt werden. Für Arbeiten an besonders heißen Tagen oder auch im ungemütlichen Winter stand das Allwetterverdeck als Schutz des Fahrers zu Verfügung. Für eine besondere Ausstattungsvielfalt sorgten auch die zahlreichen Kettenausführungen in unterschiedlichen Breiten bis hin zur Moorkette. Die so geschaffenen, vielseitigen Einsatzmöglichkeiten sorgten für eine entsprechende Verbreitung der Bulldog-Raupe.

Bis zu den Jahren 1939/40 erfolgten dieselben Änderungen wie bei den Bulldog-Radschleppern – angefangen bei der Umstellung der Beschriftung auf *Lanz Bulldog*, über die Änderung der Leistungsangabe, die Verwendung billiger Ersatzstoffe aufgrund der Rohstoffproklamation, bis hin zur Umstellung auf das metrische System –, sodass die Baureihen nicht nur äußerlich gleich aussahen, sondern sich auch immer auf demselben technischen Stand befanden.

Interessant allerdings ist die Tatsache, dass die Umstellung der Leistung laut den Werksangaben von 38 PS *Normaler Dauerleistung* direkt auf 55 PS *Höchstleistung über eine Stunde* erfolgte. So war der zuletzt gebaute Raupenbulldog mit 38 PS mit der Produktionsnummer 132 795

Noch aus der Zeit mit der „Bulldog-Lanz"-Beschriftung stammt dieser 38-PS-Prototyp.

versehen, während der erste 55-PS-Raupenschlepper die Fertigungsnummer 132 796 aufwies. Weitere Informationen und Hinweise auf die Änderung der Motorisierung sucht man jedoch vergeblich. Allerdings existieren mehrere zeitgenössische Fotos von „Übergangsmodellen" und man findet heute noch die eine oder andere Maschine mit der Leistungsangabe von 45 PS, selbst in der länderspezifischen Variante mit 44 PS – genau wie bei den Radschleppern, sodass sich der Entwicklungsverlauf auch ohne die fehlenden Werksunterlagen nachvollziehen lässt. Intensive Nachforschungen ergaben, dass etwa 100 bis 120 Maschinen mit der Leistungsangabe von 45 PS (44 PS) ausgeliefert wurden.

Zur rationellen Fertigung der Raupenschlepper hatte man im Werk ein weiteres Fertigungs- und Montageband der HR-Baureihe eingerichtet. Hier wurden abwechselnd Raupenschlepper und der 55-PS-Eilbulldog gefertigt, um eine effiziente Auslastung des Bandes zu gewährleisten.

Ab dem Jahr 1940 erfüllte die Straßenbauraupe D 1571 nicht nur in Deutschland wichtige Aufgaben im Straßenbau, sondern auch in Polen und Russland.

Wie alle Konstruktionen von Lanz wurde auch die Straßenbauraupe einer gründlichen Erprobung unterzogen. Dazu diente auch das hier gezeigte Exemplar, das nach erfolgtem Testlauf wieder auf dem Fabrikhof steht.

DIE D-NUMMER IM VORDERGRUND

Die zunächst gebauten 25 Maschinen aus dem Jahr 1936 zählten zu den HR 6-Maschinen – analog zu den Radschleppern – und wurden unter der Nummer D 6550 geführt, die allerdings nur bei einer Bestellung oder werksintern eine Rolle spielte. Zur serienmäßigen Ausrüstung zählte eine verstellbare Anhängevorrichtung, ein Zugpendel, der nach oben geführte Auspuff, die übliche Getriebebremse samt den zwei Lenkbremsen.

Ab 1935 folgte der verbesserte 38-PS-Raupenbulldog aus der Baureihe HR 8, der unter der Nummer D 9550 in der gewohnten Grundausrüstung geliefert wurde. Wählte man die D 9551, so war zusätzlich eine elektrische Ausrüstung vorhanden, bestehend aus einer Lichtanlage samt Batterie und Lichtmaschine, einer Anlasszündung und einem Bosch-Horn. Die Ausführung D 9552 beinhaltete dieselbe Ausrüstung, jedoch ohne Anlasszündung.

Mit der endgültigen Umstellung auf 55 PS Leistung Anfang 1937 erfolgte auch die Umstellung auf die Baureihe HRK. Die ab dieser Zeit im Vordergrund stehende D-Nummer war nun gleich mit den 55-PS-Radschleppern und lautete D 15**. Mit dieser Änderung wurde die bis dahin serienmäßig eingebaute starre Vorderachse durch die gefederte Ausführung ersetzt, ebenso gab es eine gepolsterte Sitzbank für zwei Personen.

Die 55-PS-Raupenschlepper wurden in verschiedenen Ausführungen angeboten – immer unter Verwendung einer separaten D-Nummer. Zunächst gab es die Raupe D 1550 in Standardausführung: serienmäßig mit blattgefederter Vorderachse, gepolsterter und gedämpfter Sitzbank, nach oben geführtem Auspuff, Riemenscheibe und einer Anhängevorrichtung für Geräte und Wagen. Die Kettenschutzbleche waren zunächst noch über dem hinteren Teil der Kette montiert, und es gab auf der Rückseite des linken Schutzbleches mehrere Tritte zur Besteigung des Fahrerplatzes. Das wiederum in zwei Schaltgruppen unterteilte Getriebe bot sechs Fahrgeschwindigkeiten – die höchste mit 8 km/h.

Als Sonderzubehör standen neben dem Verdeck eine Zapfwelle und verschiedene Aufschraubplatten und Greifer für die Kette zur Verfügung.

Unter der Nummer D 1551 wurde der Raupenbulldog mit einer elektrischen Beleuchtung und der Anlasszündung geliefert. Wünschte der Kunde die elektrische Ausrüstung ohne die Anlasszündung, so lautete die Bestellnummer D 1552.

Im Laufe des Jahres 1939 änderte man den Fahrraum für eine kostengünstigere Fertigung: Die bisher verwendeten Kettenabdeckungen wurden durch die weit billigeren Seitenbleche aus dem Radschlepperprogramm ersetzt.

Zum Ende desselben Jahres ersetzte man die Typen D 1550 durch die Nachfolger D 1560, deren Unterschied hauptsächlich im Getriebe lag. Kleinere Untersetzungen in der unteren Schaltgruppe trugen zu einer Erhöhung der Zugkraft bei, ohne dabei die Höchstgeschwindigkeit von ca. 8 km/h zu verändern. So wurde der D 1550 durch den D 1560 ersetzt und der D 1551 durch den D 1561. Die Ausstattung selbst blieb weitgehend unberührt, abgesehen davon, dass nun die Anlasszündung bei der Mitbestellung der elektrischen Anlage zum festen Lieferumfang gehörte, es also keinen Nachfolger mehr für den D 1552 gab.

Gebaut wurden die Raupenbulldogs in Stückzahlen von ca. 400 bis 600 Stück pro Jahr bis 1943, 1944 erfolgte kriegsbedingt ein Einbruch auf noch 353 Stück und 1945 sollen nochmals 33 Stück zur Auslieferung gelangt sein. Die restlichen noch im Werk befindlichen Maschinen fielen 1945 dem Bombenhagel der Alliierten zum Opfer. Aus den Überresten und weiteren noch verwendbaren Teilen ließen sich im Jahre 1946 wieder 21 Exemplare – so genannte Trümmermaschinen – flott machen und verkaufen. Damit war das Ende der Raupenschlepper-Epoche bei Lanz besiegelt.

FÜR DEN STRASSENBAU: BULLDOGRAUPE D 1571

Zusätzliche Aufträge kamen Mitte der dreißiger Jahre vom Straßenbau. Die in Mannheim in unmittelbarer Nähe von Lanz ansässige Maschinenfabrik Joseph Vögele AG wandte sich an Lanz, um Raupenbulldogs für den Straßenbau zu beziehen.

Vögele, schon damals ein europaweit tätiges Fachunternehmen für Straßenbau und die Herstellung spezieller Straßenbaumaschinen, stellte damit ein lukratives Geschäft in Aussicht. Allerdings konnte hierbei nicht einfach auf die landwirtschaftliche Ausführung zurück gegriffen werden, denn es sollten die Raupenschlepper vor allem zum Ziehen der Bodenvermörtelungsmaschinen eingesetzt werden. Eine Arbeit, die extrem niedrige Geschwindigkeiten von bis zu 2,5 Meter pro Minute verlangten. Bevor es also zu einer Vertragserfüllung kommen konnte, musste Lanz dafür sorgen, dass die bestellten Maschinen diesem Anforderungsprofil entsprachen.

Ebenfalls für den Straßenbau entwickelt: die Planierraupe D 1581

Doch die Lösung für dieses Problem war recht einfach zu bewerkstelligen. Die Konstrukteure bauten jeweils rechts und links zwischen dem Getriebegehäuse und dem Fahrwerk ein Untersetzungsgetriebe ein, das mit einem Schalthebel geschaltet werden konnte. Damit war die Möglichkeit gegeben, die vorhandenen sechs Geschwindigkeiten nochmals deutlich zu reduzieren. Sichtbar wird dies bei der Angabe der kleinsten Fahrgeschwindigkeit – bisher 2,4 km/h –, die nun auf 159 Meter pro Stunde bzw. 2,65 Meter je Minute verringert werden konnte.

Als technische Basis wählte man den Raupenschlepper D 1561. Er wurde jeweils rechts und links mit einem Untersetzungsgetrieben ausgerüstet, die vor Arbeitsbeginn mit dem auf dem Getriebe aufgesetzten Schalthebel in Stellung gebracht wurden. Besonders wichtig dabei war, dass beide Seiten auf dieselbe Fahrstufe eingestellt waren, entweder auf *L* für langsam oder *S* für schnell. Zusätzlich kam eine stabilere Pendelvorderachse mit Blattfederung zum Einbau, denn die Verwendung der zwei Vorgelegegetriebe setzte die Kettenlaufwerke weiter nach außen, sodass die Raupe um insgesamt 440 mm breiter wurde. Dies hatte auch zur Folge, dass die Lenksäule des Lenkrades um etwa 250 mm länger werden musste, um beim Anpendelvorgang des Motors über die Kette zu reichen. Ein besonderer Bügel lagerte diese nun überlange Lenksäule zusätzlich, damit keine Unfälle passieren konnten. Zur weiteren serienmäßigen Ausstattung zählte die elektrische Ausrüstung mit verbreiterten Lampenhaltern samt Anlasszündung, sowie ein Verdeck mit Seitenteilen und einem Rückenteil mit eingearbeiteten Zellonfenstern.

Der Baubeginn dürfte in das Jahr 1940 gefallen sein, wo sie in größerem Umfang für den Straßenbau nicht nur in Deutschland, sondern auch in Ländern wie Polen und Russland, bis hinauf nach Ostpreußen und selbst in Afrika zum Einsatz gelangten. Nach dem Krieg modifizierte Vögele die Bodenvermörtelungsmaschinen und rüstete sie mit einem eigenen Antrieb aus, sodass der Bau dieser Maschinen mit dem Krieg endete.

Dieser als Straßenbau-Raupe bezeichnete Raupenbulldog wurde innerhalb der HRK-Baureihe mit der Herstellungsnummer D 1571 ausgewiesen.

Die Erprobung auch schweren Gerätes erfolgte häufig – wie auch in diesem Fall – auf dem werkseigenen Gelände. Deutlich zu sehen ist der Öldruckmesser, auf dessen Anzeige der Fahrer während des Betriebes besonders zu achten hatte.

FÜR GROSSE ERDBEWEGUNGEN: DIE BULLDOG-PLANIERRAUPE D 1581

Etwa zeitlich parallel zur Straßenbauraupe erfolgte der Bau von Planierraupen, die ebenfalls überwiegend im Straßenbau zum Einsatz kamen, hier aber für Erdbewegungen, für Räumungs-Planierarbeiten vorgesehen waren. Dieser als Planierraupe bezeichnete Raupenbulldog wurde innerhalb der HRK-Baureihe mit der Bestell-Nummer D 1581 ausgewiesen, das Grundmodell bildete wiederum der mit einer elektrischen Grundausrüstung versehene Raupenschlepper D 1561.

Der Hauptunterschied war ein stabiles, 2,2 Meter brei-

Mit dieser ansprechenden Werbung für die Bulldog-Raupe in den ausgehenden 30er-Jahren verwies Lanz auf die Export-Erfolge nach Nord- und Südamerika.

Parallel zur Bulldog-Entwicklung vollzog man auch an der Bulldog-Raupe dieselben Änderungen: Breiter Wasserkasten, neue Beschriftung auf dem Steigrohr, geschlossener Fahrraum ohne Kettenschutz und eine gefederte Vorderachse.

Einfache und doch geniale Technik: die Bulldog-Raupe im Schnitt.

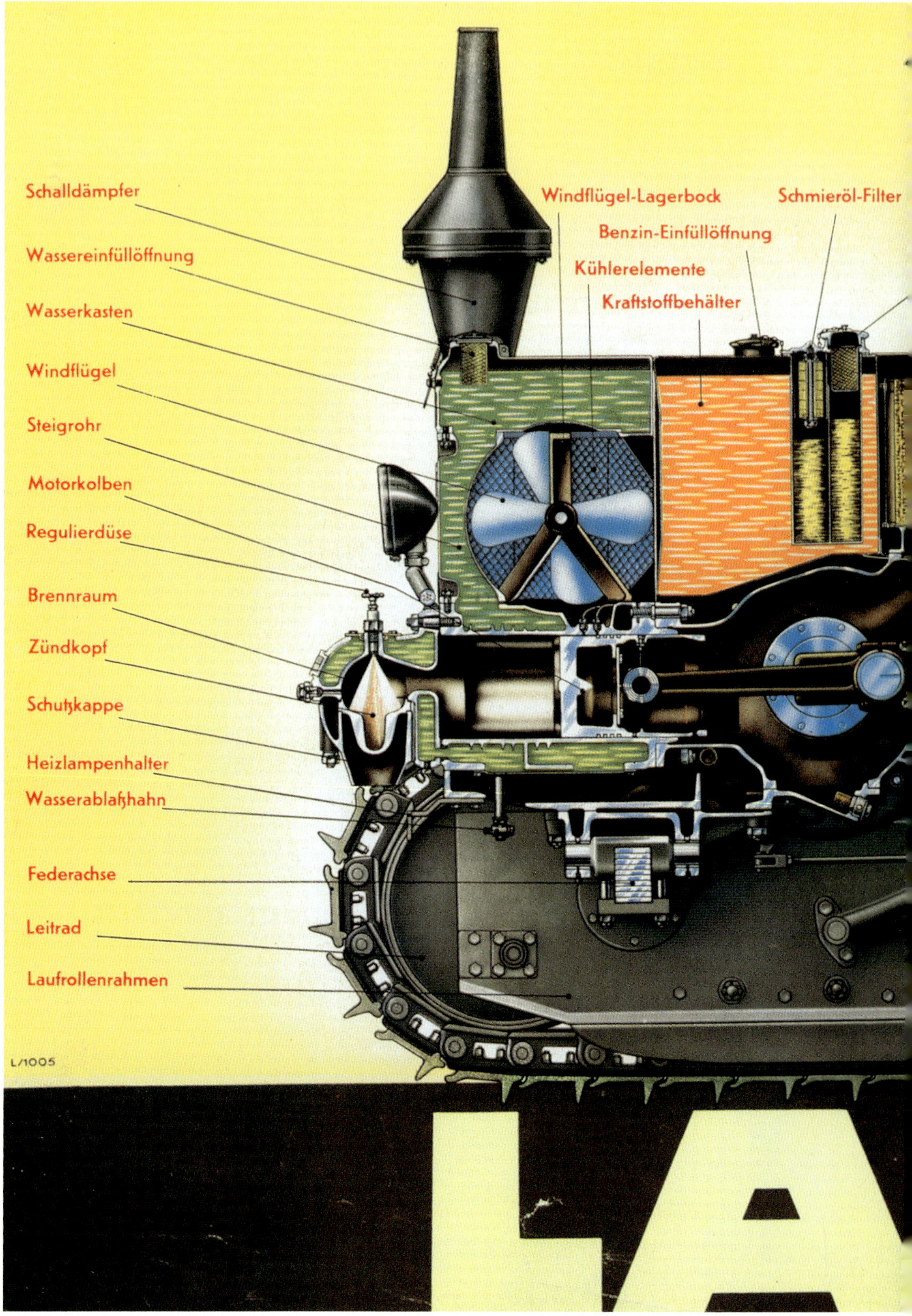

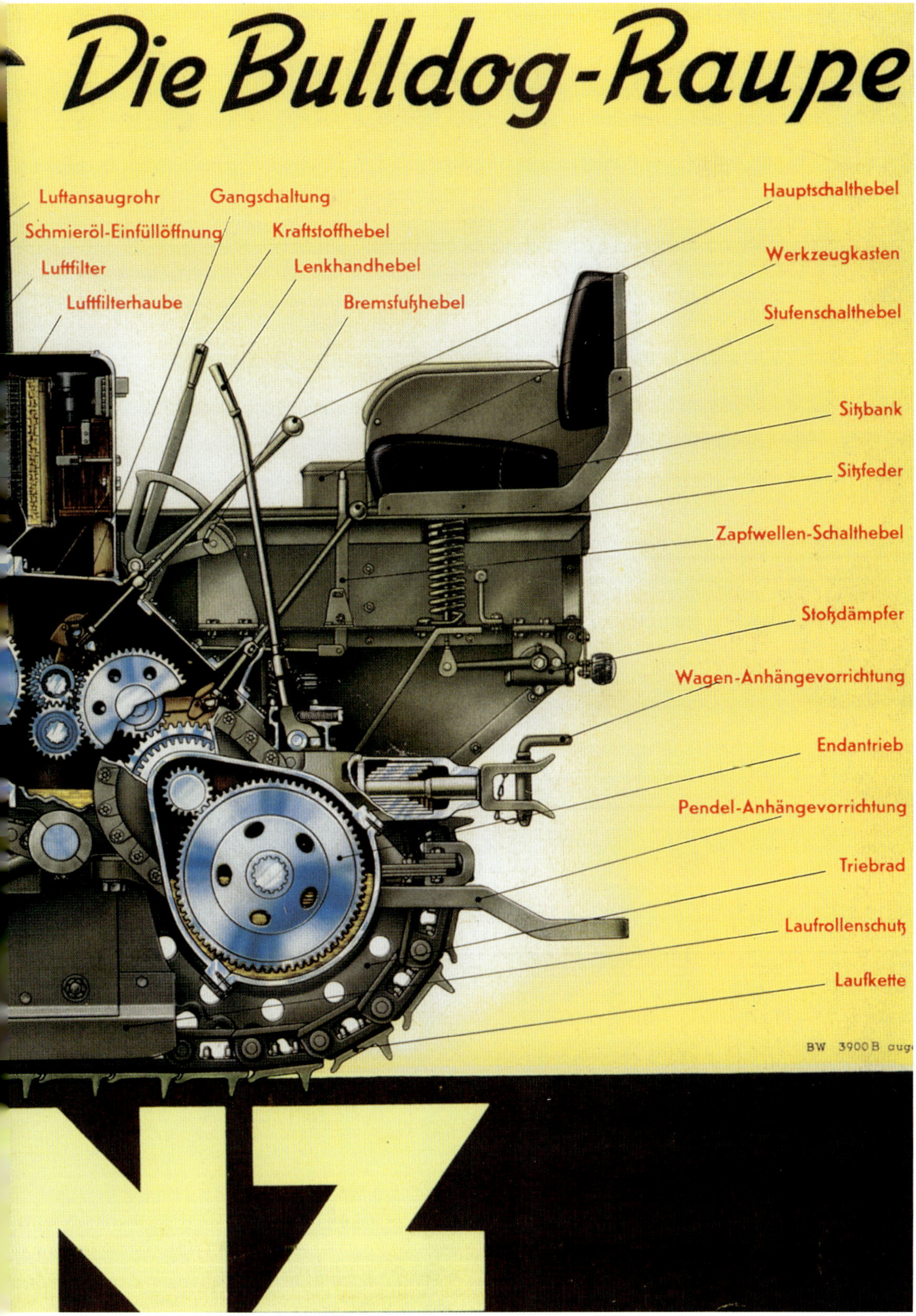
Die Bulldog-Raupe
Luftansaugrohr
Gangschaltung
Schmieröl-Einfüllöffnung
Kraftstoffhebel
Luftfilter
Lenkhandhebel
Luftfilterhaube
Bremsfußhebel
Hauptschalthebel
Werkzeugkasten
Stufenschalthebel
Sitzbank
Sitzfeder
Zapfwellen-Schalthebel
Stoßdämpfer
Wagen-Anhängevorrichtung
Endantrieb
Pendel-Anhängevorrichtung
Triebrad
Laufrollenschutz
Laufkette
BW 3900 B
NZ

tes und 92 cm hohes Planierschild an der Frontseite des Raupenschleppers, das hydraulisch zu Heben, zu Senken sowie auch etwas zu neigen war.

Die Unterbringung der hydraulischen Anlagen jedoch bereitete einige Probleme, sodass der Maschinenaufbau oberhalb des Kurbelgehäuses ein anderes Aussehen erhielt. Die Verbindung zwischen den hydraulischen Zylindern und dem Brustschild besorgten stabile Gestänge, die ein Heben auf 280 mm über und 160 mm unter die Fahrbahnebene möglich macht. Ebenso ließ sich das Brustschild 15 Grad nach vorne und 25 Grad nach hinten neigen.

Der Bedienungshebel zur Steuerung der Hydraulik war auf der rechten Seite neben dem Fahrersitz platziert und bequem von diesem aus zu erreichen.

Bei der Planierraupe fehlte die sonst übliche Armaturenwand samt der Motorhaube – dem Verbindungsteil zwischen der Armaturenwand und dem Tank. Deshalb war der Luftfilter samt dem langen Ansaugrohr direkt auf dem Kurbelgehäuse aufgesetzt. Der elektrische Schaltkasten mit den Schaltern für Licht und Zündstrom samt der Zündspule war zwangsweise an einem der Stehbleche des Fahrraums montiert, und die Batterie fand links vor dem Fahrersitz auf einer Plattform ihren Platz.

Das Betriebsgewicht der Planierraupe D 1581 wurde mit 6250 kg angegeben – damit war sie die gewichtigste Maschine unter den Bulldog-Raupenschleppern und selbst auch unter allen Bulldog-Radschleppern. Sogar der Eilbulldog HR 9 brachte es mit fest aufgebautem Fahrerhaus auf nur 4,5 Tonnen. Die Straßenbauraupe D 1571 brachte vergleichsweise 5900 kg und der Raupenbulldog D 1561 etwa 5280 kg auf die Waage.

Wie im Fall der Straßenbauraupe darf auch hier davon ausgegangen werden, dass die Fertigungseinstellung in den letzten Kriegsjahren erfolgte.

UNBEKANNTES, UND WAS SONST NOCH SO GEBAUT WURDE …

Analog zu den Radbulldogs wurde auch der Raupenbulldog mit einer Teeröleinrichtung angeboten. Er war unter der Bestellnummer der jeweiligen Rad-Ausführung zu bekommen, ohne jedoch selbst mit einer eigenen D-Nummer belegt zu werden. Dies lag daran, dass in Deutschland und dem westlichen Europa kaum mehr solche Einrichtungen verlangt wurden, standen die Dieselkraftstoffe doch in ausreichender Menge zur Verfügung. Demgegenüber gab es aber Länder, die dankbar waren, wenn irgendwelche Stoffe und Öle, deren kostengünstige Herstellung im eigenen Land möglich war, für solche Maschinen verwendet werden konnten. Wurden solche Maschinen bestellt, so trat man über die Ländervertretung direkt mit dem Werk in Kontakt, um seine Wünsche zu formulieren.

Äußerlich waren diese Teeröl-Raupenbulldogs an dem Vorwärmer zu erkennen, der auf der Frontseite des Steigrohres angegossen war. Vielfach war dann auch noch ein weiterer Tank und eine zweite Einspritzpumpe vorhanden.

Mitunter gab es auch Sondermodelle und Einzelanfertigungen, die heutzutage in Vergessenheit geraten sind und über deren Existenz auch keine Werksunterlagen mehr Auskunft geben können. Als Beispiel sei hier ein Modell genannt, das mit einem deutlich längeren Rumpf als üblich ausgestattet war. Es stammt noch aus der Zeit, als der Fahrraum rechts und links offen war und zum Schutz des Fahrers Kettenschutzbleche montiert waren. Auch das Kettenlaufwerk schien länger als üblich zu sein und es verfügt über eine Art Auspuff vorne rechts neben den Kühlelementen. Leider ist außer einem unbeschrifteten Foto nichts mehr erhalten, was Aufschluss geben könnte über Art und Ausführung dieser Maschine. Es ist aber – zusammen mit weiteren Bildern – ein untrüglicher Beweis für viele heute noch unbekannte Bulldog-Schlepper.

ANSTECKRAUPE ODER KETTE: DIE BILLIGERE ALTERNATIVE

Nicht jeder landwirtschaftliche Betrieb konnte sich zur Bewirtschaftung seiner Felder einen Raupenschlepper zulegen, waren diese in der Anschaffung doch um einiges teurer als ein vergleichbarer Radschlepper, ganz abgesehen von den eingeschränkten Einsatzmöglichkeiten. Man denke nur an die täglich notwendigen Transporte auf jedem Bauernhof, die vielfach mit derselben Maschine bewerkstelligt werden mussten. Dennoch konnte mitunter nicht auf eine Maschine mit einem Raupenlaufwerk verzichtet werden, beispielsweise bei weichen Moor- und Heideböden oder sonstigem weichen Untergrund, der zu bewirtschaften war. Für diese Fälle standen Anbauraupen verschiedener Fabrikate – beispielsweise die Ausführung mit zusätzlicher Achse – zur Verfügung, die jederzeit an die schweren Glühkopfschlepper der HR-Baureihe montiert und wieder abgeschraubt werden konnten. Sie waren zudem wesentlich billiger in der Anschaffung und forderten keinerlei Unterhaltungskosten.

Diese Ansteckraupen waren seit der Zeit des Großbulldog verfügbar und konnten entweder über Lanz bezogen oder auf dem freien Markt erworben werden, auch während und nach den Kriegsjahren.

Wem jedoch der Preis für einen Satz Ansteckraupen noch immer zu hoch war, der konnte sich genauso mit Eisenrädern zufrieden geben, die nicht nur einfach, sondern

Reifengröße	Quadrantkette DM	Leiterkette DM	Zickzackkette DM
8,3/8 – 24	216,—	151,—	181,—
8,3/8 – 28	240,—	168,—	202,—
8,3/8 – 32	264,—	185,—	222,—
9,5/9 – 24	212,—	148,—	178,—
9,5/9 – 30	238,—	167,—	200,—
9,5/9 – 32	242,—	169,—	203,—
9,5/9 – 36	264,—	185,—	222,—
10,5 – 18	208,—	146,—	175,—
10,5 – 20	174,—	122,—	146,—
11,2/10 – 24	234,—	164,—	197,—
11,2/10 – 28	254,—	178,—	214,—
12,4/11 – 28	278,—	195,—	234,—
12,4/11 – 32	292,—	204,—	245,—
12,4/11 – 36	294,—	206,—	247,—
12,4/11 – 38	312,—	218,—	262,—

Reifengröße	Quadrantkette DM	Leiterkette DM	Zickzackkette DM
12,5 – 20	222,—	155,—	186,—
13,6/12 – 28	346,—	242,—	290,—
13,6/12 – 36	406,—	284,—	341,—
13,6/12 – 38	390,—	273,—	328,—
14,9/13 – 24	290,—	203,—	244,—
14,9/13 – 28	366,—	256,—	307,—
14,9/13 – 30	368,—	258,—	310,—
14,5 – 20	258,—	181,—	217,—
16,9/14 – 28	350,—	245,—	294,—
16,9/14 – 30	370,—	259,—	311,—
16,9/14 – 34	406,—	284,—	341,—
18,4/15 – 30	406,—	284,—	341,—
18,4/15 – 34	406,—	284,—	341,—
15,5 – 38	360,—	252,—	302,—

Verschiedene andere Hersteller, wie die Firma Többicke, boten unterschiedlichste Ketten an, um die Traktion in schwierigem Gelände zu verbessern. Das in Solingen ansässige Kettenwerk Max Többicke produziert übrigens auch heute noch Ketten für Traktoren.

auch doppelt und dreifach aneinander geschraubt werden konnten, um damit den gewünschten Effekt einer übergroßen Bodenauflage und eines besonders niedrigen Bodendruckes zu erreichen. Diese Eisenräder wurden genauso lange gefertigt, wie es Glühkopfbulldogs gab.

Darüber hinaus gab es noch Geländeketten, Schneeketten oder Greiferketten, bestückt mit den unterschiedlichsten Greiferplatten und Leisten, die ein Vorwärtskommen auf weichen und schmierigen oder mit Schnee und Eis bedeckten Böden wesentlich erleichtern konnten, in der Anschaffung aber nochmals um ein Vielfaches billiger waren, als ein Satz Ansteckraupen.

Alternativ zum Vollkettenbulldog konnten nach wie vor Ansteckraupen unterschiedlicher Hersteller für die Radschlepper bezogen werden.

Vollkettenbulldogs

HR 6 38 PS	HR 8 38 PS	HR 8 45 PS	HRK 55 PS	Baureihe – Ausführung – Lieferumfang
D 6550				Vollkettenbulldog der 22/38er-Baureihe
	D 9550			Vollkettenbulldog mit elektr. Ausrüstung und Anlasszündung
	D 9551			Ackerbulldog mit elektr. Ausrüstung und Anlasszündung
	D 9552			Ackerbulldog mit elektr. Ausrüstung, ohne Anlasszündung
		D 9550		Vollkettenbulldog mit elektr. Ausrüstung und Anlasszündung
		D 9551		Ackerbulldog mit elektr. Ausrüstung und Anlasszündung
		D 9552		Ackerbulldog mit elektr. Ausrüstung, ohne Anlasszündung
			D 1550	Standardausführung
			D 1551	Standardausführung mit elektr. Ausrüstung und Anlasszündung
			D 1552	Wie oben, ohne Anlasszündung
			D 1560	Standardausführung
			D 1561	Standardausführung mit elektr. Ausrüstung und Anlasszündung
			D 1571	Straßenbauausführung mit verbreitertem Laufwerk
			D 1581	Bulldog-Planierraupe mit Planierschild

Die HN-Baureihe wird gegründet

Der kleine Kühlerbulldog

Nach dem Vorbild des Hackfruchtschleppers Typ GP von John Deere entstand gegen Ende des Jahres 1930 bei Lanz der erste deutsche Hackschlepper.

Der kleine Kühlerbulldog war das Produkt einer in den ausgehenden zwanziger Jahren begonnenen Entwicklung, um sich damit wieder dem durchschnittlichen und kleineren Bauernhof zuzuwenden. Dieser Bulldog im Leistungsbereich um die 20 PS wurde im Jahr 1932 auf den Markt gebracht. Doch es war ein langer, teilweise von Rückschlägen geprägter Weg, der beschritten werden musste, bis sich endlich der Erfolg einstellte. Dabei waren die politische und besonders die wirtschaftliche Lage – die Weltwirtschaftskrise mit all ihren Fassetten – Hauptursachen für die Probleme, die diese neue Bulldog-Entwicklung begleitete, deren Anfänge bis in das Jahr 1929 zurück reichen, als die noch sehr erfolgreich werdende HN-Motorenbaureihe ihre Geburtsstunde erlebte. Den Bulldog, der ab 1932 den Erfolg begründete, nannte man den *kleinen Kühlerbulldog*.

Diese Bezeichnung wurde deshalb gewählt, weil der große Kühlerbulldog aus der Baureihe HR 5 gerade erst ein paar Monate auf dem Markt war. Er repräsentierte den bis dahin mit Abstand modernsten Bulldog – da war es mehr als selbstverständlich, sich an ihm als Vorbild zu orientieren. Dennoch gab es zahlreiche Veränderungen

und natürlich Verbesserungen sowohl am Motor wie am Bulldog selbst. Doch alles der Reihe nach.

AM ANFANG: EIN NEUER MOTOR

Am Anfang stand die Entwicklung eines neuen Motors. Berechnungen und Versuche hatten ergeben, dass ein Bohrungsdurchmesser von 170 mm und ein Hub von 210 mm mit dem daraus resultierenden Hubraum von 4,764 Litern bei einer Drehzahl von 760 Touren in der Minute eine Nennleistung von 12 PS, eine Dauerleistung von 20 PS und eine Höchstleistung von 25 PS ergaben. Und da auch bei diesem Motorentyp – wie aus der HR-Baureihe bekannt – die Nennleistung des Motors zusammen mit der Dauerleistung in der Typenbezeichnung enthalten war, so konnte diese hier nur 12/20 PS lauten.

Eine respektable Verbesserung war der eng am Rumpf anliegende Auspuff, die durch Vertauschen des Regler- und Kupplungsschwungrades erst möglich wurde, und hier recht stabil ausgeführt werden konnte. Doch der Hintergrund war der Riementrieb bei stationären Einsätzen, der bei den damaligen Bulldogs noch besonders stark im Vordergrund stand. So war es bisher unumgänglich und immer etwas hinderlich, den Riemen zwischen Rumpf und Auspuff durchzuführen, um überhaupt an die Riemenscheibe zu gelangen. Ganz anders und vor allem viel einfacher gestaltete sich dieser Arbeitsgang beim neuen Bulldog-Motor, denn hier lag der Riemenantrieb gegenüber der Auspuffseite und war frei zugänglich. Das Vertauschen von Riemenscheibe und Kupplung erforderte natürlich die Verwendung der Daumenwelle, die ja für die Betätigung der Einspritzpumpe notwendig war und unterhalb der Kurbelwelle durchgeführt, die Verbindung vom Regler zur Einspritzpumpe herstellte.

Ein sehr großer Vorteil lag auch in der nahezu perfekten Schmierung. Ein vom Motor angetriebener Ölapparat, in Fachkreisen *Bosch-Öler* genannt, übernahm alle notwendigen Schmierfunktionen der Motorenteile, beim fertigen Bulldog sogar das Schmieren der Getriebe- und Fahrwerksteile, sodass lediglich noch die Vorderachse von Hand mit der Schmierpresse abzuschmieren war.

Die Motoren der HR-Baureihe verfügten lediglich über eine Ölversorgung der wichtigsten Motorenteile. Und

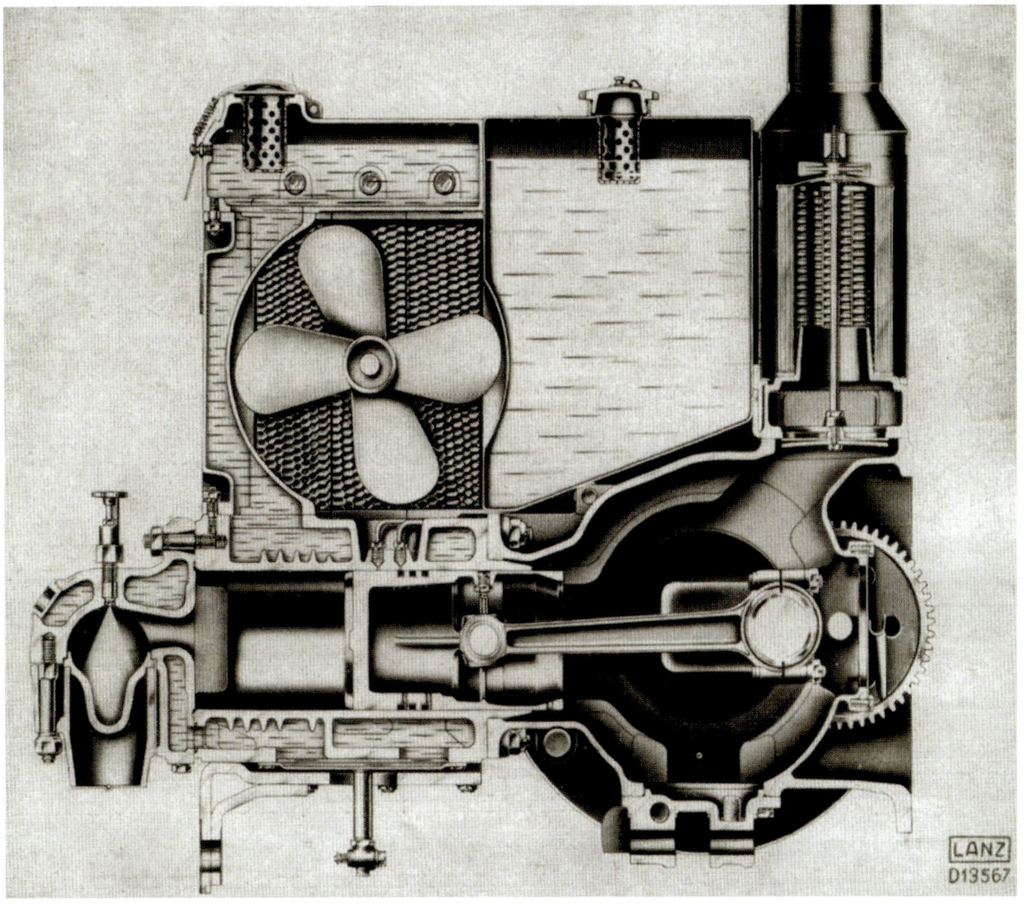

Am Anfang der 1932 gegründeten HN-Baureihe stand die Entwicklung eines neuen Motors mit 4,7 Litern Hubraum.

Nach dem Vorbild des 10-l-Motors konnte auch das neue 4,7-l-Aggregat mit geringen Veränderungen alle flüssigen, gasförmigen und festen Kraftstoffe verarbeiten. Diese Kraftstoffgleichgültigkeit gab ihm auch den Namen Allesfresser.

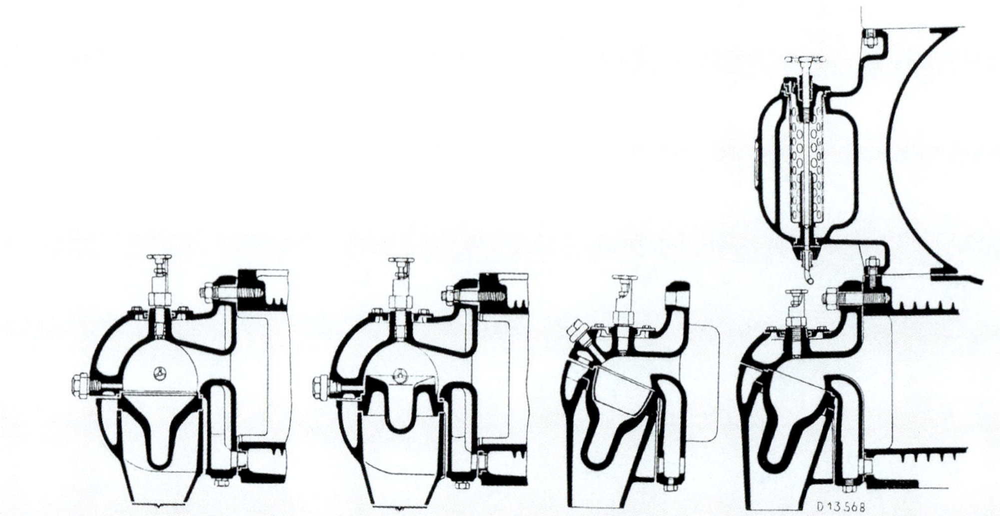

hierzu zählten der Kolben und das Pleuel sowie die beiden Kurbelwellenlagerungen.

Das Zurückpumpen dieses Öles aus dem Kurbelgehäuse nach passieren der Schmier- und Lagerstellen erfolgte erstmals mittels einer Zahnradpumpe gegenüber der bisher verwendeten Kolbenpumpe. Grobe Verschmutzungen wurden durch ein Filtersieb im Kurbelgehäuse zurückgehalten, wogegen die feinen Schmutzpartikel über einen Filtersack ausgefiltert wurden. Wichtig war auch der Luftfilter, dem die Aufgabe zugeteilt war, die eingesaugte Luft zu reinigen, bevor sie in den Verbrennungsbereich des Motors gelangte. Nur sauber gefilterte Luft konnte den Motor vor Schaden und vorzeitigem Verschleiß bewahren. Der Filter wurde aus der HR-Baureihe übernommen, hatte er sich dort bisher bestens bewährt. Diesmal aber war er nicht über den Tank hinaus hochgesetzt, sondern er saß direkt auf dem Kurbelgehäuse hinter dem Tank; vor dem Kraftstoffbehälter befand sich der Kühleraufbau mit Steigrohr, Wasserkasten und die Einzelkühlelemente. Das Steigrohr war auf der Vorderseite mit einer großzügigen Blechplatte verschlossen, die für Kontrollzwecke abnehmbar war. Nach dem Vorbild des Kühlerbulldog HR 5 fand sich auf dem Wasserkasten die Beschriftung *Bulldog*, gefasst in einem Rahmen, und auf dem Steigrohr etwas größer und ohne Rahmen der Schriftzug *Lanz*.

DER ERSTE EUROPÄISCHE HACKFRUCHT-SCHLEPPER: EIN DREIRADBULLDOG NACH AMERIKANISCHEM VORBILD

Eigentlich verfolgte Dr. Huber den Bau eines Dreirad-Hackfruchtschleppers, bei dem nicht mehr das Ziehen und Transportieren von Lasten im Vordergrund stand als vielmehr die komplette Bearbeitung und Pflege der landwirtschaftlichen Flächen in Verbindung mit einer umfangreichen Gerätereihe, die schnell wechselbar an der Ackerschiene angebaut war.

Dabei hatte man diesmal gezielt ein amerikanisches Modell als Vorbild ins Auge gefasst: den John Deere Hackfruchtschlepper vom Typ GP, der bereits seit 1929 sehr erfolgreich verkauft wurde. Das Geheimnis seines großen Erfolgs lag darin, dass zum Schlepper eine Vielzahl der verschiedensten Anbaugeräte zur Verfügung gestanden hatte, die nicht nur schnell gewechselt, sondern über eine mechanische Hebevorrichtung auch angehoben und gesenkt werden konnten.

Diese Vorstellungen führten gegen Ende des Jahres 1930 zum Bau des ersten europäischen Hackfrucht-Bulldog, der – nach diesem Vorbild – ebenfalls eine Dreiradkonstruktion darstellte. Doch zeigte es sich sehr schnell, dass es in Europa ein chancenloses Unterfangen war, mit diesem Bulldog in der damaligen Zeit am Markt je einen Erfolg verbuchen zu können.

Es fehlte nicht nur an den notwendigen Anbaugeräten, die vielleicht im Einzelfall doch einmal auf einem Hof vorhanden waren, dann aber weder in Größe noch in der Anbaufähigkeit zum Hackfrucht-Bulldog gepasst hätten. Doch das eigentliche Problem lag in dem uneinheitlichen Reihenabstand des Hackfruchtanbaues. Es gab noch keine Normen, jeder Landmaschinenhersteller, nicht selten auch ein Schmied, baute nach eigenen Vorstellungen, und jeder Bauernhof hatte so seine eigene Reihenbreite, die nicht selten vom Zufall bestimmt war. Überhaupt suchten die

Landwirte eher eine gute und zuverlässige Zugmaschine als ein solches Universalgerät, und sie waren nicht bereit, zusätzlich zum Bulldog eine neue Gerätereihe anzuschaffen oder wenigstens die vorhandenen Geräte soweit umbauen zu lassen, dass sie an den Bulldog hätten angebaut werden können.

Also ein Ende vor dem Anfang für den ersten europäischen Hackfrucht-Bulldog! Dennoch war ein Bulldog in dieser Leistungsklasse zwingend notwendig, denn seit der Entwicklung des ersten 10-Liter-Bulldog war die Leistung von ursprünglich 22 PS bis zu den beginnenden 30er-Jahren auf nahezu 40 PS gestiegen. Es war das Ziel, den großen Höfen und Gütern, den Staatsdomänen und ihren Pächtern eine kräftige und zuverlässige Zugmaschine an die Hand zu geben als Ersatz für die schwerfälligen, mit Dampf betriebenen Ungetüme und die ebenfalls tonnenschweren Benzinzugmaschinen und Motorpflüge. Doch die an diesen Großbetrieben ausgerichteten leistungsfähigen Maschinen waren für kleinere Betriebe unerschwinglich. Hier verlangte man einen kleinen, weit billigeren Bulldog.

Es gab keinen Grund, die begonnene Entwicklung wieder zu stoppen, sie musste nur den neuen Bedürfnissen angepasst werden, zumal der neue Motor beträchtliche Entwicklungskosten verschlungen hatte – und er brauchte nun einen Bulldog, um diese Kosten wieder einfahren zu können.

Von dem Dreiradbulldog wurden – wie man heute weiß – lediglich drei Prototypen angefertigt, von denen wohl kaum einer in den Verkauf kam. Vielmehr liegt die Ver-

Dr. Huber orientierte sich bei seiner Konstruktion des Dreiradschleppers an dem Hackfruchtschlepper aus dem Hause John Deere, der bereits seit 1929 erfolgreich verkauft werden konnte.

mutung nahe, dass diese Bulldogs in der Versuchswerkstatt blieben und der Weiterentwicklung dienten. Mindestens ein Exemplar wurde mit einer neuen Vorderachse samt Lenkung ausgerüstet und als weitere Versuchsmaschine für die nächste Entwicklung zum Vierradbulldog umgebaut.

HN – DIE NEUE BAUREIHE MIT 20 PS

Der Bulldogmotor mit den Baugruppen Tank, Kühler und Luftfilter bildete zusammen mit dem Zylinder und dem Kurbelgehäuse eigentlich schon das komplette Vorderteil des Bulldog, sodass nur noch die Vorderachse zu montieren war. Nach hinten allerdings benötigte man doch etwas mehr, beispielsweise das komplette Getriebe samt den Steckachsen, der Zapfwelle, die Anhängevorrichtungen für Geräte und Wagen, die Bremsen, und den Fahrraumaufbau mit den wuchtigen Hinterradkotflügeln und dem Lenkrad. Wenn dann noch die Räder montiert waren, so war der Bulldog fahrbereit.

Große Vorteile brachte das neue, weiterentwickelte Getriebe, das erstmals über eine zentral eingebaute Zapfwelle verfügte. Der große Vorteil aber lag in der Vielzahl der Übersetzungen, die mit sechs Gängen im Rahmen der damaligen Zeit als reichlich bemessen angesehen werden darf. Das Grundgetriebe mit drei Vorwärts- und einem Rückwärtsgang wurde vom HR 5 übernommen, doch mit dem Einbau einer weiteren Getriebewelle nach Art des Vierganggetriebes vom Großbulldog – dieses stellte ebenfalls ein Zweiganggetriebe mit Vorgelege dar – hatte man die Möglichkeit einer Gruppenschaltung geschaffen. Also waren mit dem Gruppenschalthebel die Acker- oder Straßengruppe vorzuwählen, während mit dem zweiten Schalthebel die Gänge eins bis drei (oder vier bis sechs) und der Rückwärtsgang in gewohnter Art geschaltet werden konnten. Mit diesem Getriebe war es also erstmals möglich, mit etwas Geschick alle Geschwindigkeitsstufen vom Fahrersitz aus nach Art eines modernen Automobils zu schalten, ohne dass der Fahrer anhalten oder gar absteigen musste und Zahnräder zu wechseln hatte. Jetzt war es nur noch von der Bereifungsart abhängig, mit welchen Getriebeübersetzungen bzw. Fahrgeschwindigkeiten der Bulldog geliefert wurde.

Die Handbremse wirkte nach dem Vorbild der HR-Baureihe weiterhin auf das Getriebe, während bei der Fußbremse auf Trommelbremsen übergegangen wurde. Sie waren an der Außenseite der Achstrichter montiert und stellten eine ähnliche Lösung dar, wie sie beim 12er-HL-Bulldog auf Wunsch geliefert wurde. Recht modern auch die Jalousie auf der Innenseite der Kühlelemente, die vom Fahrersitz aus geöffnet oder geschlossen werden konnte, um damit die Kühlung zu regeln. Über den Hinterrädern waren neu geformte, großflächig ausgebildete Muschelkotflügel montiert, die dem Fahrer Schutz vor den Hinterrädern bot. Auf der Rückseite war der Bulldog mit einer aus Riffelblech hergestellten großen Plattform und einer über die komplette Breite reichende Ackerschiene ausgestattet, um allen Anbau- und Anhängegeräten gerecht zu werden. Diese Meinung jedenfalls vertraten die Konstrukteure und verzichteten deshalb auf die Montage eines speziellen Anhängemauls. Doch recht schnell ließen sie sich eines Besseren belehren und rüsteten dieses gerade bei Transporten – zum Ankoppeln eines Anhängers – unersetzbare Bauteil nach. Seit dieser Zeit wurde jeder Bulldog mit einem solchen Anhängemaul ausgerüstet.

DIE UNTERSCHIEDLICHEN AUSFÜHRUNGEN

Für die Herstellung der neu hinzugekommenen Bulldogs der HN-Baureihe hatte man in der Mannheimer Fabrik durch Auslagerung einzelner Fertigungszweige in andere Werke Platz geschaffen und baute parallel zur Bulldog-Entwicklung ein neues – das mittlerweile zweite – Montageband auf, denn diese Bulldogs sollten genauso wirtschaftlich hergestellt und damit genauso erfolgreich werden, wie die Bulldogs der HR-Baureihe. Dahinter verbarg sich die seit langem verfolgte und bestens bewährte Vorgehensweise, nur einen Grundtyp wirtschaftlich und kostengünstig herzustellen, um ihn dann mit wenigen Änderungen für die unterschiedlichen Einsatzbereiche anbieten zu können.

Die billigste Ausführung war auch hier der eisenbereifte Dreigang-Ackerbulldog ohne Fußbremse und ohne Fußpedal für die Drehzahlregelung, ohne elektrische Ausrüstung und Beleuchtung und ohne eine Anlasszündung. Nur eine Handbremse war vorhanden, und natürlich die Kupplungsbremse, die man bei jedem Bulldog-Motor zum Abbremsen des Schwungrades benötigte. Bei dieser Ausführung wurde das Getriebe ohne die Schieberäder der dritten Getriebewelle und damit ohne die Straßengruppe mit dem zweiten Schalthebel ausgeliefert, sodass der Bulldog mit aufgelegten Laufringen nur eine Höchstgeschwindigkeit von ca. 7 km/h erreichen konnte.

Auf Wunsch und gegen Aufpreis war natürlich wenige Monate später auch die Montage einer Luftbereifung möglich, ebenso konnte die elektrische Ausrüstung samt Beleuchtung zugekauft werden, und selbst eine Anlasszündung ließ sich einbauen, wenn nur der Kunde es wünschte.

War diesem aber der elastikbereifte Bulldog mit einer höchsten Fahrgeschwindigkeit von 15 km/h angenehmer, so blieb im Getriebe die Ackergruppe unverändert, es kam

Werbung für den kleinen Kühlerbulldog aus dem Jahre 1932: Er wurde als eisenbereifter Ackerbulldog oder für Straßenfahrten mit Elastikbereifung geliefert.

lediglich die zweite Getriebewelle samt Schalthebel als Gruppenschaltung hinzu. Allerdings war bei diesen Geschwindigkeiten eine zweite Bremse, die Fußbremse, absolut unverzichtbar. Deshalb waren zusätzlich die etwas teureren Trommelbremsen samt dem Fußgashebel eingebaut. Die auf Wunsch gelieferte elektrische Ausrüstung und Anlasszündung konnte auch hier – genau wie beim Ackerbulldog – mit dazu bestellt werden.

Für das Transport- und Speditionsgewerbe gab es den 16 km/h schnellen Verkehrsbulldog. Er wurde in einfacher oder zwillingsbereifter Ausführung – auf Wunsch sogar mit Schnellgreifern – angeboten.

Über die elastikbereifte Ausführung hinaus stand noch die fortschrittliche Luftbereifung zur Verfügung, die sich zu der Zeit aber nur sehr schwer durchsetzten konnte. Hier war der Radumfang der Hinterräder so ausgelegt, dass dieselben Zahnräder eingebaut werden konnten, ohne die Endgeschwindigkeit von 15 km/h zu überschreiten. Also erfolgte auch hier nur eine Auslieferung mit Fußbremse und der Gruppenschaltung. Bezüglich des weiteren Zubehörs gab es keine Unterschiede zu den vorgenannten Ausführungen.

Dann gab es noch den eleganten Bulldog zur Bewältigung von Eiltransporten für schwere Lasten, der je nach Wunsch in elastikbereifter oder luftbereifter Anführung geliefert wurde. Hier lag der Unterschied in der Höchstgeschwindigkeit, die mit einer Elastikbereifung bei 16 km/h lag, mit der Luftbereifung jedoch bis auf 23 km/h gesteigert werden konnte. Zu seiner serienmäßigen Ausstattung zählten natürlich – wie beim 38 PS starken Bruder – die durchgehenden Kotflügel, auch als Autokotflügel beworben, und eine gepolsterte Sitzbank für zwei Personen, ebenso die elektrische Ausstattung mit Beleuchtung und Anlasszündung. Der Auspuff, wahlweise nach oben oder unten geführt zu erhalten, wurde bei Maschinen im überwiegenden Straßeneinsatz vorzugsweise in der nach unten gerichteten Ausführung gekauft, da hier weniger Bodenfreiheit notwendig war. Auch konnte die Riemenscheibe nicht mehr eingesetzt werden, ohne vorher den vorderen Kotflügel umständlich abzubauen. Deshalb war diese Ausführung hauptsächlich den Speditionen und ähnlichen Unternehmen vorbehalten, die Transporte auf ausgebauten Straßen zu bewerkstelligen hatten. Einen Kombi- oder Dreschbulldog wie bei der HR-Baureihe gab es hier nicht, aber alle beschriebenen Ausführungen konnten auf besonderen Wunsch mit einer Teeröleinrichtung geliefert werden.

Bereits wenige Monate nachdem die 12/20er-Baureihe zu kaufen war, änderte man infolge einer Rationalisierungsmaßnahme das Steigrohr. War die Vorderseite bisher aus Blech hergestellt und aufwändig verschraubt, so wurde nun ein komplettes Gussteil eingebaut. Der Schriftzug *Lanz* – bisher als geprägtes Blechschild auf dem Steigrohrdeckel festgemacht – war nun ebenfalls erhaben gegossen. Der Bulldog-Schriftzug auf dem Wasserkasten blieb unverändert.

HOCHGELOBT, ABER IN DER KALKULATION ZU TEUER

Die Fertigstellung der ersten Bulldogs war noch kein Garant für ihre Tauglichkeit, deshalb war es besonders wichtig, erstmals gründliche Tests durchzuführen. Tests die nicht nur die Belastung und Lebensdauer oder die Handhabung einer Maschine aufzeigten, genauso wichtig war der Vergleich mit leistungsgleichen Wettbewerbern: Gab es hier Vorteile, gab es Nachteile? Wo waren die Stärken der eigenen Maschine und wo die Schwächen der Mitbewerber? Erst wenn all diese Fragen mit brauchbaren Ergebnissen hinreichend beantwortet werden konnten, war der Zeitpunkt für den Verkaufsstart gekommen.

So war beispielsweise einer dieser Bulldogs seit geraumer Zeit als Versuchsschlepper auf dem Stadtgut Speyer eingesetzt, und er wurde besonders hart getestet. Das Urteil der Fahrer wie auch der Versuchsbeobachter damals aber war einstimmig: Sie alle waren sehr zufrieden mit dem neuen Bulldog, mit dessen Handhabung und noch mehr mit der Leistung!

Auch bei weiteren Tests und Prüfungen und einem gründlichen Vergleich mit anderen Schleppern hatten sich die 12/20er-Bulldogs hervorragend bewährt, sie erfüllten alle Anforderungen zur vollsten Zufriedenheit.

Dieses Werksbild von 1933 zeigt einen 12/20er-Bulldog mit neuem Steigrohr und Straßenbereifung. Sein hoher Anschaffungspreis jedoch verhinderte in der schwierigen Zeit der Weltwirtschaftskrise hohe Absatzzahlen.

Ganz anders sah dagegen die Kalkulation aus. Die anspruchsvolle und wartungsfreundliche Bauweise hatte natürlich ihren Preis. Und dies wurde spätestens bei der Kostenaufstellung deutlich sichtbar. Beispielsweise kostete der Sechsgang-Bulldog mit Elastikbereifung, gefederter Vorderachse und einer kompletten elektrischen Ausrüstung um die 6000 Mark.

Vor allem aber fiel das Erscheinungsjahr 1932 mitten in die schreckliche Zeit der Weltwirtschaftskrise und der verheerenden Arbeitslosigkeit. Viele Deutsche hatten aufgrund monatelanger Arbeitslosigkeit nur noch Geld für das Nötigste, für Nahrung und Kleidung. An erster Stelle stand immer der Wunsch eines jeden Menschen, wenigstens einmal am Tag richtig satt zu werden und so viele Kleider zu besitzen, dass man ohne zu frieren auf die Straße konnte. Da ist es mehr als verständlich, dass diejenigen, die noch etwas auf der hohen Kante hatten, ebenfalls sehr zurückhaltend mit dem Geld ausgeben waren, denn keiner konnte wissen, wie lange diese schwierige Zeit noch anhalten würde. Die Angst vor der Zukunft war besonders groß.

So kam es, dass trotz dieser hervorragenden Eigenschaften und positiven Testurteile nur eine geringe Nachfrage an den neuen Bulldogs zu verzeichnen war, natürlich gemessen an den im Hause Lanz sonst üblichen Stückzahlen. Aber auch das HR-Band mit den Bulldogs der Baureihen HR 5 und HR 6, bis weit in das Jahr 1931 noch voll ausgelastet, war seit Mitte 1932 und den Monaten danach mit der Produktion von lediglich vier bis fünf benötigten Bulldogs pro Tag kaum mehr ausgelastet.

So hatte der 12/20-PS-Bulldog aus der HN-Baureihe kaum eine Chance für einen stückzahlträchtigen Verkauf, da seine Produktion von April/Mai 1932 bis Mitte 1933 nur runde 14 bis 15 Monate dauerte. Dennoch konnten in dieser Zeit 678 Bulldogs einen Käufer finden, was runde 45 Stück pro Monat ausmacht; eine Stückzahl, die dem einen oder anderen Mitbewerber in dieser schweren Zeit ein Überleben garantiert hätte. Die Geschäftsleitung des Hauses Lanz allerdings sah dies mehr unter dem kaufmännischen Gesichtspunkt und beschloss deshalb die Fertigungseinstellung nach den genannten wenigen Monaten.

EINE FAST FOLGENSCHWERE ENTSCHEIDUNG

Es war den Herren der Geschäftsleitung nicht leicht gefallen, das Ende dieses genialen und von allen Seiten mit höchstem Lob bedachten Bulldog zu beschließen, waren die bisher aufgelaufenen Entwicklungskosten bei weitem noch nicht eingefahren, und hierzu musste natürlich auch der Misserfolg des ersten europäischen Hackfrucht-Bulldog mit nur drei Prototypen gerechnet werden. Denn eine Fertigung einzustellen, das war eine Sache. Aber was kommt danach? Da war ja auch noch das neu eingerichtete Fertigungsband, das täglich Kosten verursachte. Es musste dringend ausgelastet werden, aber wie?

In diesen schweren Stunden besann man sich wieder auf den 12-PS-HL-Bulldog in Verkehrsausführung, einen erfolgreichen und mittlerweile ausgereiften Bulldog aus der Anfangszeit, dessen Produktion aber 1927 eingestellt worden war. Damals verkauften sich die Bulldogs wie die sprichwörtlichen warmen Semmeln. Die Schwierigkeiten lagen eher im Fertigungsbereich, der die geforderten Stückzahlen nicht zeitgerecht herstellen konnte, was mitunter zu erheblichen Wartezeiten führte. Dieser Bulldog wäre wohl weit billiger herzustellen gewesen, seine Fertigung innerhalb weniger Wochen wieder aufgenommen, doch war das die richtige Lösung? Man erinnere sich an seine Technik: Eine Drehschemellenkung mit reichlich Spiel im Lenkgetriebe aufgrund einer fehlenden präzisen Lenkkonstruktion und Bremsklötze aus Holz oder einer Gussplatte, über eine Spindel bedienbar. Es gab auch die auf Wunsch lieferbare Trommelbremse, die sich für einen serienmäßigen Einbau geeignet hätte, aber es existierte für diesen Typ noch kein Getriebe, das sich während der Fahrt schalten ließ, und es war nur eine Handkupplung vorhanden! Dann die Bereifung, der Antrieb auf die Räder, und und und ...

Eine folgenschwere Entscheidung: Aus kostengründen sollte der 12-HL-Bulldog wieder gefertigt werden.

Natürlich hätte die Firma mit dieser Entscheidung kurzfristig wieder Geld verdient, aber welche Folgen wären mittelfristig entstanden, welcher Schaden wäre der Firma langfristig entstanden? Jedenfalls wäre es ein enormer technischer Rückschritt gewesen, diese Entscheidung zu tragen. Aus heutiger Sicht ein großes Glück, es bei der Erwägung zu belassen und der Weiterentwicklung eine Chance zu geben. Auch wenn die näheren Umstände im Einzelnen heute nicht mehr bekannt sind, so ist dennoch wenig Phantasie notwendig, um sich den Kampf vorzustellen, den sich der Bulldog-Schöpfer Dr. Huber mit den Kaufleuten in diesen Tagen und Wochen geliefert haben muss. Letztlich konnte man sich dahingehend einigen, den HN-Bulldog in wesentlich einfacherer und billigerer Technik weiterzubauen, ohne dass aber der Kunde auf die bekannten Vorzüge verzichten musste.

Mit dieser Entscheidung gestattete sich die Firma eine Weiterentwicklung auf dem aktuellen, neuesten technischen Stand, die zum Bau des Nachfolgers, dem Typ 12/20 PS der HN 2-Baureihe führte.

DER KOSTENGÜNSTIGERE NACHFOLGER

Es war Mitte des Jahres 1933, als die ersten Nachfolger vom Band liefen, wiederum mit der Leistungsangabe 12/20 PS, die gleichzeitig die Typenbezeichnung wiedergab. Lediglich bei der Baureihe war man nun zu HN 2 übergegangen. Damit kam gleichzeitig zum Ausdruck, dass es sich beim bisherigen HN-Bulldog indirekt um den HN 1 gehandelt hat.

Betrachtet man das Äußere des Nachfolgers, so zeigt er sich schon auf den ersten Blick dermaßen unterschiedlich, dass sich einem unweigerlich der Gedanke aufgedrängt, es hier mit einem völlig anderen Typ zu tun zu haben. Bei Lanz hatte man schwer gearbeitet, denn nur so war dieses Ergebnis möglich: Im Vordergrund stand eine wesentlich kostengünstigere Fertigung, ohne dabei die moderne und richtungsweisende Technik zu opfern. Dies fing bei den kostspieligen und aufwändig hergestellten Muschelkotflügeln des Vorgängers an, die nun in recht einfacher und entsprechend billiger Weise hergestellt, als Trennwände mit Muschelandeutung fungierten, dem Fahrer aber den gleichen Schutz boten. Mehr noch, denn bisher war der Fahrerraum nach vorne, rechts und links vor den Hinterrädern offen, mit der neuen Lösung aber war ein geschlossener Aufbau entstanden. Die Trennwände waren vorne in einer großzügigen Rundung nach innen gebogen und mit dem neu hinzu gekommenen Armaturenbrett verschraubt.

Diese Einsparungen zogen sich so durch den kompletten Bulldog und betrafen neben einer wesentlich vereinfachten Schmierung auch Motoren- und Getriebeteile, ohne aber die Hauptkomponenten oder die technischen Daten zu verändern.

Eigentlich konnte man dies bereits in dem Kapitel der HR-Baureihe erfahren, bei den ab 1935 gebauten Bulldogs, die dieselben Veränderungen durchmachten, ebenfalls mit dem Ziel einer kostengünstigen Herstellung. Alle diese Maßnahmen gehen aber auf die Entwicklung und erlebten Erfahrungen mit der HN-Baureihe zurück und haben nichts mit der Mitte der dreißiger Jahre hinzugekommenen und von der Reichsregierung auferlegten Rohstoffproklamation zu tun.

Auch die angebotenen Ausführungen entsprachen weitgehend denen des Vorgängers. So wurde der billige Dreigang-Ackerbulldog mit einer auf das Getriebe wirkenden Handbremse und einer Eisenbereifung angeboten. Weiter stand der Bulldog mit Sechsganggetriebe mit Elastik- oder Luft-Bereifung zur Verfügung, serienmäßig mit einer gefederten Vorderachse ausgerüstet. Für das Transportgewerbe gab es wiederum den eleganten, mit Autokotflügeln ausgerüsteten und über eine höhere Endgeschwindigkeit verfügenden Bulldog für Eiltransporte.

Im typischen Lanz-Werbestil wird hier der Ackerluft-Bulldog mit stabiler Ackerschiene und Radgewichten beworben. Dieser Bulldog wurde mit einem Sechsganggetriebe angeboten.

Auch der 12/20-PS-Bulldog aus der Baureihe HN 2 hatte wenig Chancen für einen stückzahlträchtigen Verkauf, da seine Produktion lediglich von Mitte 1933 bis zum Jahresende 1934 andauerte. In dieser Zeit konnten 593 Bulldogs an den Mann gebracht werden; also noch weniger, als vom kostenintensiven Vorgänger. Diesmal jedoch ging es um den Nachfolge-Bulldog – einen besonders großen Wurf – einen zu vielen Tausenden hergestellten Grundbulldog,

Natürlich stand der elegante Bulldog für Eiltransporte weiterhin zur Wahl, doch auch er hatte sich gegenüber seinem Vorgänger wesentlich verändert.

BULLDOG
LANZ

der dann wiederum in den unterschiedlichen Ausführungen ab 1935 verkauft werden konnte. Für ihn stand der HN 2 sozusagen zur Erprobung für den Serienanlauf des komplett überarbeiteten und nach modernsten und wirtschaftlichsten Gesichtspunkten ausgelegten Fertigungsbandes zur Verfügung.

HN 3: DER MEISTGEKAUFTE LANZ BULLDOG

Er wurde ab Anfang 1935 angeboten und er sollte der meistverkaufte Bulldog werden, doch das konnte zu dieser Zeit keiner wissen: der 20-PS-Bulldog aus der HN-Baureihe in dritter Generation, deshalb *HN 3* genannt. Und da man mittlerweile von der doppelten Leistungsangabe abgekommen war, nur noch mit 20 PS angegeben.

Dahinter verbarg sich auch das ehrgeizige Bestreben des Eduard M. Hofweber, die Firma zum Konzern auszubauen und im Mannheimer Werk nur noch Bulldogs herzustellen. Also konnte der Schwerpunkt nur in einer besonders kostengünstigen Fertigung liegen, geknüpft an hohe und höchste Stückzahlen eines einfachen Grundbulldog. Und dieser Entwicklung war man nun gerüstet. Der Fertigungsanlauf erfolgte noch in den ersten Monaten des Jahres 1935 und vom Band lief ein Bulldog, der dem HN 2 zum Verwechseln ähnlich sah.

Änderungen gab es nur im Detail, hervorgerufen durch die Rohstoffproklamation. Beispielsweise waren die alten Anschlussstücke der Kühlelemente aus Messingvollmaterial gefertigt, einem Werkstoff, der stufenweise zu ersetzen

Werbung anno 1935: Bereits bei der modern eingerichteten Gießerei beginnt die Großserienproduktion. Vor dem Einbau werden die fertig montierten Motoren zunächst auf einem Prüfstand getestet. Im letzten Schritt verlassen die fertigen Bulldogs das Montageband.

Der neue Bauernbulldog: Als wahrer Billig-Bulldog entwickelte er sich seit seinem Produktionsstart Anfang 1935 zu einem Erfolgsmodell, dass viele hundert Mal verkauft wurde.

war. Dieses aufwändige Bauteil ließ sich nach langwierigen Versuchen letztlich durch eine einfache Blechplatte ersetzen, die nach insgesamt neun Tiefzieh-Schritten zu eben diesem Teil umgeformt werden konnte. So zogen sich vielerlei Änderungen dieser und ähnlicher Art letztlich durch den ganzen Bulldog.

Für die großen Stückzahlen gab es Unterstützung durch die Reichspropaganda, großangelegte Werbkampagnen „im Kampf um die Nahrungsmittelfreiheit", die eine Motorisierung der bäuerlichen Betriebe unterstützte.

UNERLÄSSLICH AUCH HIER: DIE D-NUMMER ALS BESTELLNUMMER

Hauptursache war des Telefon, das mittlerweile in jeder Reparaturwerkstätte vorhanden war, Ersatzteilbestellungen und sonstige Auskünfte mit dem Werk wesentlich vereinfachte und erheblich beschleunigte gegenüber der mittlerweile überholten Telegramm-Kommunikation. Außerdem ließ sich über das Telefon ein sofortiger Dialog mit dem zuständigen Sachbearbeiter herstellen, um Informationen direkt abzufragen oder weiterzugeben. Damit hatten auch die guten alten Telegrammwörter ausgedient, die dem Werk die notwendige Auskunft gaben, um welches Produkt es sich jeweils handelte. Das moderne Zeitalter verlangte nur noch Nummern – hier bei Lanz die D-Nummern, handelte es sich doch bei dem Bulldog um ein Produkt aus dem Motorenbau, dem Fertigungsbereich D.

D 7500: EIN BESONDERS BILLIGER ACKERBULLDOG

An erster Stelle stand ein besonders billiger Ackerbulldog, der im Gegensatz zu allen weiteren Ausführungen mit ganz einfachen Stehblechen als Schutz vor den Hinterrädern ausgerüstet war, und damit noch immer den offenen Fahrraum verkörperte. Eine Bauart, von der man eigentlich mit den neu geformten Seitenblechen des HN 2-Bulldog abgekommen war. Er verfügte über das Dreiganggetriebe mit nur einem Schalthebel und einem Fußpedal für die Kupplung. Eine Fußbremse oder ein Fußgaspedal waren nicht vorhanden und gesessen wurde auf einem gefederten Blechsitz. Das Lenkrad – noch immer mit Aluminiumkranz – war für das Anpendeln des Motors abnehmbar, und der Luftfilter – direkt auf dem Kurbelgehäuse aufgesetzt – war nahezu genauso weit hochgezogen wie der Auspuff, der nur in der nach oben geführten Version geliefert wurde. Die serienmäßige Bereifung bestand aus einer schlichten Eisenbereifung mit Laufringen, vorne für die Spurhaltung auf weichen Böden und hinten für die Straßenfahrt. Eine Ackerschiene gab es nicht, ebenso fehlte – und hier wiederum entgegen den Erfahrungen aus der HN-Baureihe – das Anhängemaul. Lediglich ein großzügig gebogenes U mit verschiedenen Löchern zum Durchstecken eines Bolzens diente zum Anbau der Gerätschaften. Auch fehlte jegliche Elektrik. Dafür kostete er auch nur ganze 3650 Reichsmark.

Obwohl der Bulldog allein in dieser Ausführung über 3000 Mal verkauft werden konnte, zählt er heute mit zu den seltensten Bulldogs seiner Art. Vielfach wurden sie nach dem Krieg umgebaut oder einfach verschrottet.

D 7506: DER ACKERLUFTBULLDOG

Er war nicht neu, wohl aber sein Name: Ackerluftbulldog. Neu war er deshalb nicht, da es bei der HN-Baureihe auf Wunsch eine Luftbereifung gab, die hier aber serienmäßig geliefert wurde. Der Vorteil der Luftbereifung war darin begründet, dass gleichermaßen auf dem Acker und der Straße gefahren werden konnte, auf der Straße bis zu 15 km/h schnell. Aufgrund der Eignung für verschiedene Einsatzgebiete verfügten diese Bulldogs automatisch über das mit zwei Schalthebeln geschaltete Getriebe mit sechs Geschwindigkeiten. Wegen der hohen Geschwindigkeit war eine weitere Bremse im Lieferumfang enthalten, nämlich eine Fußbremse, die über ein Fußpedal die Trommelbremse betätigte. Auch ein Fußpedal für die Gasbetätigung war vorhanden. Ferner kamen die neu geformten Seitenbleche mit Muschelandeutung und das Armaturenbrett zum Einbau, womit der Bulldog über einen geschlossenen Fahrerraum verfügte. Gesessen wurde auch hier auf einem einfachen, gefederten Blechsitz. Auf der Rückseite waren sowohl eine stabile, über die komplette Bulldog-Breite reichende Ackerschiene und ein Anhängemaul montiert, und der Bulldog verfügte über eine komplette elektrische Ausrüstung, die Anlasszündung mit eingeschlossen, samt einer gefederten Vorderachse.

Er war der HN 3-Bulldog, der seinem Vorgängertyp – dem HN 2 – zum Verwechseln ähnlich sah.

Für diesen Bulldog musste der Kunde dann doch wieder 5650 Reichsmark auf den Tisch legen. Am Einkommen eines mittleren Landwirts gemessen sicherlich nicht ganz billig, doch verglichen mit dem elastikbereiften HN-Bulldog von 1932 – er kostete um die 6000 Reichsmark – erheblich billiger. Zudem war die beim HN-Bulldog mit 300 Reichsmark aufpreispflichtige Luftbereifung beim HN 3 bereits serienmäßig im Lieferumfang enthalten. Hier waren die Anstrengungen der Ingenieure, mit entsprechenden konstruktiven Lösungen den Kaufpreis zu senken, deutlich sichtbar geworden. Und dann konnte der Kunde aber nochmals 100 Reichsmark einsparen, wenn auf eine Anlasszündung verzichtet wurde. Dieser Bulldog wurde unter der Nummer D 7507 geliefert.

Besonders erwähnenswert ist die Zapfwelle: Beim HN-Bulldog ragt sie zentral aus der Getrieberückseite und war serienmäßig eingebaut, jedoch fiel sie den Einsparungen bei den HN 2-Maschinen zum Opfer. Wer die Zapfwelle dennoch haben wollte, konnte sie als Sonderzubehör gegen Aufpreis beziehen und sogar nachträglich montieren.

Der Ackerluft-Bulldog: Obwohl seit 1935 im Angebot, folgten erste Bestellungen aber erst Mitte 1936. Das hier gezeigte Informationsblatt bewirbt eine länderspezifische Variante mit 24 PS.

Sie verlief nun rechts am Getriebegehäuse zwischen dem Achstrichter und der Bodenplatte nach hinten, genau nach der Bauart der HR-Reihe.

D 7511: DER KOMBIBULLDOG

Der Kombibulldog war ein Schlepper für jene Kunden, die ihren Bulldog sowohl für Transporte als auch zum Antrieb über die Riemenscheibe nutzen wollten, beispielsweise der

Beim Kombibulldog D 7511 gehörte die komplette elektrische Ausrüstung, die Anlasszündung, der Blechsitz und der nach oben geführte Auspuff zur Serienausstattung. Die Elastikbereifung war bei der Kundschaft immer noch sehr beliebt, da Eisenteile und Nägel auf den Straßen sehr häufig für Schäden an der Luftbereifung sorgten.

Auf Wunsch konnte der D 7511 auch mit einer Luftbereifung geliefert werden. Dann wurde vielfach vom *einfachen Verkehrsbulldog* gesprochen.

Lohndrescher, deshalb vielfach auch Dreschbulldog genannt. Gleichzeitig war er ein mit 15 km/h Höchstgeschwindigkeit gelieferter Sechsgangbulldog mit Elastikbereifung, für all die Kunden, die sich – vielleicht aus Angst vor zu häufigen Plattfüßen, da die Straßen noch voll von verlorenen Eisenteilen und Nägeln waren – noch immer nicht an eine Luftbereifung trauten. Man hatte diesen Bulldog – ganz dem Vorbild der HR-Baureihe – auch in der unteren Leistungsklasse zur Verfügung gestellt.

Die komplette elektrische Ausrüstung war hier serienmäßig, ebenso die Anlasszündung, der Blechsitz und der nach oben geführte Auspuff. Nur die Ackerschiene fiel wesentlich kleiner, das heißt kürzer, aus, und auf die dahinter angeschraubte Blechplatte hatte man komplett verzichtet. In dieser Ausführung kostete der Bulldog nur noch 5445 Reichsmark. Er wurde auf Wunsch selbstverständlich auch mit einer Luftbereifung der Größe 42x9 geliefert, kostete dann aber 5895 Reichsmark. Ferner stand noch eine Luftbereifung der Größe 40x8 als Alternative zur Verfügung. Damit kostete der Bulldog „nur" noch 5700 Reichsmark.

D 7521: DER VERKEHRSBULLDOG

Aus dem eleganten Bulldog für Eiltransporte war nun der Verkehrsbulldog geworden, der zunächst über denselben Lieferumfang wie der D 7506 verfügte, jedoch serienmäßig mit Automobilkotflügeln ausgerüstet war, über eine gepolsterte Sitzbank für zwei Personen verfügte und einen nach unten geführten Auspuff hatte. Auf den Hinterradkotflügeln waren zusätzliche Richtungsanzeiger, so genannte Bosch-Winker montiert, die im Umfang der elektrischen Ausrüstung enthalten waren. Dieser Verkehrsbulldog eignete sich nicht für den Einsatz mit der Riemenscheibe, da die Autokotflügel den Zugang versperrten. Auch er war – wie der Kombibulldog – serienmäßig mit dem 15-km/h-Getriebe ausgerüstet.

Der Preis dieser Ausführung in Verbindung mit der üblichen Elastikbereifung belief sich auf 5945 Reichsmark, mit der Luftbereifung der Größe 42x9 auf 6395 Reichsmark, mit der Alternativbereifung der Größe 40x8 war er dann mit 6200 Reichsmark wieder etwas billiger zu haben.

D 7531: DER EILBULLDOG

Der Eilbulldog – er war der „Bulldog für eine schnelle Beförderung mittlerer Lasten" – entsprach in seiner kompletten Ausrüstung dem zuvor beschriebenen Verkehrsbulldog. Der Unterschied war in den Fahrgeschwindigkeiten zu finden, denn diese lagen allesamt etwas höher, die Höchstgeschwindigkeit betrug 20 km/h. Deshalb war hier eine Lieferung mit einer Elastikbereifung auch ausgeschlossen. Dieser Bulldog kostete mit der Bereifung der Größe 42x9 immerhin stolze 6625 Reichsmark, wurde aber auch mit der Alternativbereifung der Größe 40x8 für lediglich 6430 Reichsmark geliefert.

Dieser Bulldog wurde mit 15-km/h-Getriebe als Verkehrsbulldog D 7521 oder mit 20-km/h-Getriebe als Eilbulldog D 7531 angeboten.

Die Schnittzeichnung offenbart: Die Bulldogs der HR- und HN-Baureihe wurden sich immer ähnlicher.

FÜR DEN FAIREN WETTBEWERB: NEUE LEISTUNGSANGABEN

Betrachtet man das Kapitel der HN-Baureihe genau, so sind die Hinweise und Vergleiche mit der HR-Baureihe unübersehbar. Dies hat einen recht einfachen Grund, denn beide Entwicklungen verliefen damals weitgehend zeitgleich und parallel. Änderungen und Verbesserungen wurden soweit möglich gemeinsam durchgeführt und erprobt, um sie möglichst bei beiden Baureihen einfließen zu lassen. Die Bulldogs wurden sich nicht nur technisch, sondern auch in ihrem Aussehen immer ähnlicher.

So verhielt es sich auch bei der Umstellung der Leistungsangabe im Mai 1937, die ohne technische Änderungen und nur aus kaufmännischer Sicht zeitgleich bei beiden Baureihen vollzogen werden musste.

Aus der HN-Baureihe mit 20 PS war nun die 25-PS-Leistungsklasse geworden, die nach wie vor unter der Bestell- oder Typen-Nummer D 75** erhältlich war.

Beim Bulldog-Bau hatte man bisher immer auf die Höchstleistung verzichtet und nur die Dauerleistung genannt, doch der Wettbewerb forderte diese Änderung, gab es nun mehr Leistung – mehr PS – für denselben Preis.

In recht enger Verbindung zur HR-Baureihe verlief nun auch die weitere Entwicklung, die zunächst die Beschriftung auf der Frontseite der Bulldogs betraf und die in *Lanz Bulldog* geändert wurde, der Wortkombination, die fortan in eingerahmter Form auf dem Wasserkasten zu lesen war. Allerdings gab es hier keinen Zwischenschritt mit einer kleineren Ausführung und die einmal festgelegte Größe blieb während der weiteren Bauzeit unverändert beibehalten.

Dann kam die Änderung der Seitenbleche, die sich ohne die Muschelandeutung wesentlich billiger herstellen ließen, gefolgt von den Zylinderkopfänderungen und der Einführung der einheitlichen Einspritzdüse. Letztlich zogen sich die Änderungen durch den kompletten Bulldog

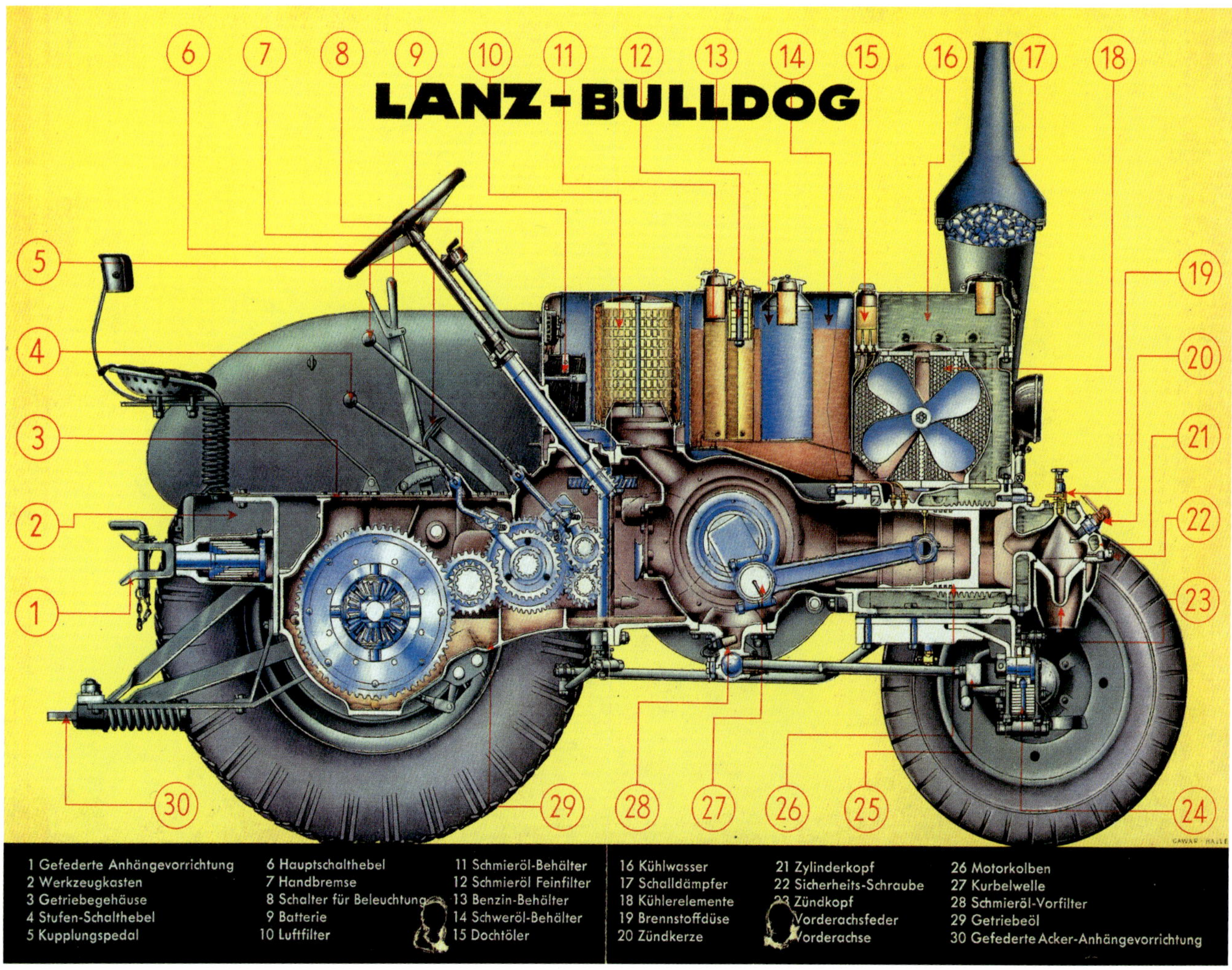

bis hin zum Auspuff, der ebenfalls einige Änderungen durchmachen musste, bevor er zum Jahresende 1938 sein endgültiges Aussehen erhielt. Der Ärger mit den ausgebauten Pralltellern war auch hier nicht ausgeblieben und führte in Einzelfällen ebenfalls zu Bränden.

Anfang 1940 folgte dann die Umstellung auf das metrische System, das wiederum Maschinen hervorbrachte, bei denen in einzelnen Baugruppen noch das bisherige Zollsystem zu finden war, gleichzeitig aber auch schon das metrische System verbaut war. Ein Zustand, der je nach Ausrüstung und dem Einbau von Sonderzubehör über Monate anhalten konnte.

OHNE GROSSARTIGE ÄNDERUNGEN: DOCH EIN NEUER BULLDOG?!

Das Erscheinen des neuen Bulldogs D 7500 reicht zurück bis genau in die Zeit der Umstellung auf die *Lanz Bulldog*-Beschriftung auf dem Steigrohr, kurz nach der Leistungsumstellung, als der bisherige D 7500 – der besonders billige Ackerbulldog – in der beschriebenen Ausführung nicht mehr gebaut wurde. Deshalb findet sich auch kein Bulldog dieser Bauart mit der neuen Beschriftung auf dem Steigrohr, es sei denn, er wurde zu einer späteren Zeit mit einem neuen Steigrohr samt Wasserkasten ausgerüstet. Dagegen finden sich noch einige Bulldogs der beschriebenen Bauart, aber mit der neuen Leistungsangabe sowohl auf dem Typschild als auch auf zeitgemäßen Prospekten.

Dabei wurden lediglich die Seitenbleche geändert – und dies wiederum hing mit der Einführung eines 20-PS-Bulldog der Baureihe D 35** zusammen, denn hier wurden neue Seitenbleche entwickelt, die ohne Verwendung des Armaturenbrettes einen geschlossenen Fahrerraum bildeten.

Ähnliche Bleche, die lediglich in der Fläche etwas größer waren, kamen nun bei dem Nachfolgebulldog zum Einsatz. Sie waren nach hinten abfallend in einem großen, dem Hinterrad angepassten Radius geformt, der sich auf der Oberseite in einem gewissen Bereich fortsetzte und sich dann in einer Ebene am Tank anschloss. Um die großzügige Breite vom Fahrerraum zum weit schmaleren Tank auszugleichen, waren diese Bleche im vorderen Drittel schräg abgekantet.

Mit diesen Blechen war ein neuer Fahrraum entstanden, der weit besser in das Gesamtprogramm der Bulldogs passte, als noch der Vorgänger. Dazu noch die neue Beschriftung auf dem Steigrohr, und man konnte glauben, es hier mit einem völlig neuen Bulldog-Typ zu tun zu haben. Der Luftfilter mit dem langen Ansaugrohr war unverändert geblieben und noch immer direkt auf dem Kurbelgehäuse aufgesetzt, aber er war jetzt innerhalb des geschlossenen Fahrerraumes platziert.

Kurz nach der Leistungsänderung führte man den neuen Schriftzug ein und sorgte damit auch gleich für ein neues Aussehen der Bulldogs.

Dieser Bulldog wurde in den ausgehenden 1930er-Jahren zugunsten der Ackerluft-Ausführung immer weniger verlangt, und wenn er geliefert wurde, dann vorzugsweise mit der moderneren und auch komfortableren Luftbereifung, sodass man irgendwann in dieser Zeit dazu überging, nur noch die geraden Seitenbleche zu verwenden, wie sie auch beim 20-PS-Bulldog zum Einbau kamen.

Weitere Änderungen fanden lediglich im Rahmen der technischen Weiterentwicklung statt, betrafen aber nicht das äußere Erscheinungsbild.

INTERESSANTES AUS DER MODELLGESCHICHTE

Die Fertigungskapazität der Bulldogs, allen voran aber die der HN-Baureihe, war in den letzten Jahren vor dem Krieg auf das Äußerste ausgereizt, der Fertigungsprozess lief –

Nach der Leistungsumstellung auf Höchstleistung wurde der billige Ackerbulldog noch wenige Monate mit 25 PS verkauft, er kam aber nie mit der neuen Beschriftung auf dem Wasserkasten zur Auslieferung.

Zeitgleich mit der neuen Beschriftung wurde der neue, billige Ackerbulldog in dieser Ausführung geliefert, auf Wunsch sogar mit einer Luftbereifung. Oftmals werden diese Exemplare deshalb mit der Baureihe HN 5 verwechselt.

wie teilweise schon zu Dampfmaschinen-Zeiten im ausgehenden neunzehnten Jahrhundert erlebt – im Dreischichtbetrieb rund um die Uhr, einschließlich der Samstage, und dennoch konnte man der Nachfrage nicht mehr gerecht werden. Aber man verzeichnete immerhin 60 Prozent aller in Deutschland und dem westlichen Europa neu zugelassenen Schlepper. Eine enorme und seither nicht mehr da gewesene Erfolgsbilanz!

Und hier sind noch nicht die Bulldogs berücksichtigt, die nach Nordamerika vor allem aber Südamerika, Afrika, Australien, Neuseeland und sogar nach Japan geliefert wurden. Um dieser hohen Nachfrage leichter gerecht zu werden, hatte man immer mehrere Bestellungen desselben Typs zusammengestellt, um noch wirtschaftlicher und effektiver arbeiten zu können. Bei einem weniger gefragten Modell konnten so schon mal 10 oder 15 Stück zusammenkommen, bei einem Massenbulldog – beispielsweise dem D 7506 – waren es aber auch einmal weit über 100 Stück.

Um hier mit einem Beispiel aufzuwarten, dürfen folgende Fertigungs-Nummern genannt werden, die aber nicht mit den Typen-Nummern verwechselt werden sollten:

Fertigungs-Nr. 111.599 bis 111.618 waren Maschinen vom Typ D 7531

Fertigungs-Nr. 111.619 bis 111.782 waren Maschinen vom Typ D 7500

Fertigungs-Nr. 111.783 bis 111.898 waren Maschinen vom Typ D 7506

Diese Angaben stammen noch aus der Zeit mit der Leistungsangabe in *Normaler Dauerleistung*, also vor der Umstellung im Mai 1937, und wurden unter der Baugruppe HN 3 geführt. Dann aber wurde diese Baureihe aus noch unbekannten Gründen kurz unterbrochen und es erfolgte eine Umbenennung in HN 4. Jedenfalls fand die Baureihenänderung innerhalb einer solchen Zusammenlegung statt – es waren Bulldogs vom Typ D 7506 – und es wurden nur ganze sechs Bulldogs unter der Baureihe HN 4 geführt, dann kehrte man wieder zu der Benennung HN 3 zurück. Nun jedoch mit der neuen Leistungsangabe, der *Höchstleistung über eine Stunde*.

Irgendwann in dieser Zeit hatte man sich auch daran gemacht, die gewichtige Masse der Schwungräder durch Materialeinsparungen deutlich zu reduzieren – vermutlich geschah dies im Zusammenhang mit der Brennraumänderung – um den Motorlauf zu optimieren. Er sollte beispielsweise schneller auf Lastwechsel reagieren. Dies brachte aber auch den Nachteil einer Verringerung des Drehmoments besonders im abfallenden Drehzahlbereich mit sich, der wiederum mit einer Drehzahlerhöhung von bisher 760/min auf nun 850/min ausgeglichen wurde. Dies hat aber nichts – wie vielfach fälschlicherweise angenommen wird – mit der Umstellung der Leistungsangabe zu tun.

Mit der neuen Leistungsangabe erfolgte wiederum eine Programmerweiterung innerhalb der beschriebenen HN-Baureihe: Beispielsweise gab es den D 7500 nun auch mit einer kompletten elektrischen Ausrüstung und einer Anlasszündung, nun unter der Nummer D 7501, und war die Anlasszündung nicht gewünscht, so sollte die D 7502 verwendet werden. Ähnlich beim D 7506, in dessen Lieferumfang die elektrische Ausrüstung samt der Anlasszündung enthalten war; auch er konnte nun ohne Anlasszündung geliefert werden, wenn die D 7507 gewählt wurde.

Unverwüstlich, der Lanz Bulldog: Ein Ruf, der ihm Jahrzehnte anhaften sollte.

Einige der Bulldogs wurden beispielsweise auch mit 24 PS geliefert. Hier handelte es sich ausschließlich um länderspezifische Varianten. Sie wurden mitunter auch als Modell L, Modell P, Modell J, Modell N oder Modell G bezeichnet.

Mit der Umstellung der Leistungsangabe verzichtete man zudem auf den serienmäßigen Einbau einer gefederten Vorderachse und ersetzte diese durch die billigere Achse in starrer Ausführung. Die gefederte Variante konnte aber weiterhin als Sonderzubehör gegen Aufpreis geliefert werden. Ebenfalls in der Zubehörliste zu finden waren die runden, großflächigen Radabdeckungen für die Hinterräder, so genannte Vollkotflügel. Dazu passend gab es natürlich auch Kotflügel für die Vorderräder. Im Gegensatz zu den angebotenen Autokotflügeln fehlten hier aber die Trittbretter als Verbindung von vorne nach hinten.

Gefertigt wurden die Bulldogs der Baureihe HN 3 offiziell bis Ende Juni 1942, bis zum Inkrafttreten der Feststoffverordnung – zum 1. Juli – und dem Baustopp von Schleppern mit Flüssigkraftstoff-Verbrennungsmotoren. Doch wie bei der HR-Baureihe kamen in den folgenden Jahren noch eine Menge Bulldogs mit dem Glühkopfmotor zur Auslieferung, bevorzugt in jene Länder, wo die Holzgasverordnung nicht zum Tragen kam.

Insgesamt wurden von der Baureihe HN 3 um die 24.000 Bulldogs gefertigt, die von 1935 bis 1945 verkauft werden konnten.

Arbeiten auf dem Feld in den 1930er-Jahren: Sowohl bei der Felddrusch als auch bei der Hanfernte leistete der Bulldog wertvolle Dienste.

DER ALLZWECKBULLDOG

Der Allzweckbulldog stammt aus der Baureihe HN 3 und ist eine Entwicklung, die zusätzlich zu den bisher beschriebenen Bulldogs der Acker- und Ackerluft-Ausführung angeboten wurde. Er stellte im Prinzip eine Weiterentwicklung des Anfang der 30er-Jahre entstandenen Hackfrucht-Bulldog dar, der damals aber keinerlei Chancen hatte. Mittlerweile jedoch hatten sich die Voraussetzungen auf den Feldern wesentlich geändert, sodass Lanz sich zu einem neuen Versuch entschloss. Das Ziel war die DLG-Ausstellung 1939 in Leipzig – damals Reichsnährstand-Ausstellung genannt –, wo der Allzweckbulldog als große Neuheit präsentiert werden sollte. Und wie damals sollte es wieder eine Dreiradkonstruktion werden. Die Vorderachse war fertig konstruiert und zur Produktion bereit, doch unvorhergesehene Probleme in der Herstellung weiterer Baugruppen in dem total überlasteten Werk zwangen zur Rückstellung dieser Arbeiten, bis schließlich keine Zeit mehr dafür war. Um letztlich nicht gänzlich ohne Achse dazustehen, nahm man schließlich die vorhandene Vorderachse vom Ackerluftbulldog und passte sie den neuen Bedürfnissen an.

Der erste Prototyp des Allzweckbulldog – noch unlackiert und auf Eisenrädern stehend – wurde so nie ausgeliefert.

Die besonders große, schmale Bereifung des Allzweckbulldog musste erst angefertigt werden. Präsentiert wurde das neue Modell auf der DLG-Ausstellung 1939 in Leipzig.

Erhebliche Unterschiede zum Basisbulldog (D 7506) gab es auch bei der Bereifung mit dem besonders großen Durchmesser, denen der Allzweckbulldog eine überaus große Bodenfreiheit von nahezu 50 cm verdankte und die zusätzlich wesentlich günstigere Zug- und Arbeitsverhältnisse schaffte. Weitere Unterschiede bestanden in der ver-

Der Allzweckbulldog war wirklich vielseitig einsetzbar, wie hier bei der Schädlingsbekämpfung.

stellbaren Spurweite und einer Einzelradbremsanlage, die auf die Hinterräder wirkte. Auf der Rückseite war die Ackerschiene mit einem mechanischen Hebegetriebe samt einer neuartigen Vierpunkt-Schnellverriegelung ausgestattet, die ein schnelles Wechseln der Zusatzgeräte sowie das Heben und Senken derselben recht einfach und ohne Kraftanstrengung ermöglichte.

Große Schwierigkeiten dagegen bereiteten die übergroßen Hinterräder, die durch den liegenden, langsamlaufenden Motor derart ins Schwingen gerieten, dass ein Achsenbruch vorhersehbar war. Hier halfen auch die besten Verstärkungen und Verstrebungen nicht weiter, im Gegenteil, je gewichtiger die Räder wurden, je mehr schaukelten sie sich auf.

Es war das Verdienst von Hansludwig Huber, dem Neffen des Bulldog-Konstrukteurs Fritz Huber, der sich damals an die leichten Speichenräder erinnerte, die nicht nur bei Fahrrädern, sondern auch bei Motorrädern und selbst bei Sportwagen erfolgreich zum Einsatz kamen. Unter seiner Regie wurden dann auf die Schnelle zwei Speichenräder hergestellt, die – vielen Erwartungen zum Trotz – auf Anhieb hielten und auch die harten Tests schadlos überstanden.

Insgesamt waren es drei Prototypen, die für die Messe aufzubauen waren, wovon einer an die Firma Sack zur Demonstration einer passenden Gerätereihe ausgeliehen werden sollte. Doch auch die Einzelradbremsen – bei den bisherigen Bulldogs noch nicht zu finden – stellten den unter gewaltigem Zeitdruck stehenden Konstrukteur Hansludwig Huber zunächst vor ein schier unlösbares Problem, denn es war fast unmöglich, diese Aufgabe in der noch verbleibenden Zeit vernünftig zu lösen. So musste der Messebulldog an die Firma Sack ohne Bremsen geliefert werden. Die beiden Bulldogs für den Eigenbedarf aber ließen sich mit viel Einsatz noch rechtzeitig mit einer gut funktionierenden Fußbremsanlage ausrüsten.

Als Einsatzgebiet war für diesen Bulldog über den üblichen Rahmen der Zug- und Antriebsarbeiten hinaus das Pflegen und Bearbeiten von Reihenfurchen und Kulturen vorgesehen, was durch die große Bodenfreiheit und das Anpassen der Spurweite sehr begünstigt wurde.

Trotz des enorm großen Zeitdrucks schaffte man es bei Lanz, alle Probleme bei der Konstruktion zu bewältigen. Jedoch fiel der Allzweckbulldog als Dreiradschlepper dem Zeitmangel zum Opfer.

DER LIEFERUMFANG

Allzweckbulldogs wurden von Anfang an nur mit einem Sechsganggetriebe in Verbindung mit einer Luftbereifung und der dafür notwendigen Fußbremsanlage – hier als Einzelbremsanlage ausgelegt – geliefert. Genauso waren sie serienmäßig mit einer elektrischen Beleuchtung und einer Anlasszündung ausgerüstet. Vielleicht war das der Grund dafür, diese Bulldogs ebenfalls mit der D-Nummer D 7506 zu versehen – derselben Bestellnummer, wie sie bereits für die Ackerluftbulldogs verwendet wurde.

So kennt man sie, die Ackerluft-Bulldogs: Bei diesem in Privatbesitz befindlichen, perfekt restaurierten Exemplar handelt es sich um eines der letzten Baumuster aus dem Jahr 1941.

Es gab keine Allzweckbulldogs mit einer abweichenden Ausrüstung, auch nicht mit einer Eisenbereifung, sieht man einmal vom allerersten Prototyp ab, von dem nur noch ein Bild erhalten geblieben ist.

Dennoch kann man heute mit etwas Glück die eine oder andere Maschinen mit einer Eisenbereifung finden, und dies hat folgenden Grund: In den entbehrungsreichen Jahren direkt nach dem Krieg, als es keine Rohstoffe für die Reifenproduktion gab, war doch mancher Besitzer eines Allzweckbulldog froh, auf eine Eisenbereifung ausweichen zu können, bevor er seinen Bulldog aufgrund der fehlenden Gummibereifung komplett stilllegen musste. Selbst als die Zeiten wieder etwas besser wurden, konnte die ausgefallene Größe eine Neuanschaffung erschweren. Also wurde solange mit der Eisenbereifung gefahren, bis sich die Situation gebessert hatte. Und diese Zustände werden heute mitunter wieder nachgestellt.

Wegen der guten Resonanz auf der Messe entschloss sich die Geschäftsleitung zum Start einer Serienproduktion des Allzweckbulldog. Man wollte das riskieren, was acht Jahre zuvor noch nicht möglich war. Ein Vorhaben, das bereits nach wenigen Wochen umgesetzt wurde. So

So wie in dieser Werbung wurde der Allzweckbulldog letztendlich auch verkauft. Durch seine großen Räder konnte er mit einer Bodenfreiheit von 50 cm glänzen. Die Ausführung der Hinterräder als Speichenräder geht auf eine Idee von Hansludwig Huber, Neffe von Fritz Huber, zurück.

konnten noch vor Mitte 1940 die ersten Maschinen das Werk verlassen. Doch hatte die Reichsregierung im September 1939 den Zweiten Weltkrieg begonnen, und vielen war nun plötzlich klar geworden, in welche Richtung Maßnahmen wie die Rohstoffproklamation, der Vierjahresplan zur Mechanisierung der deutschen Landwirtschaft oder die Verordnung der Typenbegrenzung im Schlepper-Bau geführt hatten. Gerade diese Typenbegrenzung war es, die nur wenige Monate später die Herstellung der Allzweckbulldogs wieder verbot. Die Fertigung musste eingestellt werden. Deshalb gab es auch nur eine sehr begrenzte Anzahl dieser Bulldogs.

Bulldogs der Baureihe HN

HN 12/20	HN 2 12/20	HN 3 20 PS	HN 3 25 PS	Baureihe – Ausführung – Lieferumfang
D 7500				Dreirad-Hackbulldog (Prototyp)
D 7500				Eisenbereifter Ackerbulldog
D 7501				D 7500 mit elektrischer Ausrüstung
D 7502				D 7500 mit Zapfwelle
D 7503				D 7501 mit Zapfwelle
D 7505				Verkehrsbulldog mit Elastikbereifung
D 7506				D 7505 mit elektrischer Ausrüstung
D 7507				D 7505 mit Zapfwelle
D 7508				D 7506 mit Zapfwelle
D 7510				Verkehrsbulldog mit Elastikbereifung, elek. Ausrüstung, Autokotflügel, Plattform, Auspuff nach unten.
D 7511				D 7510 in luftbereifter Ausführung
D 75**				Alle Ausführungen – mit Teeröleinrichtung
	D 7500			Eisenbereifter Ackerbulldog
	D 7506			Ackerluftbulldog
	D 7511			Kombi-/Verkehrsbulldog, elastik- oder luftbereift
	D 7521			Verkehrsbulldog mit Autokotflügel ähnlich D 7510
		D 7500		Eisenbereifter Ackerbulldog
		D 7506		Ackerluftbulldog
		D 7507		D 7506 ohne Anlasszündung
		D 7511		Kombi-/Verkehrsbulldog, elastik- oder luftbereift
		D 7521		Verkehrsbulldog in automobilmäßiger Ausführung
		D 7531		Eilbulldog
			D 7500	Eisenbereifter Ackerbulldog
			D 7506	Ackerluftbulldog
			D 7506	Allzweckbulldog
			D 7507	D 7506 ohne Anlasszündung
			D 7511	Verkehrsbulldog
			D 7531	Eilbulldog

Im Kampf um die Nahrungsmittelfreiheit

Der 20-PS-Bulldog

Die erste Ausführung der Baureihe HN 5: Dreigang, eisenbereift, Blechsitz, keine Armaturenwand, dafür aber bis zum Tank reichende Trennwände als Schutz vor den Antriebsrädern.

Im Kampf um die Nahrungsmittelfreiheit des deutschen Volkes fällt dem deutschen Bauern die große Aufgabe zu, auf der gegebenen Ackerfläche größtmögliche Erträge zu erzielen. Die dazu notwendige bessere Bewirtschaftung und die angestrebte Mehrerzeugung bedeutet aber eine ganz wesentliche Erhöhung des Ackerarbeitsaufwandes und der Transportleistung.

Der Arbeitstag des deutschen Bauern ist schon schwer und lang genug. An Arbeitskräften herrscht Mangel, seine Gespanne sind oft schon überlastet, und ein vermehrter Einsatz tierischer Zugkräfte ist aus vielerlei Gründen kaum möglich. Der erforderliche Mehraufwand an Arbeit kann und muss deshalb durch erhöhten Einsatz technischer Mittel ausgeglichen werden. Der Schlepper ermöglicht die Anwendung

Prospekt aus dem Jahr 1939: In dieser Version verfügt der Bulldog schon über eine Luftbereifung.

von Geräten, die die Zeit und die Möglichkeit schaffen, die Qualität der Arbeit zu steigern, die wiederum entscheidend für den Ertrag ist. In der Maschine stecken die Leistungsreserven, die auch bei ungünstiger Witterung die Arbeit rechtzeitig bewältigen lassen. Mit der durch den Schlepper und den für ihn verwendbaren Zusatzgeräten erwirkten Leistungserhöhung kann der Bauer schneller und wirksamer arbeiten, mehr und Besseres leisten.

Der hier gezeigte 20-PS-Bulldog stammt aus dem Jahr 1940 und wurde ebenfalls vorbildlich restauriert. Neben einer Beleuchtung besitzt dieses Modell auch eine Anlasszündung sowie einen gepolsterten Sitz und ist mit einem Mähwerk ausgerüstet.

Foto: Werner Danner

Alexander Danner
7/46 Tamm

Das entscheidende Mittel für die Steigerung der Erzeugung aber ist der luftbereifte Schlepper. Über die Wirksamkeit des eisenbereiften Schleppers hinaus gibt der luftbereifte Schlepper dem Bauern-Betrieb Möglichkeiten, die seine Leistungsfähigkeit und Schlagkraft ganz außerordentlich erhöhen. Die Zugleistung des Schleppers wächst bei günstigen Arbeitsverhältnissen auf nahezu das Doppelte und seine betriebswirtschaftliche Verwendungsmöglichkeit – das ist das wichtigste – um ein Vielfaches.

Beim umsichtigen Einsatz auf Acker und Straße beseitigt der Luftreifen die Schwierigkeiten des wechselweisen Übergangs. Die bisher so kostspielige, betriebswirtschaftlich wichtige Transportfrage – für den Acker den Schlepper, für die Fuhren Pferde – ist gelöst. Der luftbereifte Bauernschlepper ist eine allseitige und vollkommene Hilfe geworden, er übernimmt alle Arbeiten auf dem Felde, auf dem Hofe, auf der Straße. Und mit der Zunahme der Schlepperausnutzung fallen die täglichen Festkosten, verbilligt sich der ganze Betrieb, sinken die Erzeugungskosten. Der Ackerluft-Schlepper ist die wertvolle, weil vielseitige Arbeitskraft des bäuerlichen Betriebs, für dessen Planung und Ablauf er grundlegende Bedeutung hat. Seine Anschaffung erfordert daher der Wirtschaftlichkeit entsprechend eingehende und sachliche Überlegung. So falsch die zu große Renommiermaschine ist, so fehl am Platz ist der zu kleine Schlepper, der nicht über die nötige Kraftreserve verfügt. Der Bauer muss bei der Wahl seines Schleppers mit aller Sorgfalt vorgehen, damit Rückschläge unbedingt vermieden werden".

So beispielsweise lasen sich die Bestrebungen der Reichsregierung zur Unterstützung der Mechanisierung der deutschen Landwirtschaft bereits in den Jahren 1935/36. Weg von der Pferdehaltung und weg von der restlichen Zugtierhaltung, denn – so konnte man aus zeitgemäßen Aufstellungen erfahren – der Nahrungsanbau für diese Tiere benötigte riesige Anbauflächen, die dem Menschen dann als solche nicht mehr zur Verfügung standen. Anders bei einem mechanisierten Betrieb, denn hier standen alle Flächen für den Anbau der menschlichen Nahrung zur Verfügung. Ein Pferd oder ein Ochse frisst immer, auch im Winter, wenn er im Stall steht, ein Schlepper dagegen verbraucht nur Kraftstoff, wenn damit gearbeitet wird.

Es ging um den Kampf der Nahrungsmittelfreiheit des deutschen Volkes, in welchem vordergründig der deutsche Bauer in die Pflicht genommen wurde. Dahinter jedoch stand die Industrie, die die notwendigen Voraussetzungen für den Einsatz der Bauern schaffen musste. Alle Leistungsreserven waren zu nutzen und alle Anbauflächen zu bewirtschaften, um größtmögliche Ernteerträge zu erwirtschaften, mit dem Ziel einer völligen Selbstversorgung des deutschen Volkes – leider alles mit der Absicht des verbrecherischen Regimes in Berlin, die Planungen für einen sinnlosen Krieg voran zu treiben.

Von ausschlaggebender Bedeutung war aber auch, dass sich die Einsatzgebiete der Schlepper in den letzten Jahren stark zu verändern begannen. Waren noch vor wenigen Jahren hauptsächlich Zugmaschinen auf Feld und Acker oder Antriebsmaschinen mit Riemenscheibe gefragt, so rückten jetzt mehr und mehr die Bodenbearbeitungsmaschinen und Erntegeräte in den Vordergrund. Eine große Rolle spielte hier auch der Antrieb über die Zapfwelle, der durch die nahezu verlustfreie Kraftübertragung mehr und mehr an Bedeutung gewann. Durch diese Veränderungen hatte sich der Anteil der reinen Transportarbeiten eines durchschnittlichen Betriebes in der Landwirtschaft auf etwa 40 % gesenkt. Gefragt waren nur Schlepper mit niedrigem Eigengewicht, damit beim Bewirtschaften bestellter Felder keine große Bodenverdichtung mehr entstand.

Nun war natürlich ein bei 25 PS beginnendes Schlepperprogramm noch immer zu hoch angesetzt, wollte Lanz auch weiterhin an der Mechanisierung der Landwirtschaft teilhaben. Schließlich lebt eine Fabrik ja nun mal von der Herstellung bzw. vom Verkauf seiner Produkte – und hier waren es eben Schlepper und Landmaschinen!

TECHNISCHE EINZELHEITEN

Jetzt war ein einfacher und billiger Bauernbulldog in der Leistungsklasse von 20 PS gefragt. Die Verwirklichung war vergleichsweise einfach, hatte man die Voraussetzungen bereits mit der Entwicklung des 4,7-l-Motors geschaffen. Überhaupt stand der komplette Bulldog der Baureihe HN 3 als Basis zur Verfügung. Hier musste nur kräftig abgespeckt werden, denn Ziel war es, das Gewicht von nahezu 2900 kg auf unter 2000 kg zu senken.

Begonnen wurde mit einer leichten Minderung der eingespritzten Kraftstoffmenge und der Drosselung der Motordrehzahl von 850 auf 760 Umdrehungen in der Minute. Man erreichte damit die angestrebte Leistung von 20 PS, und da das Ganze nach der Leistungsumstellung stattgefunden hatte, war es hier die *Höchstleistung über eine Stunde*. Die *Normale Dauerleistung* lag bei 17 PS.

Gleich geblieben war der komplette Motor samt dem Kühleraufbau, der ja aus dem Steigrohr und Wasserkasten, den Einzelkühlelementen und dem Ventilator hinter den Kühlelementen bestand, nur dass die Jalousie zur Wassertemperaturregelung nicht mehr vorhanden war. Der sich nach hinten anschließenden Tank wies da schon größere Änderungen auf. Er diente ausschließlich als Kraftstoffvorratsbehälter – an nur einem Tankdeckel zu erkennen –

Alexander Dammer
7/46 Tamm

Das entscheidende Mittel für die Steigerung der Erzeugung aber ist der luftbereifte Schlepper. Über die Wirksamkeit des eisenbereiften Schleppers hinaus gibt der luftbereifte Schlepper dem Bauern-Betrieb Möglichkeiten, die seine Leistungsfähigkeit und Schlagkraft ganz außerordentlich erhöhen. Die Zugleistung des Schleppers wächst bei günstigen Arbeitsverhältnissen auf nahezu das Doppelte und seine betriebswirtschaftliche Verwendungsmöglichkeit – das ist das wichtigste – um ein Vielfaches.

Beim umsichtigen Einsatz auf Acker und Straße beseitigt der Luftreifen die Schwierigkeiten des wechselweisen Übergangs. Die bisher so kostspielige, betriebswirtschaftlich wichtige Transportfrage – für den Acker den Schlepper, für die Fuhren Pferde – ist gelöst. Der luftbereifte Bauernschlepper ist eine allseitige und vollkommene Hilfe geworden, er übernimmt alle Arbeiten auf dem Felde, auf dem Hofe, auf der Straße. Und mit der Zunahme der Schlepperausnutzung fallen die täglichen Festkosten, verbilligt sich der ganze Betrieb, sinken die Erzeugungskosten. Der Ackerluft-Schlepper ist die wertvolle, weil vielseitige Arbeitskraft des bäuerlichen Betriebs, für dessen Planung und Ablauf er grundlegende Bedeutung hat. Seine Anschaffung erfordert daher der Wirtschaftlichkeit entsprechend eingehende und sachliche Überlegung. So falsch die zu große Renommiermaschine ist, so fehl am Platz ist der zu kleine Schlepper, der nicht über die nötige Kraftreserve verfügt. Der Bauer muss bei der Wahl seines Schleppers mit aller Sorgfalt vorgehen, damit Rückschläge unbedingt vermieden werden".

So beispielsweise lasen sich die Bestrebungen der Reichsregierung zur Unterstützung der Mechanisierung der deutschen Landwirtschaft bereits in den Jahren 1935/36. Weg von der Pferdehaltung und weg von der restlichen Zugtierhaltung, denn – so konnte man aus zeitgemäßen Aufstellungen erfahren – der Nahrungsanbau für diese Tiere benötigte riesige Anbauflächen, die dem Menschen dann als solche nicht mehr zur Verfügung standen. Anders bei einem mechanisierten Betrieb, denn hier standen alle Flächen für den Anbau der menschlichen Nahrung zur Verfügung. Ein Pferd oder ein Ochse frisst immer, auch im Winter, wenn er im Stall steht, ein Schlepper dagegen verbraucht nur Kraftstoff, wenn damit gearbeitet wird.

Es ging um den Kampf der Nahrungsmittelfreiheit des deutschen Volkes, in welchem vordergründig der deutsche Bauer in die Pflicht genommen wurde. Dahinter jedoch stand die Industrie, die die notwendigen Voraussetzungen für den Einsatz der Bauern schaffen musste. Alle Leistungsreserven waren zu nutzen und alle Anbauflächen zu bewirtschaften, um größtmögliche Ernteerträge zu erwirtschaften, mit dem Ziel einer völligen Selbstversorgung des deutschen Volkes – leider alles mit der Absicht des verbrecherischen Regimes in Berlin, die Planungen für einen sinnlosen Krieg voran zu treiben.

Von ausschlaggebender Bedeutung war aber auch, dass sich die Einsatzgebiete der Schlepper in den letzten Jahren stark zu verändern begannen. Waren noch vor wenigen Jahren hauptsächlich Zugmaschinen auf Feld und Acker oder Antriebsmaschinen mit Riemenscheibe gefragt, so rückten jetzt mehr und mehr die Bodenbearbeitungsmaschinen und Erntegeräte in den Vordergrund. Eine große Rolle spielte hier auch der Antrieb über die Zapfwelle, der durch die nahezu verlustfreie Kraftübertragung mehr und mehr an Bedeutung gewann. Durch diese Veränderungen hatte sich der Anteil der reinen Transportarbeiten eines durchschnittlichen Betriebes in der Landwirtschaft auf etwa 40 % gesenkt. Gefragt waren nur Schlepper mit niedrigem Eigengewicht, damit beim Bewirtschaften bestellter Felder keine große Bodenverdichtung mehr entstand.

Nun war natürlich ein bei 25 PS beginnendes Schlepperprogramm noch immer zu hoch angesetzt, wollte Lanz auch weiterhin an der Mechanisierung der Landwirtschaft teilhaben. Schließlich lebt eine Fabrik ja nun mal von der Herstellung bzw. vom Verkauf seiner Produkte – und hier waren es eben Schlepper und Landmaschinen!

TECHNISCHE EINZELHEITEN

Jetzt war ein einfacher und billiger Bauernbulldog in der Leistungsklasse von 20 PS gefragt. Die Verwirklichung war vergleichsweise einfach, hatte man die Voraussetzungen bereits mit der Entwicklung des 4,7-l-Motors geschaffen. Überhaupt stand der komplette Bulldog der Baureihe HN 3 als Basis zur Verfügung. Hier musste nur kräftig abgespeckt werden, denn Ziel war es, das Gewicht von nahezu 2900 kg auf unter 2000 kg zu senken.

Begonnen wurde mit einer leichten Minderung der eingespritzten Kraftstoffmenge und der Drosselung der Motordrehzahl von 850 auf 760 Umdrehungen in der Minute. Man erreichte damit die angestrebte Leistung von 20 PS, und da das Ganze nach der Leistungsumstellung stattgefunden hatte, war es hier die *Höchstleistung über eine Stunde*. Die *Normale Dauerleistung* lag bei 17 PS.

Gleich geblieben war der komplette Motor samt dem Kühleraufbau, der ja aus dem Steigrohr und Wasserkasten, den Einzelkühlelementen und dem Ventilator hinter den Kühlelementen bestand, nur dass die Jalousie zur Wassertemperaturregelung nicht mehr vorhanden war. Der sich nach hinten anschließenden Tank wies da schon größere Änderungen auf. Er diente ausschließlich als Kraftstoffvorratsbehälter – an nur einem Tankdeckel zu erkennen –

Aus dem Jahr 1941 stammt diese herrliche Maschine. Sie wurde als eines der letzten Exemplare gefertigt, bevor die Reichsregierung in Berlin ein Produktionsverbot für alle Modelle verhängte, die nicht die Voraussetzungen des Einheitsschleppers innerhalb der Typenbegrenzung erfüllten.

und besaß nun ein Fassungsvermögen von 55 Litern, gegenüber den 50 Litern der 25-PS-Bulldogs. Bei diesen nämlich waren innerhalb des Kraftstofftankes noch der Schmieröltank eingebaut, und bei einer Anlasszündung sogar der Leichtkraftstofftank, von außen erkennbar an den zwei bzw. sogar drei Tankverschlüssen.

Die Seitenbleche, die hier den Fahrraum seitlich zu den Treibrädern abgrenzten, hatte man neu entwickelt und in recht einfacher Weise hergestellt. Sie reichten nun bis zum Tank, schafften aber dennoch einen auf drei Seiten geschlossenen Fahrerraum nach der Art, wie er bereits im neuen Ackerbulldog D 7500 zu finden war.

Mit dieser Neugestaltung war nun das Kurbelgehäuse innerhalb des Fahrraums freiliegend. Der Luftfilter, wiederum in einem langen Ansaugrohr endend, saß direkt auf der Kurbelgehäuseöffnung innerhalb des Fahrraums. So auch der Ölbehälter für die Motorschmierung, hier ein separater, an der Tankrückseite angeschraubter Behälter, der nun ebenfalls in diesen Raum ragte.

Auch das Getriebe samt der Achsschenkel war in einem

Die modernere Variante konnte dem Käufer Sechsganggetriebe, Luftbereifung und Fußbremsanlage bieten.

kleineren und weniger gewichtigen Gehäuse verpackt und trug wesentlich zur Gewichtserleichterung bei, ohne aber die Baumaße von Spurweite und Achsabstand entscheidend zu verändern.

Mit der Entwicklung war bereits 1936 begonnen worden, zu der Zeit, als auf Steigrohr und Wasserkasten noch die alte Version des *Bulldog*- und *Lanz*-Schriftzuges zu finden war. Doch bis zur Serieneinführung war die Umstellung auf die neue Beschriftung erfolgt, und so gab es diesen Bulldog nur mit dem Namenszug *Lanz Bulldog*. Übrigens, die ersten 20-PS-Bulldogs konnten zusammen mit dem großen Eilbulldog in der zweiten Jahreshälfte 1937 das Werk verlassen. Sie zählten zur Baureihe der HN-Bulldogs und wurden als Untergruppe der HN 3-Bulldogs als HN 5 geführt. Bei der D-Nummer ging man einen Zehnerschritt nach oben, und da der Eilbulldog als die bisher letzte Entwicklung mit D 25** belegt war, kam hier nur die D 35** in Frage.

DIE AUSWAHL

Zunächst wurde der 20-PS-Bulldog in der billigen Dreigang-Ausführung mit Eisenbereifung, jedoch ohne eine

Fußbremse und ohne Fußgaspedal unter der Bestellnummer D 3500 angeboten. Eine elektrische Ausrüstung, geschweige denn die Anlasszündung standen nicht zur Auswahl, wohl aber eine Luftbereifung, die gegen Aufpreis lieferbar war und an der Bestellnummer nichts änderte.

Mit dieser Ausrüstung brachte der Bulldog runde 2000 kg auf die Waage und kostete Anfang 1938 ganze 3110 Reichsmark. War aber eine Luftbereifung montiert, so wog er noch ca. 1750 kg, kostete aber schon 3490 Reichsmark.

Die modernere oder auch umfangreichere Variante dagegen war als D 3507 erhältlich: der Ackerluftbulldog mit Sechsganggetriebe, einer Fußbremsanlage und einer elektrischen Ausrüstung, aber ohne Anlasszündung. Sie wurde zunächst nicht geliefert. Ein Bulldog in dieser Ausführung kostete nun schon 4150 Reichsmark. Schnell aber mussten die Konstrukteure erkennen, dass auch in dieser Leistungsklasse die Anlasszündung häufig verlangt wurde, und so dauerte es weniger als ein Jahr, gemessen an der Serieneinführung, bis der Bulldog auch unter der Bestell-Nummer D 3506 geliefert wurde.

Obwohl der 20-PS-Bulldog recht erfolgreich verkauft werden konnte, traf ihn dasselbe Schicksal wie es der Allzweckbulldog erleben musste: Ende 1941 ereilte ihn das Produktionsverbot, da er nicht die Voraussetzungen des Einheitsschleppers innerhalb der Typenbegrenzung erfüllte. Also musste auf Befehl der Reichsregierung die Herstellung genau jenes Produktes beendet werden, das noch rund fünf Jahre zuvor den Regierungsgedanken derselben Machthaber begleitet und unterstützt hatte. Ungeachtet auch der Tatsache, dass es zu dieser Zeit weder in Deutschland noch dem westlichen Europa einen Schlepper dieser Leistungsklasse gab, der den Erfolg dieses 20-PS-Bulldog mit nahezu 12.000 verkauften Einheiten in viereinhalb Jahren auch nur ansatzweise erreicht hätte.

Um Verwechslungen mit der 20-PS-Leistungsklasse vor der Leistungsumstellung auszuschließen, sollte man sich im Zweifelsfalle nicht an der Leistung orientieren, sondern an der D-Nummer:

D 35** für die 20-PS-Leistungsklasse der HN 5-Baureihe und

D 75** für die 25-PS-Leistungsklasse der HN 3-Baureihe.

Bulldogs der HN 5 – Baureihe

HN 5 25 PS	**Baureihe – Ausführung – Lieferumfang**
D 3500	Eisenbereifter Ackerbulldog mit Dreiganggetriebe
D 3506	Luftbereifter Ackerluftbulldog mit Sechsganggetriebe
D 3507	D 3506 ohne Anlasszündung

Dieser Ackerluftbulldog D 3506 aus dem Jahr 1938/1939 verfügt sogar über eine elektrische Beleuchtung.

Auto & Technik MUSEUM SINSHEIM

Mit 15 PS, Luftbereifung und Beleuchtung

Der ganz große Wurf

Die Ausstattungsliste war wirklich beeindruckend: 15 PS, Luftbereifung, elektrische Ausrüstung, Anlasszündung für eine sofortige Inbetriebnahme und ein Sechsganggetriebe bis 20 km/h – und das alles serienmäßig für ganze 2750 RM. So ein Angebot hatte es zuvor – und auch danach – noch nie gegeben.

Mehrere Jahrzehnte lang waren die technischen Industriezweige – bedingt durch die Erfindung der Dampfmaschine – eine Domäne der Engländer und auch der Amerikaner, die sehr schnell aufholten. Dampfmaschine und Kohle, Industrie und Kohleabbau – untrennbar miteinander verbunden – bildeten den Ursprung unserer technischen Entwicklung, die Mitte des neunzehnten Jahrhunderts, von dem englischen Kontinent ausgehend, die Welt eroberte.

In Deutschland sollte es noch bis Anfang des neuen Jahrhunderts dauern, bis sich das Land technisch und wirtschaftlich so weit entwickelt hatte, dass es mit den führenden Industrienationen dieser Welt auf eine Stufe gestellt werden konnte.

Neue Industriezweige konnten geschaffen werden. Man denke nur an den Elektro- oder Chemiebereich, die Optik oder die Radio- und Fototechnik, doch der wichtigste Beitrag war dabei ohne Zweifel die Erfindung der Verbrennungsmotoren – des Viertakt-Benzinmotors und des Dieselmotors. Eine Jahrhunderterfindung mit unendlicher Zahl von nachziehenden Folgeerfindungen, die, diesmal von Deutschland ausgehend, die Welt eroberte und weit mehr veränderte, als es die Dampfmaschine je vermochte. Es müssen Männer genannt werden, wie etwa Nikolaus August Otto, Gottlieb Daimler, Carl Friedrich Benz, Wilhelm Maybach, Rudolf Diesel, Werner von Siemens, Robert Bosch und nicht zuletzt Dr. Fritz Huber. An ihren Erfindungen entwickeln und verbessern noch heute, zum Teil nach über einhundert Jahren, ganze Industriezweige.

Doch eine Entwicklung verschlingt oft Unmengen an Kapital und kann sich deshalb nur rechtfertigen, wenn das neue Produkt diese Kosten eines Tages wieder erwirtschaftet. Also sollte hinter jeder Entwicklung eine Produktion stehen, aus der gewinnversprechende Umsätze kommen. Und eine gewinnversprechende Produktion wiederum lässt sich am sichersten mit einer hohen Stückzahl erreichen. Natürlich führt eine solche Entwicklung unweigerlich zu einem Konkurrenzkampf unter den einzelnen Unternehmen. Rationalisieren heißt deshalb das Schlagwort – so hieß es auch in der damaligen Zeit und verfolgte die deutsche Industrie seit den zwanziger Jahren. Erinnern wir uns nochmals: Lanz hatte 1925 das erste Fließband Europas zur Fertigung des Großbulldog eingeführt und damit den Beginn der Serienfertigung im großen Stil markiert. Große Stückzahlen gleicher Teile möglichst vollautomatisch und damit zu einem möglichst niedrigen Preis fertigen, um sie einerseits in immer gleichbleibender Qualität, andererseits aber billiger als die Konkurrenz auf dem Markt anbieten zu können, das war und ist die Strategie für den Erfolg.

Aus dem KdF-Wagen wurde der Käfer, und er verkörpert unbestritten einen Meilenstein in der deutschen Automobilgeschichte. Der *Volkswagen* sollte auch als Vorbild für einen *Volksschlepper* dienen.

FÜR GANZE 2750 REICHSMARK: EIN MODERNER BULLDOG MIT 15 PS

Um sich nun für die Erfordernisse dieser neuen Zeit und ihre marktwirtschaftlichen Gesetze zu rüsten, wagte man 1938 bei der Firma Lanz den ganz großen Wurf, wie er auf dem europäischen Kontinent bis dahin im Schlepperbau überhaupt noch nicht zu finden war. Mit einer Stückzahl von 30.000 Einheiten pro Jahr wurde kalkuliert, und um eine solche Stückzahl überhaupt erreichen zu können, mussten Leistung und Preis noch weiter unten angesiedelt werden. Man musste die Masse treffen und gewinnen, die große Zahl der kleinen Landwirte. Also folgte die Entwicklung eines neuen, 15 PS starken Ackerluftbulldogs, der auch *Bauernbulldog* genannt wurde. Gleichzeitig sollte er aber auch die Besitzer großer Höfe ansprechen, wenn sie auf der Suche nach einem Zweit- oder Pflegeschlepper waren. Diese Kalkulation ermöglichte schließlich den sensationellen Verkaufspreis von lediglich 2750 Reichsmark.

Experten bescheinigten diesem neuen Bauernbulldog eine erfolgreiche Zukunft, und die Firma Lanz wäre damit unweigerlich in die Reihe der ersten Schlepperproduzenten der Weltrangliste aufgerückt, wäre nicht der Zweite Weltkrieg ausgebrochen. Lanz konnte zwar in rund 70 Staaten exportieren, doch Kanada, die USA und auch England waren da maßgebender. Vor allem in den USA herrschten durch den billigen Kraftstoff gänzlich andere Voraussetzungen, so gab es hier nur Benzintraktoren –

Robuste Technik als Erfolgsrezept: der Lanz Bauernbulldog D 4506 im Schnitt

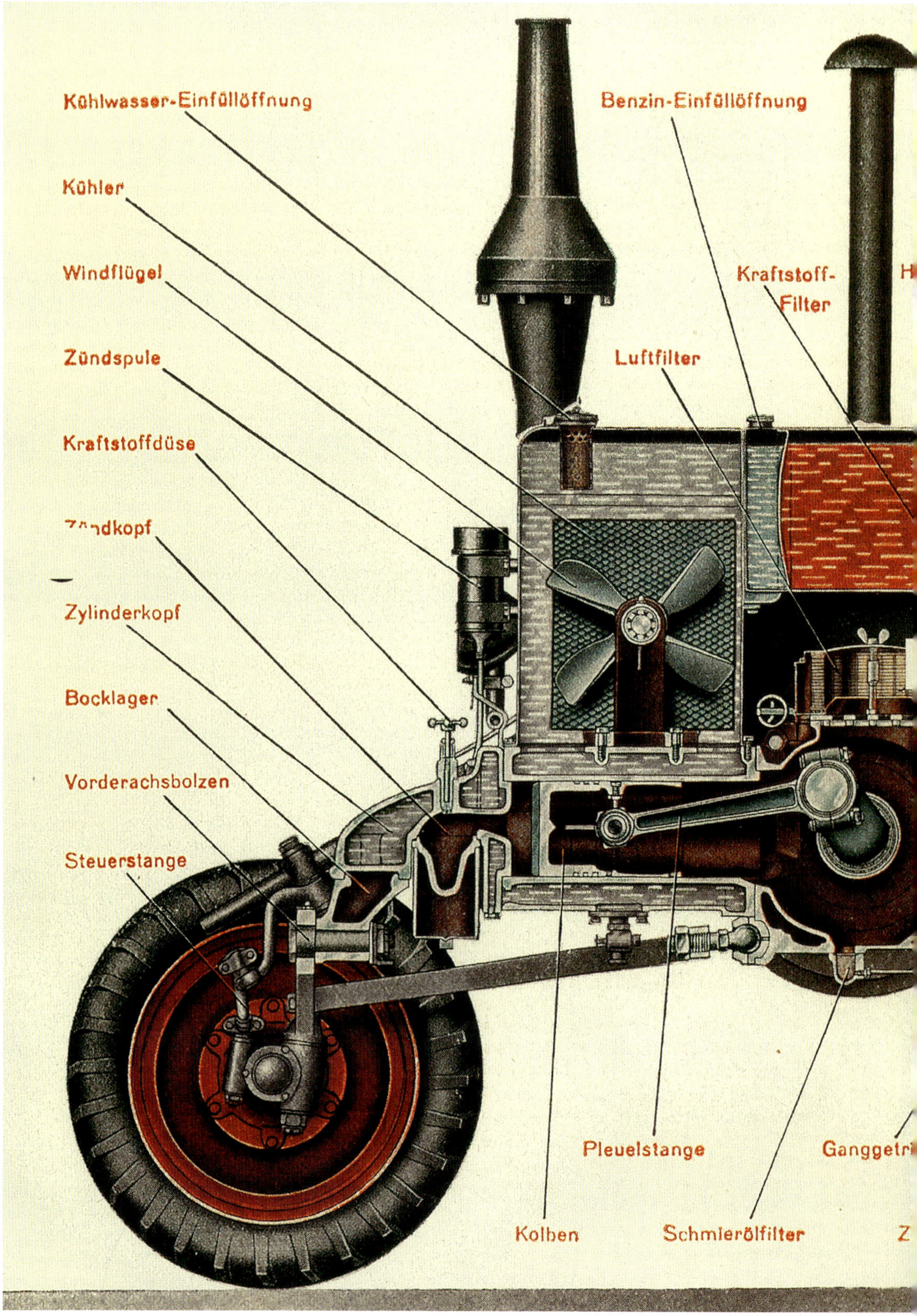

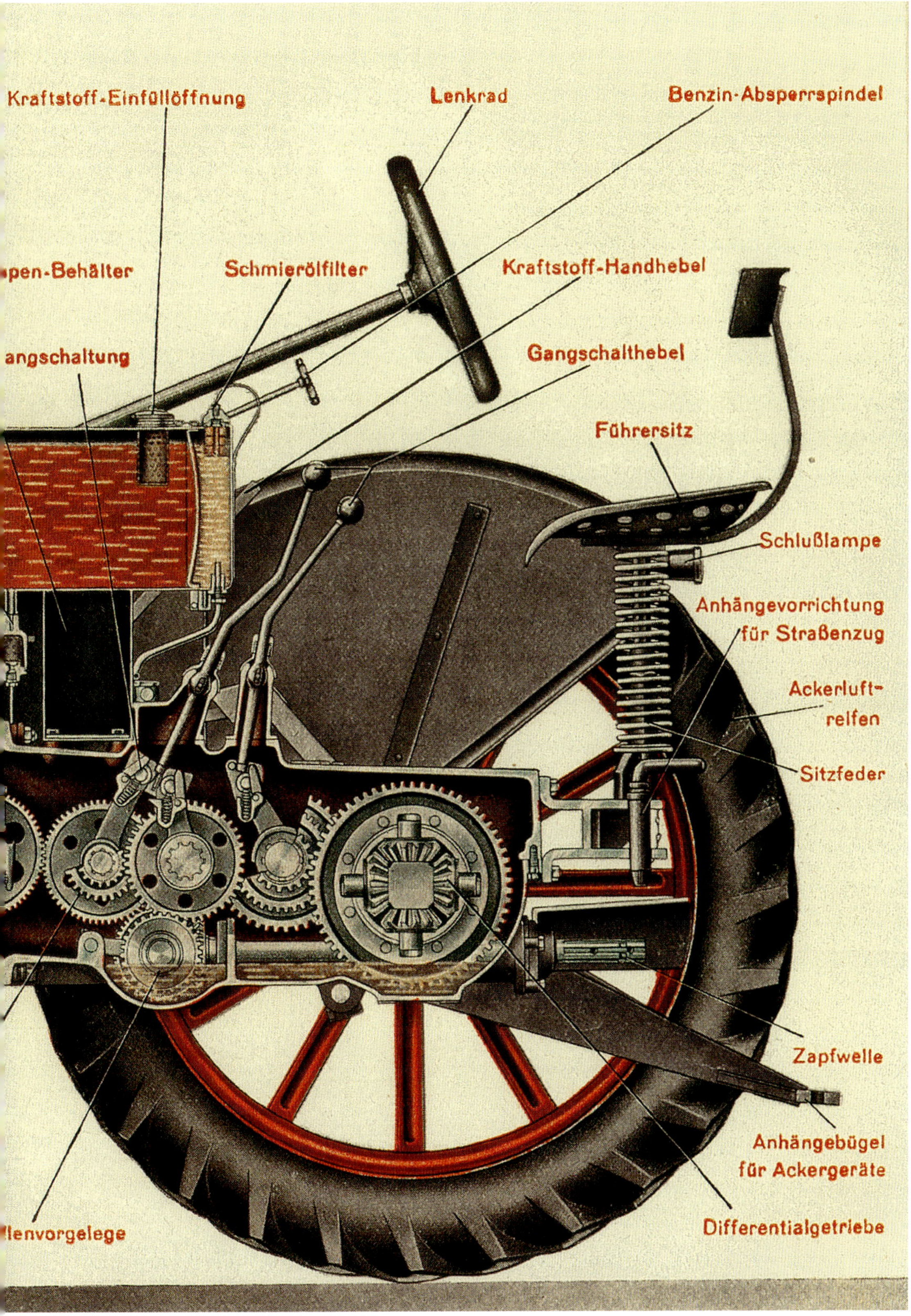
Kraftstoff-Einfüllöffnung
Lenkrad
Benzin-Absperrspindel
pen-Behälter
Schmierölfilter
Kraftstoff-Handhebel
angschaltung
Gangschalthebel
Führersitz
Schlußlampe
Anhängevorrichtung für Straßenzug
Ackerluft-reifen
Sitzfeder
Zapfwelle
Anhängebügel für Ackergeräte
lenvorgelege
Differentialgetriebe

insbesondere Fordson –, da hatte der Glühkopfmotor keine Chance, und auch durch die endlosen Felder war man hier andere Stückzahlen gewohnt.

Aber ausgerechnet die erste öffentliche Vorstellung des Bauernbulldog auf der 5. Reichsnährstand-Ausstellung in Leipzig im Jahre 1939 sollte vom Kriegsausbruch überschattet werden. Es war dieselbe DLG-Ausstellung, wo auch der Allzweckbulldog präsentiert wurde.

Zu der Zeit waren Bestrebungen von Robert Ley, dem Führer der damaligen Deutschen Arbeitsfront, im Gange, einen Volkswagen zu bauen. Einen „Wagen für das Volk", das durch den „kleinen Mann" verkörpert wurde, und den sich der kleine Mann leisten konnte. Ähnliche Vorstellungen gab es über den Bau eines Volks-Schleppers, eines einfachen und kostengünstigen Schleppers, den sich wiederum eigentlich jeder kleine Landwirt und Bauer kaufen konnte.

DER VOLKSWAGEN: EIN BESONDERER ERFOLG. DER VOLKSSCHLEPPER: NICHT MEHR VERWIRKLICHT

Die Grundsteinlegung des Wolfsburger Werkes erfolgte am 26. Mai 1938. Nur zweieinhalb Jahre später, im November 1940, wurden von der Reichsregierung in Berlin Pläne veröffentlicht, wonach die weltgrößte Schlepperfabrik in Waldbröl im Rheinland entstehen sollte. Hier war vorgesehen, den Volksschlepper in astronomischen Stückzahlen zu fertigen. Es war damals mit einer anfänglichen Jahresstückzahl von 100.000 Schleppern kalkuliert worden, die später auf 300.000 Einheiten erhöht werden sollte. Ferdinand Porsche hatte auch hier, wie schon beim Käfer, gehörige Vorarbeit geleistet. Doch das fortschreitende Kriegsgeschehen erlaubte weder die Fertigstellung der letzten Traktoren-Entwicklungen, noch konnte die Fabrik eine Verwirklichung finden.

Bis es aber soweit war, um die von der Regierung aufgestellten Pläne zu verwirklichen, gab es gute Chancen für die Schlepperindustrie, hier mitmischen zu dürfen. Außer bei Lanz gab es selbstverständlich auch Bemühungen anderer Firmen, die sich mit einem passenden Schlepper aus ihren Modellprogrammen versuchten, um eine Ersatzlieferung für den Volks-Schlepper vorzunehmen. So etwa die Firma Deutz mit einem 11-PS-Bauernschlepper oder die Firma Kramer mit einem 12-PS-Schlepper. Auch Hermann Lanz aus Aulendorf – ein Mitbewerber, der bis 1951 auf dem deutschen Markt seine Schlepper unter Hermann Lanz vermarktete, danach unter HeLa – hatte einen 11er-Bauernschlepper entwickelt, der mit Mähwerk, einer Luftbereifung und einer Höchstgeschwindigkeit von 20 km pro Stunde eine Technik bot, die zu der Zeit richtungsweisend war. Hanomag versuchte sich mit dem Typ RL 20 und IHC hatte den Typ F 12 zur Wahl stehen. Selbst noch zu Beginn der 50er-Jahre versuchte sich Kramer im Reaktivieren des Schlagworts Volksschlepper, und nutzte diesen Begriff für eine Werbekampagne eines Schleppers aus ihrem Hause. Kramers Bemühungen waren aber gänzlich ohne Unterstützung seitens einer Regierungsstelle.

Doch hier bekam die deutsche Schlepperindustrie besonders deutlich zu spüren, was es heißt, unter einer Diktatur zu leben und zu arbeiten. Die Schlepperproduktion

Auch diese Schlepper standen als Volksschlepper zur Verfügung Kramer mit 12 PS, Lanz Aulendorf mit 11 PS und Hanomag RL 20 mit 20 PS (von oben).

in den unteren Leistungsklassen wurde aus „kriegsbedingten Gründen“ gänzlich verboten. Glück dagegen hatte man bei Deutz in Köln. Hier erhielt man die Erlaubnis, den bereits 1936 in Serie gegangenen 11-PS-Schlepper in großem Stil zu produzieren als Ersatz für all die verbotenen Modelle. Mit dieser Entscheidung wurde der Elfer-Deutz – er war mit dem Dieselmotor vom Typ F1M 414 ausgerüstet – letztlich noch zur Legende, denn, so wird berichtet, von ihm konnten bis kurz nach dem Krieg ungefähr 10.000 Stück zum Preis von je 2980 Reichsmark verkauft werden. Ohne Zweifel eine respektable Stückzahl, doch ein Vergleich mit den Zahlen der verkauften Bulldogs – und hier nur die 20- und 25-PS-Maschinen seit 1935 bis Kriegsende bzw. zum Produktionsverbot – lässt diese Anzahl in einem völlig anderen Licht erscheinen. Gleiches galt für die Technik, die beim Elfer-Deutz zu dem genannten Preis doch etwas rückständig war. Beispielsweise verfügte er noch über ein 8 km/h schnelles Dreiganggetriebe und anstelle einer elektrischen Ausrüstung gab es lediglich eine Karbidbeleuchtung. Auch das Mähwerk musste zusätzlich gekauft werden. Solche Nachteile konnte freilich auch der recht moderne Viertaktmotor nicht ausgleichen.

Mit der Entscheidung der Reichsregierung waren natürlich auch die Pläne eines Produktionsaufbaus nach modernsten Gesichtspunkten für den neuen kleinen Lanz Bulldog endgültig vom Tisch und damit die Chance, in die Weltrangliste der ganz großen Schlepperproduzenten aufzurücken. Natürlich hatte man unter den verschiedensten Vorwänden immer wieder versucht, eine Produktionserlaubnis zu bekommen, dies wurde jedoch immer auf wenige Versuchsmaschinen beschränkt. So konnten lediglich ungefähr 300 Maschinen – die Angaben widersprechen sich hier etwas – in kleinen Baugruppen mehr oder weniger von Hand gefertigt werden. Das endgültige Aus für die Produktion flüssigkraftstoffgetriebener Bulldogs und Schlepper brachte der Beschluss einer Verordnung des Bevollmächtigten für Maschinenprodukte vom 1. Juli 1942. Dieser Beschluss untersagte den Weiterbau und das Betreiben aller landwirtschaftlichen Schlepper, deren Antrieb durch flüssige Brennstoffe erfolgte. Dennoch durften 1943 nochmals 6 Stück dieser HE-Bulldogs montiert werden.

Man kann sich vorstellen, welche Auswirkungen dieser Beschluss auf den Arbeitseifer der Konstrukteure bei Lanz und vor allem auf Dr. Huber hatte. Hatte nicht besonders der Bulldog mit seinem anspruchslosen Glühkopfmotor wie kein anderer über zwei Jahrzehnte in den verschiedensten Ländern gezeigt, dass er wirklich mit den billigsten Ölen und mit nirgendwo sonst noch verwendbaren Ölabfällen zuverlässig arbeiten konnte?

EIN BULLDOG FÜR ALLE ARBEITEN:

Wenn man vom Bauernbulldog spricht, so stellt man schnell fest, dass auch er unverkennbar aus der Familie der Lanz Bulldogs stammt.

Doch bei seiner Konstruktion stand nicht mehr der Bulldog als Zugmaschine im Vordergrund, sondern ganz der Allzweckschlepper. Man erinnerte sich wieder des Hackfrucht-Bulldogs aus dem Jahr 1930/31, der, mit den unterschiedlichsten Anbaugeräten ausgerüstet, für die verschiedensten Verwendungsmöglichkeiten zum Einsatz kommen sollte. Starke Parallelen zeigten sich auf, nur der Name hatte sich geändert. Es war nicht mehr von *Hackfrucht*, sondern von *Allzweck* und *Vielseitigkeit* die Rede.

Er war der Bulldog für alle Arbeiten: die Zugmaschine auf den Feldern, die Antriebsmaschine mittels Riemenscheibe, die Pflegemaschine im Hackfruchtanbau und die Transportmaschine auf der Straße.

Geänderte Voraussetzungen waren auch auf den Äckern und Feldern anzutreffen, denn die Reihenbreite wurde von den verschiedenen Geräteherstellern weitgehend einheitlich ausgeführt. Auf dem Markt war inzwischen eine ganze Menge von Zusatzgeräten zu bekommen, es war nur noch die der Bulldog-Leistung entsprechende Größe auszuwählen und anzubauen. Natürlich kam eine recht stattliche Auswahl dieser Maschinen aus der eigenen Fabrikation, doch bei Lanz scheute man sich nicht, fehlende Maschinen von anderen Firmen liefern zu lassen.

Der 11er Deutz: Es bleibt die Frage, ob er 1939 wirklich mit dem besseren Motor bestückt war. Für 2980 RM gehörten immerhin ein 8-km/h-Dreiganggetriebe und Karbidbeleuchtung zur Serienausstattung.

Einer der wenigen noch erhaltenen Bulldogs der HE-Baureihe ist Eigentum der John Deere-Werke in Mannheim.

Wichtig war jetzt noch der Geräteanbau an den Bulldog, der ja recht schnell gehen musste. Doch auch dafür war mit einem speziellen Vierpunkt-Einhängesystem ausreichend gesorgt. Das entscheidende Merkmal der neuen Maschine überhaupt war das neu entwickelte Hebegetriebe, mit dem die Anbaugeräte mittels Motorkraft angehoben und gesenkt werden konnten.

Man erinnere sich noch an den Allzweckbulldog aus der Baureihe HN 3. Hier erfolgte eine parallele Entwicklung beider Maschinen mit gemeinsamen Schwerpunkten, nur in unterschiedlichen Leistungsbereichen. Beispielsweise war es einmal das mechanische Hebegetriebe und zum zweiten das Vierpunkt-Einhängesystem, das diese Entwicklungen vom herkömmlichen Zugschlepper wesentlich unterschied.

In der Praxis sah es so aus, dass der Bulldog-Fahrer nur noch rückwärts und mit der gesenkten Ackerschiene an das entsprechende Anbaugerät zu fahren hatte, um dann über die Motorkraft das Gerät anzuheben. Anschließend wurde es dann noch verriegelt und bei Bedarf die Zapfwelle angeschlossen, so konnte schon nach wenigen Minuten die Arbeit beginnen. Es waren in den wenigsten Fällen noch Hilfskräfte notwendig.

Ein weiterer großer Vorteil war das Konstruktionsmerkmal einer besonders großen Bodenfreiheit von 45 cm, ebenso die Bulldog-Unterseite von einzelnen Gestängen oder Hebeln freizuhalten. Diese nämlich konnten gerade beim Durchfahren von Reihenkulturen hinderlich sein, indem sich Pflanzen darin verfingen und beschädigt werden konnten. Speziell dafür wurde eine neue Lenkung ent-

wickelt, die rechts am Rumpf nach unten geführt, von oben in das Lenkgestänge eingriff. Auch achtete man auf einen besonders leichten Gang der Lenkung bei größter Präzision, um bei auftretenden Hindernissen sofort reagieren zu können.

Nicht unerwähnt bleiben darf zudem das besonders niedrige Gewicht von ca. 1200 kg, das nur mit einer besonderen, neuartigen Bauweise erreicht werden konnte. Wo beispielsweise früher noch schwere Gussteile eingebaut wurden, fanden sich bei diesem Bulldog oftmals geformte und punktgeschweißte Blechkonstruktionen, die so ausgelegt waren, dass sie in der Festigkeit den Gussteilen oftmals überlegen waren. Alles im Hinblick auf den Hackfruchtanbau und eine möglichst geringe Bodenverdichtung. Gleichzeitig standen unterschiedliche Gewichte zum Anschrauben an Räder und Fahrgestell zur Verfügung für den Fall, wenn anstelle des Allzweckschleppers mal ein gewichtiger Zugschlepper gebraucht wurde.

Selbstverständlich waren außerdem die luftbereiften Räder und das 20 km/h schnelle Sechsganggetriebe im serienmäßigen Lieferumfang enthalten, das von der Ackerarbeit weg für den anschließenden Straßentransport direkt durchgeschaltet werden konnte. Auch die Fußbremsanlage war serienmäßig eingebaut, die ja bei dieser Geschwindigkeit notwendig war. Und dann gab es noch die elektrische Ausrüstung samt einer Beleuchtung, einer Hupe und der Anlasszündung, alles serienmäßig eingebaut und im Preis der genannten 2750 Reichsmark enthalten. Nur das Anwerfen des Motors erfolgte noch immer von Hand mittels einer separat mitgeführten Anwurfscheibe. Sie war im Fahrerraum verankert, anstelle des bisher abnehmbaren Lenkrades. Doch wurde auf Wunsch ein elektrischer Anlasser geliefert, der das Anpendeln des Motors übernehmen konnte.

KONSTRUKTIVE EINZELHEITEN

Wie bei den leistungsstärkeren Bulldogs war auch der 15-PS-Bauernbulldog als rahmenlose Blockkonstruktion gebaut, wobei Motor und Getriebe das Rückgrat bildeten. Der neu entwickelte Motor war wieder ein anspruchsloser allesfressender, im Zweitaktverfahren arbeitender Glühkopfmotor, der bei einer Bohrung von 145 mm und einem Kolbenhub von 170 mm über einen Hubraum von 2,8 Litern verfügte. Bei einer Drehzahl von 900/min gab er seine Höchstleistung von 15 PS ab, die hier wiederum auf eine Stunde beschränkt war. Dies galt aber nur, wenn der Motor über längere Zeit auf das Höchste belastet wurde. Dann nämlich wurden die Metalle von Zündteller, Brennraum und Kolbenboden so heiß, dass sich Frühzündung einstellen konnte, begleitet von einer Leistungsminderung. Deshalb gab es noch die Angabe der *Normalen Dauerleistung* mit 12 PS.

Eine sofortige Startbereitschaft mittels der serienmäßig

Anschauliche Beispiele für die Vielseitigkeit: Der Bauernbulldog beim Gras mähen und aufschütteln ...

... bei der Heuernte, ...

... bei der Reihenkulturpflege ...

... oder bei der Kartoffelernte.

Rechts: Wichtig für einen effektiven und vielseitigen Einsatz ist auch ein Schnellwechselsystem, das hier als Vierpunktaufhängung ausgeführt ist. Es war Vorreiter für die heute übliche Dreipunktaufnahme.

Oben: Entscheidend für den universellen Einsatz war die mechanisch betätigte Ackerschiene – als Vorläufer des hydraulischen Krafthebers – und eine serienmäßig eingebaute Zapfwelle.

eingebauten Anlasszündung machte ein Anwärmen des Glühsackes mit der Heizlampe überflüssig. Das Anlasserverfahren mittels der Heizlampe konnte aber bei einer leeren Batterie oder besonders kaltem Wetter trotzdem noch angewandt werden. Nicht auf Wunsch zu kaufen, sondern in der Grundausrüstung enthalten war die Zapfwelle, die fest im Getriebe eingebaut – diesmal zentral auf der Getrieberückseite – nur noch als Wellenstummel austrat.

Ein besonderes Merkmal war die schmale Bauweise des kompletten Motoraufbaus, denn damit sollte eine bestmögliche Sicht auf den Boden, vor den Hinterrädern, hinter die Vorderräder und natürlich nach vorn, vor den Bulldog ermöglicht werden.

Mit diesem Bulldog wurde eine neue Baureihe, die HE-Serie, gegründet. Bei der Bestellnummer ging man wiederum einen Zehnerschritt nach oben und belegte die D 45**, nachdem der 20-PS-Bulldog die D 35** zugewiesen bekommen hatte.

Da dieser Bulldog alle Vorzüge einer modernen Ausstattung im Serienumfang beinhaltete, gab es ihn nur noch als Typ D 4506.

BILANZ

Zur Reichsnährausstellung in Leipzig 1939 konnte das Mannheimer Schlepperwerk recht hoffnungsvoll in die Zukunft blicken, denn kein anderes Werk im westlichen Europa hatte auch nur annähernd ein ähnliches Programm zu bieten. Die Pläne des Eduard Max Hofweber schienen aufzugehen, das Lanz-Werk zum Konzern auszubauen, und dabei das Mannheimer Mutterwerk zur reinen Schlepperschmiede umzufunktionieren. Mit dem ersten europäischen Fertigungsband hatte man sich diesen Vorsprung hart erarbeitet und gleichzeitig eine Unmenge an Erfahrungen gesammelt, sodass mittlerweile das HR-Band für die 10-Liter-Bulldogs, das HN-3-Band für die 25-PS Bulldogs, das HN-5-Band für die 20-PS-Bulldogs und das HR-Wechselband, auf dem abwechselnd der Eilbulldog und die Bulldog-Raupe in höchster Auslastung belegt waren.

Bis ins Jahr 1941 bewarb man den Bulldog, immer in der Hoffnung, ihn doch noch bauen zu dürfen. Aber die nationalsozialistische Reichsregierung sorgte dafür, dass das Produktionsverbot ausnahmslos eingehalten wurde.

Das Programm umfasste eine Leistungsauswahl von 15, 20, 25, 35, 45 und 55 PS für alle Bereiche, vom eisenbereiften Ackerbulldog über den elastikbereiften Bulldog bis hin zur luftbereiften, modernen Ausführung als Zug- oder Allzweckschlepper für die Landwirtschaft. Darüber hinaus standen Verkehrsbulldogs und Eilbulldogs für das Speditionsgewerbe und ähnliche Bereiche zur Verfügung, und schlussendlich rundeten die unterschiedlichen Kettenbulldogs für Straßenbau und Bauwirtschaft das Programm ab.

Doch nun sollte die Krönung aller Produktionsleistungen folgen, denn fertig ausgearbeitete Pläne für ein weiteres, nach modernsten Gesichtspunkten arbeitendes Fertigungsband, das HE-Band, lagen in der Schublade und warteten nur noch auf die Verwirklichung.

Zu der Zeit war Lanz aber auch am Ende seiner Kapazität angelangt. Trotz Dreischichtbetrieb und Samstagsarbeit, teilweise sogar Sonntagsarbeit, war man nicht mehr in der Lage, allen Kundenwünsche gerecht zu werden und dem großen Bedarf nachzukommen. Dies war natürlich die große Chance für Mitbewerber und Konkurrenten, die nun das eigene Produkt viel leichter an den Mann bzw. an den Bauern bringen konnten. Vor allem die zahlreichen Nachbauer von Glühkopfschleppern, die in Ungarn, Italien, Frankreich und Schweden zu finden waren, konnten durch die enge Anlehnung an den Lanz Bulldog eigene Schlepper bauen und so im Erfolgsstrom der Bulldogs kostengünstig mitschwimmen.

HE 15 PS D 4506	**Baureihe – Ausführung – Lieferumfang** Ackerluftbulldog mit Luftbereifung, Sechsganggetriebe, elek. Ausrüstung und Beleuchtung, Anlasszündung, Zapfwelle und einen Motor für nahezu alle Kraftstoffarten.